中等职业教育国家规划教材
全国中等职业教育教材审定委员会审定

经济法基础知识

（第5版）

蔡 宇　王永吉　金家欣　主编

中国财经出版传媒集团
中国财政经济出版社

图书在版编目（CIP）数据

经济法基础知识／蔡宇，王永吉，金家欣主编．--5版．--北京：中国财政经济出版社，2020.4
中等职业教育国家规划教材
ISBN 978-7-5095-9516-9

Ⅰ.①经… Ⅱ.①蔡… ②王… ③金… Ⅲ.①经济法-中国-中等专业学校-教材 Ⅳ.①D922.29

中国版本图书馆 CIP 数据核字（2019）第 287268 号

责任编辑：田明晖　赵天天　　　责任校对：胡永立
封面设计：华乐功

中国财政经济出版社 出版

URL：http://www.cfeph.cn
E-mail：cfeph@cfeph.cn

（版权所有　翻印必究）

社址：北京市海淀区阜成路甲28号　邮政编码：100142
营销中心电话：010-88191537
北京密兴印刷有限公司印刷　各地新华书店经销
787×1092毫米　16开　14.5印张　351 000字
2020年4月第5版　2021年9月北京第5次印刷
定价：32.00元
ISBN 978-7-5095-9516-9
（图书出现印装问题，本社负责调换）
本社质量投诉电话：010-88190744
打击盗版举报热线：010-88191661　QQ：2242791300

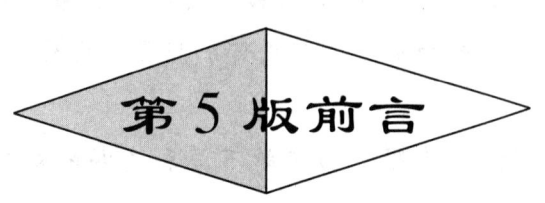

第 5 版前言

为全面贯彻落实《国务院关于印发国家职业教育改革实施方案的通知》（国发〔2019〕4 号）和《国家中长期教育改革和发展规划纲要（2010—2020年）》，我们依据《中等职业学校会计专业教学标准（试行）》，对中等职业教育国家规划教材进行了修订，以满足中等职业学校财经类专业教学的需要。

《经济法基础知识》从第 4 版到本次出版，中间经历了 5 年的时间。在此期间国家修订了《中华人民共和国公司法》《中华人民共和国产品质量法》《中华人民共和国反不正当竞争法》《中华人民共和国社会保险法》等多部有关经济的法律。尤其值得重视的是 2019 年 3 月 15 日，第十三届全国人民代表大会第二次会议通过了新的《中华人民共和国外商投资法》，从 2020 年 1 月 1 日起开始施行，而原有的《中华人民共和国外资企业法》《中华人民共和国中外合资经营企业法》和《中华人民共和国中外合作经营企业法》等三部法律同时废止，这是在外商投资领域的重大法律变化。

在本次修订中，编者注意到了近 5 年来国家诸多相关法律的变动，在教材中着重作了相应的增删，并根据当前我国经济形势发展和对外经济交往的需要特意增加了知识产权法律制度一章，以增强同学们的知识产权意识。

同时，编者依据所了解的教学实践并结合社会实践，对本教材的难易程度也做了适度调整，并对第 4 版全书各章节进行了逐字逐句的补充和勘误，使教材的质量得到了更明显地提高。

本教材在修订过程中，我们力求遵循教育部提出的"切实为实现培养目标服务，体现以能力为本位的新观念、注意培养学生综合职业能力、创新精神和实践能力"的原则，注重体现了职业教育的教学改革精神。在课程内容安排上注重贯彻深入浅出、由易到难的循序渐进原则；注重教材的系统性、科学性，以及各章的相对独立性；同时也兼顾了与相关学科的衔接和配合。

根据新颁布的会计专业教学标准的要求和就业需要，本教材对选学的内容在教材目录中用"*"作了标注。

参加本次教材改写的人员有：王永吉、蔡宇、宋伟、金家欣、庞明珠、张鑫等老师，全书由王永吉老师负责章节设计、指导，由蔡宇老师具体组织编写、负责编撰。

由于我们的水平、能力有限，书中的不足和遗漏之处在所难免，恳请各位老师、同学指正。

编　者
2020 年 1 月

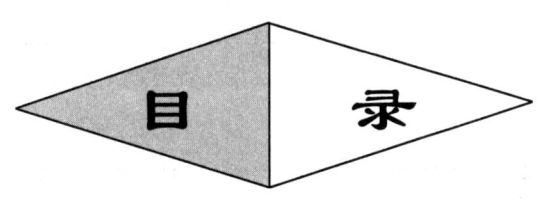

第一章 经济法基础概述 …………………………………………………………（ 1 ）
    第一节 法律概述 …………………………………………………………………（ 1 ）
    第二节 法律的概念特征及其效力 ………………………………………………（ 3 ）
    第三节 经济法概述 ………………………………………………………………（ 7 ）
    第四节 经济法的基本原则 ………………………………………………………（ 10 ）

第二章 经济法律关系 ……………………………………………………………（ 12 ）
    第一节 经济法律关系及其构成要素 ……………………………………………（ 12 ）
    第二节 经济法律关系的产生、变更与消灭 ……………………………………（ 16 ）
    第三节 经济法律行为 ……………………………………………………………（ 17 ）
    第四节 经济代理行为 ……………………………………………………………（ 22 ）
    第五节 经济法律关系的保护 ……………………………………………………（ 24 ）

第三章 财产所有权法律制度 ……………………………………………………（ 26 ）
    第一节 财产所有权概述 …………………………………………………………（ 26 ）
    第二节 财产所有权法律关系 ……………………………………………………（ 30 ）
    第三节 财产所有权的法律保护 …………………………………………………（ 33 ）

第四章 劳动和社会保障法律制度 ………………………………………………（ 37 ）
    第一节 劳动法概述 ………………………………………………………………（ 37 ）
    第二节 《劳动合同法》的主要内容 ……………………………………………（ 40 ）
    第三节 劳动争议 …………………………………………………………………（ 45 ）
    第四节 社会保险法律制度 ………………………………………………………（ 47 ）

第五章 内资企业法律制度 ………………………………………………………（ 53 ）
    第一节 企业法概述 ………………………………………………………………（ 53 ）
    第二节 全民企业法与集体企业法 ………………………………………………（ 55 ）
    第三节 《个人独资企业法》 ……………………………………………………（ 59 ）
    第四节 《合伙企业法》概述 ……………………………………………………（ 62 ）

第五节　合伙企业管理的有关规定 …………………………………………（66）

第六章　外商投资法律制度 ……………………………………………………（71）
　　第一节　外商投资企业发展概述 ………………………………………………（71）
　　第二节　外商投资法的主要内容 ………………………………………………（74）

第七章　企业破产法律制度 ……………………………………………………（78）
　　第一节　《破产法》概述 …………………………………………………………（78）
　　第二节　企业债务清理 …………………………………………………………（80）
　　第三节　破产财产和破产费用 …………………………………………………（83）
　　第四节　债权人会议 ……………………………………………………………（86）
　　第五节　破产案件的最终处理和法律责任 ……………………………………（87）

第八章　公司法律制度 …………………………………………………………（93）
　　第一节　《公司法》概述 …………………………………………………………（93）
　　第二节　有限责任公司 …………………………………………………………（95）
　　第三节　股份有限公司 …………………………………………………………（98）
　　第四节　公司股票和债券 ………………………………………………………（100）
　　第五节　公司的财务、会计管理 ………………………………………………（103）

第九章　市场管理法律制度 ……………………………………………………（106）
　　第一节　《产品质量法》 …………………………………………………………（106）
　　第二节　《反不正当竞争法》 ……………………………………………………（110）
　　第三节　《反垄断法》 ……………………………………………………………（114）
　　第四节　《消费者权益保护法》 …………………………………………………（118）

第十章　合同法律制度 …………………………………………………………（123）
　　第一节　合同与《合同法》概述 ………………………………………………（123）
　　第二节　合同的订立 ……………………………………………………………（126）
　　第三节　合同的效力 ……………………………………………………………（132）
　　第四节　合同的履行 ……………………………………………………………（135）
　　第五节　合同的担保 ……………………………………………………………（138）
　　第六节　合同的变更与转让 ……………………………………………………（140）
　　第七节　合同的权利义务终止 …………………………………………………（142）
　　第八节　违约责任 ………………………………………………………………（143）

第十一章　知识产权法律制度 …………………………………………………（147）
　　第一节　《知识产权法》概述 ……………………………………………………（147）
　　第二节　商标法律制度 …………………………………………………………（150）

第三节 《专利法》……………………………………………………（156）

第十二章 会计、审计法律制度 …………………………………………（169）
  第一节 会计法律制度 ………………………………………………（169）
  第二节 注册会计师法律制度 ………………………………………（175）
  第三节 审计法律制度 ………………………………………………（177）

第十三章 金融、票据法律制度* ………………………………………（182）
  第一节 金融法概述 …………………………………………………（182）
  第二节 现金管理法律规定 …………………………………………（185）
  第三节 支付结算的法律规定 ………………………………………（187）
  第四节 票据法律制度 ………………………………………………（194）

第十四章 财政税收法律制度 …………………………………………（200）
  第一节 财税法概述* …………………………………………………（200）
  第二节 我国的主要税种 ……………………………………………（203）
  第三节 税收征收管理法 ……………………………………………（207）

第十五章 经济仲裁与经济司法 ………………………………………（212）
  第一节 经济仲裁 ……………………………………………………（212）
  第二节 经济审判 ……………………………………………………（217）
  第三节 经济检察 ……………………………………………………（222）

第一章 经济法基础概述

 学习目标

本章简略介绍了法律产生和发展的历史过程,以及法律的一般规则。通过本章学习,要求学生主要了解经济法的简单发展过程和法的效力,理解法的概念,理解经济法的概念和调整对象。明确法规体例,明确我国社会主义法制的基本要求。掌握我国法律的主要表现形式,和法的特征及其本质,进而理解和掌握经济法的概念。

 本章重点

法的本质是掌握政权阶级的国家意志;法作为一种社会行为规范,具有和其他社会行为规范所不同的特征;从时间效力、空间效力和对人的效力等三个方面说明法的效力;经济法的概念和调整对象是本章特别需要突出的重点。

第一节 法律概述

一、法是何时产生的

翻开《辞海》,"法"的本意是"有定式,作为可以遵循的依据"。所以它从产生时起就是用来约束人们行为,作为在同一区域里共同生活的人们所必须共同遵守的规则。

法不是从来就有的,也不是永恒存在的,它是人类社会发展到一定历史阶段的产物,是阶级社会特有的现象。

下面我们就从历史唯物主义的角度来看法的历史发展。

(一)原始社会的人们是在没有法律制约的社会环境下生活

在原始氏族公社时期,生产工具十分简陋,生产力水平极其低下,人们不能单独地同自然界和野兽作斗争。为了生存,大家不得不共同去获得生活资料。这种集体劳动的结果,必然形成生产资料归集体所有、平均分配、共同消费、人与人之间平等相处的社会关系。在这样的社会环境和生产力水平条件下，劳动成果没有剩余，不会出现财产的聚集，因而不需要用一定的规则来维护安定和公平。而与当时的社会环境相适应的，是以血缘为纽带的氏族组织和相应的社会习惯。这种原始的氏族组织和社会习惯，便成了维护原始社会秩序的工具，这是与当时社会生产力的发展水平相适应的。

（二）法是平等关系被打破的必然结果

原始社会后期，由于生产力的不断发展，引起了几次社会大分工。第一次社会大分工，即畜牧业和农业的分离，促进了交换的发展。第二次社会大分工，即手工业和农业的分离，逐渐确立了土地的私有，并出现了以直接交换为目的的生产，即商品生产。第三次社会大分工，出现了商人阶层，使商业独立于畜牧业、手工业、农业之外，进一步促进了社会产品的大交换，使商业得到了发展。

三次社会大分工，使氏族社会发生了巨大变化：一是氏族内部由于生产、交换的发展，使利益关系逐渐强化，而血缘联系却相对弱化。二是随着三次社会大分工，氏族内部每个人所发挥的作用不再相同，人与人之间的平等关系随之被逐渐打破，人们开始分裂为富人和穷人，富人和穷人的发展和对立到了极至，便产生了奴隶主和奴隶。奴隶主和奴隶之间的利益是根本对立的，他们之间的矛盾是不可调和的。三是这种氏族内部的对立，进而产生了对立的社会集团，使原来调整氏族内部平等关系的氏族习惯，不再适应这种新的对立关系。为此，开始出现新的，强制规范人们社会行为的，某些"新习惯"，这就是法的萌芽。所以，法是平等关系被打破后，为了在不平等的社会中，建立相对和谐稳定的社会秩序的必然产物。

（三）法与国家同时产生

一般来说，国家是指经济上占统治地位的阶级进行阶级统治的工具。最初出现的国家，是新兴的奴隶主阶级为了维护本阶级的统治，镇压奴隶阶级的反抗而建立的暴力机关。同时国家又凭借它取得政治上的统治权力，实现对整个社会的领导。国家要实行统治权力、要领导整个社会，则必须强制人们遵守一定的社会秩序，这就需要规范人们的行为，为此法律便应运而生了。

法律的产生，是统治阶级为了实现其统治，不仅要借助国家这个暴力机器，还要有一种反映奴隶主阶级意志和利益的行为准则，并以国家作为后盾迫使社会成员共同遵守。为了维护社会的和谐统一，掌管国家权力的统治者，需要确立一种能够使社会成员之间相对公平、公正的社会行为准则，用以调整社会分裂为阶级之后的社会关系，维护正常的社会秩序。由此可见，法的萌芽是与国家同时出现的。

法和国家都是各种社会矛盾不可调和的必然产物，是适应社会时代需要而产生的孪生儿。它们是社会经济基础的直接反映，因而它们从产生开始就必须且肯定与时代的经济基础所匹配。

二、法律的历史发展

法的产生、发展经历了长期、复杂的历史过程。最初的法是由奴隶主阶级运用国家政权，对那些有利于其统治的原始社会习惯加以认可，以不成文的形式存在于人们的头脑中，被我们今天称为"习惯法"。

随着经济的发展和社会生活的需要，产生了文字，人们开始用文字把习惯法加以记录，于是出现了最初的成文法。如公元前，存在于现中东地区的古代巴比伦王国，曾颁布了刻在石柱上的著名的《汉穆拉比法典》。在我国历史上，第一部有记载的成文法，是春秋战国时期魏国李悝编撰的《法经》。

自从阶级和国家产生以来，人类社会经历了四种社会形态，与此相对应，也就产生了四种不同历史类型的法律，即：奴隶社会的法律、封建社会的法律、资本主义社会的法律和社会主义社会的法律。

奴隶社会的法律、封建社会的法律、资本主义社会的法律虽然存在于不同的社会形态下，但它们都有一个共同点，就是它们都是建立在生产资料私人占有的经济基础之上的法律，都是代表了少数人意志和利益的法律。

而社会主义法律则是建立在维护全体人民利益，努力构建和谐社会基础之上的法律。它所体现的是大多数人的意志，是实现人民民主专政的工具。

法律的发展过程是一个不断追求公正和平等的过程，它在追求公正与平等的过程中诞生，在追求公正与平等的过程中不断完善。

在阶级社会中，国家制定的法律与原始社会中的作为行为规范的习俗，是两种不同的社会规范。其主要区别在于：第一，原始社会的习俗是长时间逐渐自发形成的，法律是依据国家意志自觉制定的；第二，原始社会习俗是本氏族内部全体成员意志的体现，维护本氏族所有成员的利益；法律是维护统治阶级的利益，是国家意志的体现；第三，原始社会习俗的目的是维护人们平等互助的社会关系和社会秩序，法律是维护有利于统治阶级的社会关系和社会秩序；第四，原始社会的习俗适用于本氏族、本部落的成员，法律适用于国家主权所管辖的各个领域；第五，原始社会习俗主要靠社会成员内心的信念、氏族首长的威信，由人们自觉遵守，法律是靠国家强制力保障实施的。

 想一想

法是在什么历史条件下产生的？试想，现代社会如果没有法律，无论何种社会制度，那将是是怎样的一种社会状况？

第二节 法律的概念特征及其效力

一、法律的概念及本质

什么是法？现阶段我国法律的本质是什么？

列宁根据马克思主义的原理，明确指出：法就是取得胜利、掌握国家政权的阶级的意志的表现，法是统治阶级意志的表现。根据列宁同志的本意我们对法的概念作了如下的表述：法是由国家制定或认可的，并以国家的强制力保证其实施的，代表着统治者的意志和利益的，却要求人们普遍遵守的社会行为规范。

马克思、恩格斯、列宁科学地揭示了法的本质，即法是统治者意志的表现；法是以国家

意志的形式表现出来的统治者的意志，是统治者实现其统治的工具；法的内容不能超越社会的经济发展水平，它是由统治者所处社会的生产力水平和物质条件所决定的。

当前我国的社会主义法治的核心内容是，通过法律来来制约国家行政机关的权力，从而达到保障每个公民的基本权利和自由。社会主义法治在立法方面的指导作用主要体现在：依法治国是社会主义法治的本质内容，要求我国的立法机关在制定法律的过程中不得与我国的根本大法——《中华人民共和国宪法》相抵触，立法主体必须合法，立发内容必须符合《中华人民共和国宪法》的基本精神，立法程序必须在法律的规定下严格执行。同时，社会主义法治是一种权利制约体制，要求我国的立法机关在立法过程中必须接受我国的最高权力机关、各国家机关、社会组织、人民大众以及社会舆论的监督，另外立法机关上下级之间也存在监督关系。

二、法的特征

法是社会上层建筑的重要组成部分，是阶级专政的工具，它作为一种特殊的社会规范，具有自己的基本特征。

（一）法是由国家制定或认可的行为规范

法是一种国家意志，是由国家制定或认可的。制定和认可，这是统治阶级意志上升为国家意志的两种途径，是国家制定法律的两种方式。

制定：就是国家最高权力机关或立法机关按照一定的程序，创制具有不同法律效力的规范。比如有关交通管理等诸方面，原有习惯中所没有的法条或法规。

认可：就是国家通过一定的形式赋予某些已经存在的行为规范（如习惯、道德规范等）赋以法的效力，使之成为法律规范。这主要指对习惯法的确认，比如《中华人民共和国刑法》中"故意杀人的，处死刑"就是对习惯上"杀人偿命"的确认。

（二）法是以国家强制力保证实施的行为规范

国家的强制力是一种特殊的社会强制力，它的组织形式是军队、警察、法庭、监狱等。法之所以必须由国家强制力保证其实施，主要有以下几个原因：一是法实施的结果是统治阶级的意志得以实现，就是迫使被统治阶级服从统治阶级的利益和要求，因而必然遭到被统治阶级的抵制和反抗。二是法把现实的社会关系抽象地概括出来而成为一般规范，它是调整人们的社会关系的比较确定的、基本的行为规则。它调整的对象是抽象的、一般来人，不是具体的、特定的人，而且它是被反复适用的。因此，要依据法来衡量某一行为的法律后果，把法适用于某一具体的、特定的人，就需要一系列相应的国家机关，就需要警察、法庭、监狱等一套国家机器。三是法规定了人们的权利与义务，为了免遭其他非法定因素的干扰，就必须有国家强制力作为后盾。

（三）法是明确规定人们的权利与义务的行为规范

法作为一种行为规范，它的作用是通过规定人们的权利与义务来实现的。一般来讲，法规定的权利，通常表现为法允许人们做或不做某种行为。法规定的义务通常表现为法指令人们必须做或禁止人们做某种行为。因此，法律规范的内容实质就是一种权利与义务问题。人类社会只有出现了国家和法以后，才有权利与义务的划分。由于法是建立在一定社会经济基础之上的上层建筑，人们在生产关系中所处的地位不同，因此，对于不同的人，法所规定的权利与义务也不尽相同，在经济法律中尤为如此。

(四) 法是要求人们普遍遵守的行为规范

法和其他特定行为规范重要的一点区别，还在于特定的行为规范所约束的对象总是在其特定的范围内。如宗教规范只限于信仰该宗教的信徒才会遵守；某些政党和社会组织的章程只有参加该政党和组织的成员才会遵守。而法则是要求全社会人们必须普遍遵守的社会行为规范，任何人不得超脱于法律之外。

三、法的效力

法律的效力范围，即法的适用范围，主要指法的空间、时间和对人的效力问题。具体讲就是法适用在什么领域、什么时间和对谁有效的问题。

(一) 法律规范的时间效力

法律规范的时间效力通常包括两个问题：一是关于法律的生效时间和终止时间问题；二是关于法律的溯及力问题。

法律的生效时间通常有两种情况：一是法律本身就规定了生效日期；二是从公布之日起生效。

法律的终止时间通常有四种情况：一是法律本身就规定了终止日期；二是以新法代替旧法，规定相应事项的新法生效之日，就是规定同样事项的旧法终止之时；三是国家根据某种需要，明令宣布终止该法，并规定了终止日期；四是有权规定撤销违法的法律、法规，即该被撤消的法律终止。

法的溯及力（也称"溯及既往的效力"或简称"追溯力"）是指该项法公布生效以前所发生的事件或行为，是否适用该法的问题。如果适用，就是具有溯及力；如果不适用，就是不具有溯及力。关于法的溯及力问题，各国的规定各不相同，概括起来，主要有以下几种主张：

一是从旧原则，即新法不溯及既往。

二是从新原则，即新法具有溯及既往的效力。

三是从轻原则，即视新法和旧法哪个对行为人处罚较轻，就适用哪个法。

如果适用新法，就是溯及既往；如果适用旧法，就不溯及既往。综观各国法律，多采用从旧原则或从轻原则。我国法律一般没有追溯力，特殊规定者除外。

(二) 法律规范的空间效力

所谓空间效力，是指法律在哪些地方生效。在我国，凡是全国人民代表大会及其常务委员会制定和颁布的法律等，国务院制定和颁布的法规等，除非有特殊规定，在我国领域内都发生效力。它包括我国境内的全部陆地、领海、领空、驻外机构及航行在境外的船只、航行器等一切延伸意义的领土。地方权力机关和行政机关制定的地方性法规、规章，只在其管辖的范围内发生效力。

(三) 法律规范对人的效力

法律规范对人的效力问题非常复杂。对于一个国家来讲，法律适用涉及人的时候，有以下两种情况：一是该国公民在本国或在外国适用该国法律问题；二是非该国公民在该国或者在外国适用该国法律问题。

对于法律规范的适用涉及人的时候，通常有以下几种处理办法：

一是采取属地原则，即不管行为人的国籍如何，都适用行为发生地国家的法律；

二是采取属人原则,即是哪国公民就适用哪国的法律,无论其行为发生地在何处;

三是采取属地与属人相结合的原则,即不管行为人的国籍如何,也不管行为发生地在何处,只要侵犯了该国利益就适用该国法律。

四、法规体例

法规体例是法律条文中以常用法律术语所表述的带有特定明确意义的法律表达形式。法规体例之间有严谨的逻辑关系,它一般由"假设""行为""处理"来表述。

假设,是法律法规中列举的预先情况和条件的表述。只有当假设的情况和条件出现时,该法律条文才发生法律效力。如《中华人民共和国合伙企业法》第 46 条规定"合伙协议约定合伙企业经营期限的,有下列情形之一时,合伙人可以退伙……"该体例中所列的各种情形是合伙人可以退伙的情况和条件的假设。

行为,是法律法规中列举的允许、要求或不允许人们做出一定行为的表述。实际上它所明确的是当事人的权利和义务,如《中华人民共和国全民所有制工业企业法》第 58 条规定"任何机关和单位不得侵犯企业依法享有的经营自主权;不得向企业摊派人力、物力、财力……"中的"不得……"就是该法不允许做出的行为。

处理,是法律法规中列举的当行为人的行为应受到鼓励或与法律规定的行为不符时,所应受到的奖励与制裁的表述。如《中华人民共和国环保法》第 8 条规定"对保护和改善环境有显著成绩的单位和个人,由人民政府给予奖励"。《中华人民共和国税收征管法》第 60 条规定"纳税人有下列行为之一的,由税务机关责令限期改正,可处 2000 元以下罚款;……"中的"由人民政府给予奖励"和"可处 2000 元以下罚款"等规定,即对该行为的处理。

五、法律的形式

法律的表现形式,依照其制定程序和法律效力可划分为以下几类:

1. 《中华人民共和国宪法》

《中华人民共和国宪法》是由全国人民代表大会依特别程序制定的具有最高效力的根本法。任何法律法规都不能违背《中华人民共和国宪法》。

2. 法律

法律是指由全国人民代表大会和全国人民代表大会常务委员会制定颁布的规范性法律文件,即狭义的法律,其法律效力仅次于宪法。

3. 行政法规

行政法规是国家最高行政机关国务院根据宪法和法律就有关执行法律和履行行政管理职权的问题,以及依据全国人大的特别授权所制定的规范性文件的总称。其法律地位要次于宪法和法律。

4. 地方性法规

地方性法规是指依法由有地方立法权的地方人民代表大会及其常委会就地方性事务以及根据本地区实际情况执行法律、行政法规的需要所制定的规范性文件。

5. 规章

国务院各部、委员会、中国人民银行、审计署和具有行政管理职能的直属机构,以及省、自治区、直辖市人民政府和较大的市的人民政府所制定的规范性文件称规章。

6. 民族自治地方的自治条例和单行条例

根据《中华人民共和国宪法》和《中华人民共和国民族区域自治法》的规定，民族自治地方的人民代表大会有权依照当地民族的政治、经济和文化的特点，制定自治条例和单行条例。其适用范围是该民族自治地方。

7. 特别行政区的法律法规

宪法规定"国家在必要时得设立特别行政区"。特别行政区根据宪法和法律的规定享有行政管理权、立法权、独立的司法权和终审权。特别行政区同中央的关系是地方与中央的关系。

8. 国际条约和行政协定

国际条约指我国与外国缔结、参加、签订、加入、承认的双边、多边的条约、协定和其他具有条约性质的文件。这些文件的内容除我国在缔结时宣布持保留意见不受其约束的以外的都与国内法具有一样的约束力，所以也是我国法的渊源。

第三节 经济法概述

一、经济法的概念

（一）经济法的产生与发展

经济法同其他法律一样，是人类社会政治、经济发展到一定历史阶段的产物，是一个历史范畴。现阶段经济法作为调整社会经济关系的法律手段，是适应商品经济的发展和社会关系日益复杂化的客观需要而产生并逐步发展起来的。

在人类社会一开始，就有了经济生活，人们为了维护社会的存在和发展，使社会生产和经济生活能正常运行，就逐步形成一种共同遵守的，最初步行为规则。但在社会经济生活没有达到一定的复杂情况的条件下，并不需要专门调整经济活动的法律。随着社会经济生活的发展和交换关系的日益复杂，才逐渐出现了国家干预经济的法律条文。

从人类社会分化为阶级社会开始，在经济生活中，人们就自然地形成了一套共同遵守的经济行为规则，比如传统交换规则中的"信用"原则等。后来，随着阶级社会的出现，这套规则中的有关经济生活的部分，被逐渐演化为国家调整社会经济关系的法律，如古代巴比伦的《汉穆拉比法典》、古罗马的《十二铜表法》中都有部分经济方面的条款，我国古代著名的"商鞅变法"过程中的相关法律和后来的唐律、大明律、大清律等历朝法律中，也都有大量有关经济方面的法律条文。但这些相关的法律条文，尚不能成为独立的经济法。

"经济法"一词最早出现在法国空想社会主义者莫来里在1755年编著的《自然法典》一书中，但这只是"经济法"词语出现。而真正具有实际法律意义的经济法则最早产生于德国。19世纪中叶，德国出现了"国家干预主义"学派，他们强调国家对经济发展的作用，极力主张国家干预经济生活，因此直至第二次世界大战结束以前，德国的经济法主要奉行鼓励垄断的立法原则。而美国的经济法产生和发展历程和德国恰恰相反，美国是现代经济法的核心——反垄断法的发源地。1890年美国国会通过了著名的《谢尔曼反托拉斯法》，在

1958年美国北太平洋铁道案件的判决中,还将反垄断法称为经济自由的宪章。

> **小资料**
>
> 中国的现代经济立法,早在清朝末年的洋务运动和戊戌变法时期就有了从西方列强照搬的一些经济法,到民国时期国民政府所编撰的《六法全书》已经有了很完善的《公司法》等一系列经济法律。至于中国共产党领导下的革命政权,早在1931年的土地革命时期就在中央苏区颁布了《中华苏维埃共和国土地法》,在后来抗日战争中的时陕甘宁边区和解放战争中的解放区也曾颁布过多部有关经济的法律。中华人民共和国成立后,更是颁布过许多行政经济法规。主要有《国营工业企业工作条例草案》《手工业三十五条》《财政六条》等,这些法规的实施,加快了经济恢复和发展的速度。但那时我国对这些法律没有称其为经济法,它们也没有成为我国法律体系中一个相对独立的法律部门。1978年党的十一届三中全会,确立了以经济建设为重点的战略决策,经济法作为一个独立的法律部门正式提出。从此,我国在经济立法和司法方面都得到了很大发展。随着计划经济向市场经济转轨,我国经济关系发生了重大变化,国家相继颁布了《中华人民共和国经济合同法》《中华人民共和国商标法》《中华人民共和国会计法》《中华人民共和国反不正当竞争法》《中华人民共和国证券法》《中华人民共和国税收征管法》等。经济法作为一个独立的法律部门和一门新兴的法学学科,将在我国的国民经济建设中发挥越来越大的作用。

(二) 经济法的概念与调整对象

法律的作用是用来调整社会上纷繁复杂的社会关系的,社会关系的多样性就构成了法律部门的多样性。经济法作为一个独立的法律部门,顾名思义肯定是用来调整经济关系的法律规范。但它所调整的范围却不是所有的经济关系,它只调整一部分特定的经济关系,只调整和社会主义市场经济运行相关的经济关系。因而我们对经济法作如下的定义:

经济法是调整国家在管理与协调经济运行过程中发生的经济关系的法律规范的总称。经济法的调整对象是国家在管理与协调经济运行过程中发生的特定的经济关系,主要包括以下内容:

(1) 国家经济管理关系,主要有综合经济管理关系、职能经济管理关系、行业经济管理关系、经济监督关系等;

(2) 经济协调关系,主要有市场管理关系、经济竞争关系即反垄断和反不正当竞争关系以及在国家计划协调作用下发生的经济联合与协作关系等;

(3) 企业组织管理关系,主要是指在确定企业的法定组织形式,企业的设立、变更与终止以及企业内部管理方面发生的经济关系。

二、我国现行主要经济法律法规

我国实行改革开放政策40多年,法制建设工作始终围绕经济建设进行,经济立法取得了巨大成就,目前已初步构成社会主义市场经济法律体系框架。我国社会主义市场经济法律体系的基本框架及现行主要经济法律、法规如下:

1. 关于市场经济主体方面的法律、法规

发展市场经济,首先必须立法确定市场经济主体的法律地位、组织形式、权利义务和责任形式等问题。在这方面我国制定的法律、法规主要有:《中华人民共和国全民所有制工业企业法》《中华人民共和国城镇集体所有制企业条例》《中华人民共和国私企业暂行条例》《中华人民共和国乡镇企业法》《中华人民共和国公司法》《中华人民共和国合伙企业法》《中华人民共和国公司登记管理条例》《中华人民共和国企业法人登记管理条例》《全民所有制工业企业转换经营机制条例》《中华人民共和国企业破产法(试行)》等,使市场经济主体都纳入了法律调整范围之内。

2. 关于市场管理、协调方面的法律、法规

为保障市场经济秩序,我国在市场管理与协调方面也制定了大量的法律、法规,主要有:《中华人民共和国反不正当竞争法》《中华人民共和国产品质量法》《中华人民共和国消费者权益保护法》《中华人民共和国价格法》《中华人民共和国广告法》《中华人民共和国拍卖法》《中华人民共和国合同法》《中华人民共和国担保法》《中华人民共和国城市房地产管理法》《中华人民共和国物权法》等。

3. 关于金融方面的法律、法规

金融市场是市场经济体制极为重要的一个组成部分,必须通过经济立法严加管理,否则风险极大,可能对国民经济产生极为严重的影响。我国在这方面的法律、法规主要有:《中华人民共和国中国人民银行法》《中华人民共和国商业银行法》《中华人民共和国票据法》《中华人民共和国保险法》《中华人民共和国外汇管理条例》《股票发行与交易管理暂行条例》《企业债券管理条例》等。

4. 关于财政税收方面的法律、法规

财政税收是国家为实现其职能需要,凭借政治权力强制、无偿地对社会产品和国民收入进行分配和再分配而形成的经济关系。它是保证国家机构正常运转和社会发展的重要手段之一。我国在这方面制定的法律、法规主要有:《中华人民共和国预算法》《中华人民共和国税收征收管理法》《中华人民共和国企业所得税暂行条例》《中华人民共和国外商投资企业和外国企业所得税法》《中华人民共和国个人所得税法》《中华人民共和国进出口关税条例》《中华人民共和国增值税暂行条例》《中华人民共和国营业税暂行条例》等。此外,在会计与财务制度方面还制定有:《中华人民共和国会计法》《中华人民共和国注册会计师法》《中华人民共和国审计法》《企业财务通则》《工业企业财务制度》等法律法规。

5. 关于知识产权保护的法律、法规

知识产权是具有重要经济价值的无形财产权,保护知识产权是维护市场经济秩序,保障科技发展、公平竞争的必不可少的法律措施。在这方面我国的主要立法有:《中华人民共和国专利法》《中华人民共和国商标法》《中华人民共和国著作权法》等。

6. 自然资源与环境保护方面的法律、法规

自然资源与环境保护成为制约现代社会经济发展的瓶颈。合理开发、利用、管理和保护自然资源与环境,是保证经济可持续发展的必要条件。制定自然资源与环境保护方面的法律法规,是经济立法的一项重要任务。我国在这方面的立法主要有:《中华人民共和国土地管理法》《中华人民共和国森林法》《中华人民共和国草原法》《中华人民共和国矿产资源法》《中华人民共和国水法》《中华人民共和国渔业法》《中华人民共和国环境保护法》《中华人民共和国大气污染防治法》《中华人民共和国噪音污染防治法》《中华人民共和国固体废物污染环境防治法》等。

7. 涉外经济方面的法律、法规

为促进对外开放,利用外资,加强对外经济贸易合作,我国制定了《中华人民共和国中外合资经营企业法》《中华人民共和国中外合作经营企业法》《中华人民共和国外资企业法》《中华人民共和国对外贸易法》《中华人民共和国海关法》等法律、法规。

第四节 经济法的基本原则

经济法的基本原则是指能够反映经济法的本质和特征,在经济立法、经济执法、经济司法等活动中起指导作用的根本准则。在司法实践中,当"法无明文"的情况下,经济法的基本原则可以成为经济执法和经济司法的重要依据。我国经济法的基本原则可以概括为以下几点:

一、保护多种经济主体合法权益的原则

在社会主义市场经济条件下,我国的经济主体已由计划经济下的单一公有制经济主体发展为多种经济主体共存的繁荣局面,各种经济主体均应依法受到保护。我国宪法明确指出:在法律规定范围内的个体经济、私营经济、非公有制经济等,是社会主义市场经济的的重要组成部分。经济法对各种财产所有权的性质、地位和作用加以确认和肯定,对多种经济成分的利益加以平等的保护,以促进各经济成分之间在社会主义统一市场中展开公平竞争,充分发挥各种经济成分在发展社会主义市场经济中的作用。

二、维护公平竞争的原则

市场经济的本质就是竞争。各种经济在市场上通过竞争达到优胜劣汰,从而促进整个生产要素市场的合理流动,达到结构优化和资源合理配置的目的。但是有竞争就会有不正当的竞争手段,因此经济法应将维护公平竞争,制止不正当竞争手段作为一项基本原则,着力创造公平、自由的竞争环境,维护公平竞争的市场经济秩序,保护公平竞争在最大范围和最大程度上的实现。

三、合同自由原则

所谓"合同自由"即合同的订立、合同的内容、合同的形式及合同的履行等均由合同的当事人自主决定,在法律范围内国家不予干涉。合同自由原则是市场经济的基本原则,没有这一原则,社会主义市场经济就不可能实现。

四、诚实信用原则

诚实信用原则,是指经济法主体在从事经济活动中应该诚实、守信用,不得滥用权利和认真地履行义务。经济法律关系的当事人在行使权利和履行义务时,必须具有诚意,讲究信用。各经济主体在经营活动和行使权利的过程中,不得损害其他竞争者的利益,更不得损害消费者和社会公共利益。如行使权利违反了诚实信用原则,即为权利滥用;如履行义务违反

了诚实信用原则即不发生履行效力。

五、违法行为法定原则

违法行为法定原则，即在经济活动中的违法、犯罪行为必须有法律明确规定，不得推定。在市场经济体制下，市场纷繁复杂、瞬息万变，经营者须随时作出符合法律规定的决策。虽然任何法律都不可能将市场上可以作为的行为都规定下来，但法律却可以作到把需要禁止的行为规定下来，达到经营者由权利法定向违法行为法定的转化。因此凡违法行为和犯罪行为，都应由法律作出明确规定，凡法律没有明确规定禁止的行为都应视为合法行为，也即凡法律没有明确规定禁止的行为，市场主体都可以充分地进行作为。

六、经济管理权限和程序法定原则

经济管理权限和经济管理程序必须由法律明确规定。这一原则与违法行为法定原则互相支持，共同构成了社会主义市场经济的基础性条件。依照经济管理权限和程序法定原则，政府各部门间的经济管理权限应在法律划定的范围内，按照规定的程序来行使。对执法者所实施的法定权限之外的管理行为和未依照法定程序进行的管理行为，均为无效的行为，经济主体均可拒绝执行。

 复习思考题

1. 简述法的产生过程，说明法有哪些基本特征？
2. 法的效力从哪几个方面去理解？如何理解？
3. 法的本质是什么？
4. 如何理解经济法？经济法与其他法律部门有什么不同？
5. 经济法有哪几项基本原则？各是什么？

第二章 经济法律关系

学习目标

通过本章学习，了解经济法律关系产生、变更和终止的条件，了解经济权利和经济义务的概念和主要内容，了解代理权产生的方式和代理权的终止；理解经济代理的概念，能正确地行使代理权，理解经济法律行为和事件的概念；明确经济法律关系的概念，明确经济职权的概念；掌握经济法律关系的三个要素，以及国家对经济法律关系的保护手段，掌握经济职权的特征，掌握滥用代理权和无效代理的表现及其后果。

本章重点

经济法律关系，它由主体、内容和客体三要素构成；其主体中的法人、企业法人是最重要的经济法主体，它的成立要符合民法规定的条件。能够引起经济法律关系产生、变更和消灭的客观情况称为经济法律事实，它又依其是否和当事人的主观意志相关分为行为和事件；侵犯经济法律关系要承担相应的经济、行政或刑事责任。经济法律行为是经济法主体自觉表现于外部的有意识的合法行为；经济代理行为是一种常见的经济法律行为，要掌握它的特征和产生方式。

第一节 经济法律关系及其构成要素

一、经济法律关系的概念

经济法律关系是法律关系的一种。法律关系是由法律规范所确认的当事人之间所具有的以权利义务为内容的社会关系。经济法律关系，即指因经济活动而在主体之间产生的经济权利和经济义务关系。在社会整个生产、交换、分配、消费的过程中，国家机关、企事业单位、公民之间随时形成各种各样的经济关系。在这些经济关系中，由经济法律、法规调整，使之符合经济法的规定，就形成了法律上的经济权利和经济义务关系即经济法律关系。

对几个关键词语的解释：

主体：即事物的主要参加者。

权利：主体依法自主作出或不作出一定行为的资格。

义务：法律规定主体必须作出或不作出一定行为的责任。

经济法律关系是国家意志的表现，是由国家强制力保证实施，是使当事人经济权利和经济利益得以实现的社会经济关系。它具有以下四层含义：首先它是一种经济关系；其次它是一种以经济权利和经济义务为内容的社会关系；再次它是由国家强制力作为保证的社会关系；最终它必须以经济法作为它所依据的前提。

二、经济法律关系的构成要素

经济法律关系的构成要素是构成经济法律关系必不可少的组成部分。任何经济法律关系都要有三个必不可少的组成部分，即经济法律关系的三要素：经济法律关系的主体、内容和客体。这个三要素缺少任何一个，都不能构成经济法律关系。而且，这三个要素中，任何一个要素发生变化，其经济法律关系也随之变化。

（一）经济法律关系的主体

1. 经济法律关系主体的概念

经济法律关系的主体，是指在经济法律关系中享有权利、承担义务的当事人或参加者，简称经济法主体。作为经济法主体必须具备法律上所要求的权利能力和行为能力，才具有进行经济活动的法定资格。

权利能力是指经济法主体享受经济权利、承担经济义务的资质。行为能力是指经济法主体能够通过自己的行为实现经济权利、承担经济义务的能力。具备权利能力是具有行为能力的前提，只有具有行为能力才能使权利能力得以实现。

2. 经济法律关系主体的种类

经济法律关系主体资格是由法律确定的。在我国现阶段，能够作为经济法律关系主体的范围是非常广泛的，其主要可分为以下几类：

（1）国家机关。国家机关是指行使国家职能的各种机关的通称，包括国家权力机关、国家行政机关、国家司法机关等。作为经济法主体的国家机关主要是指国家行政机关中的经济管理机关，包括国务院和各级地方政府及它们所属的部、委、厅、局、处等，它们从不同角度代表国家行使管理经济的权利。除了他们所行使的管理职能之外，他们也可以平等的资格参与社会各项经济活动，享有经济权利、承担经济义务。

（2）经济组织和社会团体。经济组织，是指自主经营、自负盈亏、独立核算、从事生产经营活动的经济组织和独立核算的非经济组织，主要有企业和事业单位，在经济活动中它们以法人的。

企业是以营利为目的从事商品生产、经营和服务活动的独立的社会经济组织，如工厂、公司、商场等。企业是国民经济体系中最重要的组成部分，是市场最基本、最重要的竞争主体，也是经济法主体中最为重要的一类。

事业单位是指由国家财政拨款，不以生产和经营为目的，享有独立法律地位的文化、教育、卫生等组织。此外社会团体也可以成为经济法律关系的主体，社会团体是由公民依法自愿组织的从事公共事务、学术研究、宗教事务等活动的社会组织，如党团组织、工会、妇联以及各种协会、学会、学校、医院等。这些社会组织在参与经济法律活动时便成为经济法主体。

（3）经济组织的内部机构和有关人员。经济组织内部机构和有关人员，如车间、班组、以至个人，他们虽无独立法律地位，但在根据经济法律规定参与企业内部的生产经营管理活动时，如实行内部承包经济责任制、实行内部独立经济核算等情况下，形成相应的经济法律关系，便具有经济法主体的地位。

（4）个人和非法人组织。个人，主要是指依法能够参加某种经济活动的个人经济和农村承包经营户、个体承包户等。非法人组织是不具有法人资格，但是能够依法以自己的名义从事民事活动的组织。非法人组织包括个人独资企业、合伙企业、不具有法人资格的专业服务机构等。

3. 经济法律关系主体中的法人及法人制度

法人制度是国家立法机关为了保证公民、法人的合法民事权益，正确调整民事关系，而赋予那些符合法律规定的社会组织，以一种拟人的形式从事民事活动权利的法律制度。《民法总则》第五十七条明确了法人概念：法人是具有民事权利能力和民事行为能力，依法独立享有民事权利和承担民事义务的组织。

法人的本质是社会组织，而不是人。由法律赋予具有资质的社会组织以人的资格，使这个社会组织具有自然人一样的权利能力与行为能力。法人的民事权利能力和民事行为能力与自然人不同，自然人的民事权利能力和民事行为能力依自然人的年龄和成长状况会发生变化。而法人的民事权利能力和民事行为能力却是依照法律的规定而同时产生和同时消亡。

法人的这一概念明确了法人是一种社会组织，但并不是所有的社会组织都可以成为法人，法律上对法人的成立规定了明确的具体条件：

（1）法人应当依法成立。法人应当有自己的名称、组织机构、住所、财产或者经费。法人成立的具体条件和程序，依照法律、行政法规的规定。设立法人，法律、行政法规规定须经有关机关批准的，依照其规定。

（2）法人的民事权利能力和民事行为能力，从法人成立时产生，到法人终止时消灭。

（3）法人以其全部财产独立承担民事责任。

想一想

请同学们想一想：你所在的学校谁是法人？谁是法人代表？并再举几个你所熟悉的法人。

（二）经济法律关系的客体

1. 经济法律关系客体的概念

经济法律关系的客体，是指主体之间的经济权利和经济义务所共同指向的对象。根据我国经济法律、法规的有关规定，经济法律关系的客体包括物、经济行为和智力成果。

2. 经济法律关系客体的种类。

（1）物。物是指能够为人控制和支配的、具有一定经济价值的、可通过具体物质形态表现存在的物品。物包括自然存在的物品和人类劳动生产的产品，以及固定充当一般等价物的货币和有价证券等。物是经济法律关系中最广泛的客体。

（2）经济行为。经济行为是指经济法主体为达到一定经济目的、实现其权利和义务所进行的经济活动。它包括经济管理行为、提供劳务行为和完成工作行为等。作为经济法律关系客体的经济行为，仅指具有法律意义即为实现权利和义务所作出的行为。

（3）智力成果。智力成果又称精神财富，是指经济法主体从事智力劳动所创造取得的成果，如发明创造、商标设计、学术成果等。智力成果本身有时并不直接表现为物质形态，但它却可以转化为物质财富。智力成果作为经济法律关系客体，其法律表现形式主要为商标权、专利权、著作权等。

（三）经济法律关系的内容

经济法律关系的内容，是指经济法律关系主体享有的经济权利和承担的经济义务。在经济法律关系中，享有经济权利的主体，称为权利主体，承担经济义务的主体，称为义务主体。在一般情况下，同一经济法律关系的双方主体，互为权利主体和义务主体，既享有经济权利，又承担经济义务。一般情况下，不存在只享有权利不承担义务的主体。

1. 经济权利

经济权利，是指经济法律关系权利主体，在法律规定的范围内根据自己的意志进行经济活动，以及要求对应主体为或不为一定行为的资格。其权益表现为：一是经济主体可以根据自己的业务或管理的需要，有权作出或不作出一定的行为；二是有权要求对应人作出或不作出一定的行为；三是他人的行为使自己的经济权利不能得以实现时，有权要求法院或仲裁机构给予法律保护。经济管理机关可依法对经济权利直接采取保护措施。

在不同的经济法律关系中，经济法主体享有不同的经济权利。经济权利的种类主要有：

（1）所有权，指所有人依法对自己的财产享有的占有、使用、收益和处分的权利。所有权是最充分的对物权。

（2）法人财产权，指企业法人对企业所有者投资所设企业的全部财产在经营中所享有的占有、使用、收益与处分的权利。

（3）经营管理权，指企业对企业所有人授予其经营管理的财产所享有的占有、使用和依法处分的权利，以及由此产生的对企业机构设置、人事、劳动等方面的管理权利。经营管理权是企业在进行生产经营活动时所产生的权利，它主要是从企业内部关系角度设置的权利。

（4）经济职权，指国家机关及其工作人员在行使经济管理职能时依法享有的权利。经济职权是具有隶属性质的权利，具有行政权力的性质。经济职权对于国家机关及其工作人员既是权利也是责任，它具有不可放弃和不可转让性。在国家机关及其工作人员依法行使职权时，其他经济法主体均应服从。

（5）债权，它是一种典型的相对权，只在债权人和债务人之间发生效力，原则上债权人和债务人之间的债之关系不能对抗第三人。按照合同约定或法律规定，它是只在当事人之间产生的特定的权利。

（6）知识产权，是智力成果的创造人依法所享有的权利和生产经营活动中标记所有人所享有的权利的总称。包括专利权、商标权、著作权等。

2. 经济义务

经济义务，是指经济法主体依照经济法律法规的规定或满足权利主体的要求，必须作出或不作出一定行为的责任。其特征为：一是经济义务以法律规定为界定范围，不履行义务者要承担相应法律责任，受到国家强制力的制裁；二是义务人履行义务的方式包括作出一定行为和不作出一定行为两种方式，应按权利人的要求进行。

经济权利与经济义务是相互依存、密不可分的。在经济法律关系中，除经济职权之外，如一个经济法主体享有一定权利，那么他必定要承担相应的义务；而且他还必定以与其相对应的经济法主体负有一定义务，享有一定权利为前提。权利与义务是统一的，不允许一方只享受权利不承担义务，另一方只承担义务不享受权利。

经济权利与经济义务是经济法律关系的最基本要求，它们决定经济法律关系的实质。

第二节 经济法律关系的产生、变更与消灭

一、引起经济法律关系产生、变更与消灭的法律事实

事实即事情的真实情况和本来面目。在社会经济活动中，经济法律事实，是指能够引起经济法律关系产生、变更和消灭，导致法律后果的客观情况。

在人们的社会活动中，不是任何一件真实的情况发生都能产生新的经济法律关系。经济法律关系发生、变更和终止要求具备三项条件：一是符合经济法律规范，即经济法律关系发生、变更和终止应具有法律依据；二是要有合法的经济法主体参加，即有合法的权利与义务的实际承担者；三是有确定、可靠的法律事实，即在经济活动中出现了经济法律规范中假设出现的情况。经济法律规范是确定法律事实的依据，法律事实是引起经济法律关系发生、变更和消灭的原因，经济法律关系是法律事实引出的必然结果。也就是说只有能够引起经济法律关系产生、变更和消灭的客观情况才可以称为法律事实。

二、经济法律事实的种类

经济法律事实依其是否与当事人——即经济法律关系的主体的主观意志为转移分为：

（一）事件

事件是指不依当事人的主观意志为转移，并能引起经济法律关系产生、变更和消灭的客观事实。事件包括自然现象，如地震、台风、洪水等自然灾害，和社会现象如战争、政治动乱等。自然现象和社会现象都能引起的经济法律关系的发生、变更和终止，它们又分别被称为：

1. 绝对事件

由自然现象引起的事实，因其与当事人的主观意志无关，故被称为称绝对事件。

2. 相对事件

由社会现象引起的事实，如战争、大规模的动乱等引起的事件，因而称为相对事件。

相对事件虽属人的行为所引起，但其出现在特定经济法律关系中，却和当事人的意志无关，如因战争导致合同无法履行等。又比如，人的死亡可引起抚养关系、婚姻关系、劳动合同关系的消灭、继承关系的发生；重大社会变迁与社会革命可引起整个社会关系状况的全面

变革，进而导致国家法律关系的变化等。

（二）行为

行为是指当事人由自己意志作出的，并能够引起经济法律关系发生、变更和消灭的活动。按其与法律规范的要求是否一致，行为可分为经济合法行为和经济违法行为。

1．经济合法行为

合法行为分为：

（1）经济守法行为，是指符合法律、法规和政策要求的经济行为，它是有效的经济行为，受国家法律保护；

（2）经济行政行为，是指国家行政机关，在行使对国民经济的宏观管理职能时所实施的行为，如对有关经济活动的审批、登记、注册，对经济活动中所发生的纠纷进行调解、仲裁等；

（3）经济司法行为，是指国家司法机关依照各种法律规定，对经济纠纷、经济犯罪和涉外经济案件进行审理、监督、审判等活动。

> **链接**
>
> 经济合法行为即经济法律行为。参见下节《经济法律行为》对理解"法律事实"中的"行为"会大有益处。

2．经济违法行为

违法行为是指法律所禁止的，侵害国家法律所保护的对象或客体的行为。违法行为分为两种：一是一般经济违法行为，是指当事人违反了法律法规，致使经济法律关系的权利主体的权利受到损害的行为，对违法当事人应当追究行政责任和经济责任；二是经济犯罪行为，是指当事人不仅严重地违反了经济法律法规，而且触犯了刑律，构成犯罪，应受到刑法惩处的行为。

第三节　经济法律行为

一、经济法律行为的概念和特征

（一）概念

经济法律行为，是指经济法律关系主体为设立、变更或终止一定法律关系所实施的一种合法行为。例如国家对经济的宏观调控活动，通过经济行政机关以经济职权作出的行政行为，企业基于生产经营需要，为取得经济利益依法对外进行活动的行为等，都属于经济法律行为。经济法律行为是最广泛的法律事实。

（二）经济法律行为的特征

1．经济法律行为必须是主体从外部表现出来的活动

经济法律行为是经济法律关系主体为了实现一定的经济目的，而依主体意志所进行的有

意识的活动。而且，这种意志要以一定的外在形式表现出来，才能具有法律作用。这种能够引发经济法律关系的内在意志表现为外部的活动叫意思表示。它是指经济法律关系主体为了设立、变更或终止经济权利和经济义务的内在意志的外部表现。经济法律行为因意思表示的属性不同，也有所不同，它可以分单方的经济法律行为和双方的经济法律行为。如工商行政管理机关对不正当竞争者发出罚款通知，税务机关发出纳税缴款通知等。这种管理性经济法律关系中的经济法律行为，无须征得相对人的同意由单方面作出意思表现，即可成立的经济法律行为，称为单方的经济法律行为。而经双方协作性的经济法律行为，称为双方的经济法律行为，例如经济合同的订立。它需要当事人双方意思表示一致，才能成立。无论是单方的经济法律行为，还是双方的经济法律行为，都必须有经济法律关系主体的意思表示，即将意志表现为外部活动，才有可能成立。如果没有意思表示或意思表示不真实、不明确，则经济法律关系就不能成立，即使形式上成立了，也会因无效而被撤销。

2. 经济法律行为是主体有自觉意识的活动

在社会经济生活中，经济法律行为是经济主体为了实现一定的经济目的，而实施的行为。因此，经济主体的意思表示必须是有自觉意识的活动。如企业在生产经营活动中，生产什么产品，如何销售，价格的高低等，完全是由企业依据法律规定，根据市场需求变化，自主作出决定，并自觉表现出来，以便达到自身的经济目的，实现自身的经济利益。

3. 经济法律行为必须是符合法律规定的行为

经济主体为了追求一定经济法律后果而实施的行为，不仅要有明确的意思表示，而且必须要符合国家法律法规的规定。只有当经济主体的意思表示与国家法律相符合时，才能达到预期的法律后果，才能受到法律的保护。反之，如果经济主体为了个人、单位的利益而损害国家利益或他人的合法利益，法律不仅不予以保护，还要依法追究行为人的法律责任。

二、经济法律行为的分类和形式

（一）经济法律行为的分类

为了加深对事物的认识，需要对事物进行分类和类比。经济法律行为可以从多角度对其分类，一般常见的分类方法有以下几种：

1. 单方法律行为与双方或多方的法律行为

单方法律行为是指只有一方当事人的意思表示即可成立的法律行为。比如，前面所讲的"管理性法律行为"，又比如放弃债权，民事案件的撤诉等。双方或多方的法律行为是由双方或多方当事人经协商一致后，方能成立的法律行为。比如购销合同的订立、动迁协议的签署、公司章程的制定等行为。

2. 无偿的法律行为和有偿的法律行为

无偿法律行为是指当事人一方在为对方完成某一经济义务时，不能要求对方也为自己承担相应义务的法律行为，比如经济管理机关对违法行为的处罚、依法纳税、赠与合同等。有偿的法律行为，其意思正好相反，当一方在为对方完成某一经济义务时，对方必须作出对价的回应。如购销合同、工程承包合同等。

3. 诺成性法律行为和实践性法律行为

诺成性法律行为是指当事人一方的意思表示，一旦经对方同意，即能产生法律效果的行为。如一般的买卖合同等。实践性法律行为是指当事人双方除达成一致并作出外在表示之外，还需要以交付标的物才能成立的经济法律行为，如运输和仓储合同、赠与合同等。

4. 要式法律行为和非要式法律行为

要式法律行为是指法律法规明确必须履行一定程序或一定格式才能宣告行为成立的法律行为。如城市房产买卖、机动交通工具买卖等行为，必须经过相关管理部门的登记才能成立。非要式法律行为是指法律法规对行为的成立没有规定必要的程序或格式，由当事人自主采用一种合适的方式即可成立的法律行为。除国家规定的要式行为之外的法律行为都是非要式法律行为。

想一想

邻居李大爷老伴已去世多年，与三儿子共同生活。今年春天李大爷病故，留下祖居的房屋四间，三位儿子与一位女儿经过协商达成了一项变卖祖居的继承遗产协议。请同学们想一想，李大爷子女的行为按我们所学过的"经济法律行为的分类"可归入哪些类别？

（二）经济法律行为的表现形式

经济法律行为的形式，是指行为主体的内在意思表现于外部的方式。经济法律行为需要采用什么形式，除了由当事人协商自由选择外，有些经济法律行为则必须采取法律直接规定的表达方式才能发生法律效力。经济法律行为的表达方式有以下两类：

1. 明示方式

明示方式是指行为人已明确地表示表达自己的内在意愿。又可分为口头方式和书面方式。

（1）口头方式是指采用当面交谈或电话接洽的方式进行意思表示而成立的法律行为。这种形式的优点是简便易行，但由于没有可靠的文字依据，产生纠纷时难以取得确凿的证据。因此，它只适用于价款不多、内容简单、可以即时清结的法律行为。所谓即时清结的法律行为是指法律关系的确立和法律义务的履行同时完成的法律行为。

（2）书面方式是指用写成书面文字的形式进行意思表示而成立的法律行为。广义的书面方式包括两种：一是一般的书面方式，即由行为主体在书面文件上签名盖章即可发生法律效力；另一种是特殊的书面方式，即在一般书面方式的基础上，还必须进行公证、鉴定和登记，特殊的书面方式一般由国家相关法律、法规规定。在法律没有特殊规定时，是否采用特殊书面方式由行为主体自主选择。另外，电报、图表、电讯传真等，这些形式所表现的经济权利和经济义务更为详细和明确，也可以作为书面方式。书面方式的优点是明确、肯定、有据可查，具有无可争辩性，有利于解决经济纠纷。

2. 默示形式

默示形式是指当事人通过行为的作为或不作为的间接方式表示自己的内在意愿。有推定形式和沉默形式两种方式。

（1）推定形式是指当事人用语言文字以外的有目的有法律意义的活动，来表达他们的意思。如供应合同期满后，供方仍然继续供货，需方也接受，供需双方虽然没有口头或书面形式表示延长原合同的协议，但从他们实际活动中的作为，就可以推定他们已达成了延长原

合同期限的协定。

（2）沉默形式是指当事人没有进行任何积极行为，以默认表示自己意思的法律行为方式。如在经济合同中，一方要求变更或解除经济合同，另一方应在接到通知后按规定期限予以答复，不作答复则视为同意。但是，默认形式只有在有法律明文规定或习惯上已为大家所承认的情况下，才能看作是意思表示的一种方式，不能作任何扩大的理解。因为，默认形式是行为人用推定和默认表示意思的形式。推定是从行为人的作为中推定其所表达的发生、变更或消灭一定经济法律关系的意思。默认形式是行为人在不作为中确认其表达了发生、变更或消灭一定经济法律关系的意思。

三、经济法律行为的有效条件

若要经济法律行为有效，则该经济行为所引起的经济权利和经济义务关系的产生、变更、消灭，要由相应的经济法律规范所确认，才能产生法律效力。鉴别一个经济法律行为是否有效，要看它是否具备各项有效条件。经济法律行为的有效条件有：

（一）经济法律关系主体必须合格

经济法律关系主体合格，是指经济法律关系主体具有法律赋予的资格。经济法律行为主体通过自己行为行使某种权利时，它必须具有这种权利和具有行使这种权利的能力。这种法律资格，国家经济管理机关表现为经济职能；法人表现为民事权利能力和民事行为能力。国家经济管理机关因职能不同而有不同的经济职权，因管辖的范围不同而有不同权限。法人实施经济法律行为时，限于法律或章程所规定的业务活动范围，超出登记机关批准的生产经营范围和经营方式的经济行为，都是经济法律关系主体不合格的行为，其行为没有法律效力。

（二）主体意思表示必须真实

经济法律行为是经济主体确立、变更或消灭经济法律关系的法律事实，而意思表示又是经济法律行为的要素。因此，主体所作出的意思表示必须自愿、真实，它是决定法律行为效力的一个重要条件。只有行为主体意志与其意思表示一致，经济法律行为才有效。如果在经济法律行为中，当事人有弄虚作假，以欺诈、胁迫手段或乘人之危等外力作用而构成的经济行为，都是违背了意思表示真实的原则，因而这种行为是没有法律效力的。同时，要根据不同的情况，认定其行为无效或给予撤销。经济管理机关实施的经济法律行为，意思表示也须真实，符合本机关的法定职责，而且要求明确，没有缺陷，才能发挥其行政行为应有的法律效力。

（三）经济法律行为的内容必须合法，不违反社会公共利益

经济主体在经济管理和经济协作活动中进行的任何经济行为，都必须遵守国家法律、法规的规定，不得损害国家利益和他人的合法权益，否则，即为不合法。经济管理机关的经济法律行为，必须是依据法律所实施的行为、措施内容符合法律、法规的规定，是依法律程序而实施的行为，否则，即为不合法。同样，也不会得到国家法律的承认和保护。

（四）经济法律行为必须具备法定条件

当事人实施法律行为时，在法律无特别规定的情况下，经济行为采取什么形式，由当事人自己决定。但是，有些经济行为，法律规定必须采用某种形式，即所谓"要式法律行为"。这种要式法律行为带有强制性，当事人无权选择，如不遵守法定形式，则该经济行为即为无效的行为。

四、经济行为的无效和撤销

（一）无效经济行为

无效经济行为是指当事人的经济行为缺乏有效条件，违反法律，侵害国家或者他人利益的行为。注意，这里所说的是"无效经济行为"，而不能称为"无效的经济法律行为"。

无效经济行为有：

（1）违反法律和行政法规的经济行为；

（2）采用欺诈、胁迫等手段或者乘人之危，使对方在违背真实意思的情况下的经济行为；

（3）行为主体超越经济职权或者权限，行为人不具有相应的的民事权利能力和民事行为能力而实施的经济行为；

（4）违反国家利益或社会公共利益的经济行为。

（二）可以撤销的经济行为

可以撤销的经济行为，是指经济主体没有表现其真实意思，而实施的经济行为。下列经济行为，当事人一方有权请求人民法院或者仲裁机关予以变更或者撤销：

1. 行为人对行为内容有重大误解的

误解的经济行为是指行为人由于自己的过失，对行为标的物、行为内容、行为另一方主体等有认识判断上的错误而从事的经济行为。如把价值1000元的物资误认为100元，把本应发往乙厂的设备发给甲厂等。这种行为是由于行为人受错误认识支配进行的，其意思表示不符合真实意图，因此可以撤销。但是，只限于因重大误解而为的法律行为，才可以变更或撤销。

2. 显失公平的经济行为

在有偿的经济行为中，一方利用自己优势或利用对方没有经验，致使双方的权利与义务明显违反公平、等价有偿的原则，称为显失公平的经济行为。显失公平的经济行为，其一方出于损人利己的目的，使另一方利益受到严重的损害，这种行为是法律所不允许的。因此，是可以撤销的。

（三）经济行为无效或撤销的法律后果

无效或被撤销的经济行为，从行为开始就没有法律约束力。经济行为被确认无效或者被撤销后，如果该经济行为仅仅处于开始，还没有产生任何后果，则可宣布该经济行为无效，予以撤销；正在履行的，停止履行；如果该经济行为已经产生部分或全部的经济后果，则应根据不同后果的性质，做出不同的处理，以保护当事人合法权益和国家利益。对于该行为产生的财产后果，处理方法有以下几种：

1. 返还原物

如果是一方的过错，则有过错的一方应把非法所得物返还给受害的一方；如果是双方的过错，则各自返还从对方取得的财产，使财产恢复到原来的状态。

2. 赔偿损失

在无效或被撤销的行为中，如果一方有过错，给他方造成损失，应向受害的一方赔偿其因此所受的损失，以保障当事人的正当利益；如果双方都有过错，则根据过错的责任，双方各自承担相应的责任。

3. 强制收购

对于违反国家严格限制规定的商品，双方串通私下进行买卖而情节较轻的，则由国家有关管理部门，按国家定价强制收购其商品、物资。

4. 收归国库

如果由于双方的经济行为，已严重违反国家有关规定，则对双方取得的非法收入予以没收，缴归国库。

第四节 经济代理行为

一、经济代理行为的概念和特征

（一）经济代理行为的概念

经济代理行为，是指代理人在授权范围内，以被代理人的名义与第三人进行的经济法律行为，其法律后果归被代理人承担和享有。

在一项经济代理行为中，参加代理的当事人有三方，即代理人、被代理人和第三人。代理人是指根据被代理人的委托、法律规定或主管机关、法院的指定行使代理权的人。代理权是指代理人以被代理人的名义实施法律行为的权力。被代理人是按照法律规定或者在法律规定的范围内授权他人代替自己所为的人。随着社会主义市场经济的发展，代理行为已经越来越成为人们经济生活中不可或缺的部分。比如发生经济纠纷可以有律师处理，购买房屋有房地产经济人，厂家商品销售在一定区域内可以有人做总代理等。代理制度，不仅有利于公民实现其合法权益，而且也有利于法人开展和扩大经营活动。

（二）经济代理的特征

（1）代理行为必须是具有法律意义的行为。这是指代理人所进行的代理活动，必须是能够发生、变更或消灭一定的经济法律关系的行为。凡不能确立、变更或终止一定的经济法律关系，并产生相应的法律后果的代理行为，如代人誊写文稿、代人进行具体的劳动等不属于代理的范围。

（2）代理行为是代理人以被代理人的名义进行的活动。代理人如果以自己的名义为他人办事，不是代理，而是他自己的行为。如委托商行以自己的名义出售受托商品，则由委托商行承担法律后果。

（3）代理人在代理权限范围内实施代理行为，是代理人独立的意思表示。这一特征明确地表现出，代理不是代理人简单地对第三人传话，他所体现的是在授权范围内代理人对第三人作出的独自意思表示。但超越代理权限所作出的意思表示，对于被代理人不发生任何效力，其造成的损害，应由进行活动的代理人自己承担责任。

（4）代理行为直接对被代理人产生权利和义务。代理人在被代理人授权范围内，以被代理人的名义进行意思表示，以实现被代理人的权利和履行其义务，这实际上等同于被代理人直接与第三人发生经济法律关系，其法律后果就理应由被代理人享有或承担。

（5）代理权的取得、代理人依法接受被代理人的委托，依照法律规定或主管机关、法院的指定取得代理权。

二、代理权的产生和终止

（一）代理权的产生

代理权的产生有以下两种情况：

1. 委托代理

委托代理是社会活动中最常用的代理方式，是指代理人由被代理人委托，并依法律规定授权而产生的代理行为。委托代理的形式，有书面和口头两种。书面形式的一般做法是：被代理人先拟定授权委托书，将其意思表示写在书面上，并签字盖章，内容包括代理人姓名、代理事项、代理期限，授权范围等，这种代理关系一般采用委托合同形式，明确规定双方的权利和义务。被代理人将其委托书交给代理人，代理人接受后，就发生授权效力。授权委托书授权不明的，由代理人和被代理人共同向第三人承担连带责任。

2. 法定代理

法定代理指代理人的代理权是根据法律的直接规定而产生的一种代理关系，是委托代理的对称。与委托代理的区别在于，法定代理人的代理权，非基于本人的授权行为，而是直接由法律根据一定社会关系的存在而确定。如未成年人的父母为未成年人的代理人，法定代理人中代理人的代理权不需要被代理人授予。

（二）代理权的终止

1. 有下列情形之一的，委托代理终止

（1）代理期间届满或者代理事务完成；

（2）被代理人取消委托或者代理人辞去委托；

（3）代理人丧失民事行为能力；

（4）代理人或者被代理人死亡；

（5）作为代理人或者被代理人的法人、非法人组织终止。

2. 有下列情形之一的，法定代理终止

（1）被代理人取得或者恢复完全民事行为能力；

（2）代理人丧失民事行为能力；

（3）代理人或者被代理人死亡；

（4）法律规定的其他情形。

三、无权代理及其法律后果

行为人没有代理权、超越代理权或者代理权终止后，仍然实施代理行为，未经被代理人追认的，对被代理人不发生效力。相对人可以催告被代理人自收到通知之日起一个月内予以追认。被代理人未作表示的，视为拒绝追认。行为人实施的行为被追认前，善意相对人有撤销的权利。撤销应当以通知的方式作出。行为人实施的行为未被追认的，善意相对人有权请求行为人履行债务或者就其受到的损害请求行为人赔偿，但是赔偿的范围不得超过被代理人追认时相对人所能获得的利益。相对人知道或者应当知道行为人无权代理的，相对人和行为人按照各自的过错承担责任。

行为人没有代理权、超越代理权或者代理权终止后，仍然实施代理行为，相对人有理由相信行为人有代理权的，代理行为有效。

第五节　经济法律关系的保护

经济法律关系是由国家法律确定下来的一种社会关系，它是国家的意志在管理经济方面的法律体现，因而国家对经济法律关系的保护也体现了对国家尊严的维护。

一、国家对经济法律关系保护的职能机关和经济法律关系保护的意义

经济法律关系依法确立后，不仅涉及经济法律关系主体的经济权利，而且也关系到国家和人民的利益。因此，它必须受到法律保护。国家对经济法律关系的保护，是通过职能机关实现的。这些机关主要有计划、审计、银行、财政、税收、工商行政、物价、商品质量检验等机关，以及仲裁机关和司法机关。它们以各自的职能活动维护各种经济法律关系的实现，以维护社会主义市场经济秩序。

国家对经济法律关系的保护，就是严格监督经济法律关系的参加者正确行使权利和确实履行义务，从而能够确保市场经济健康有序的发展。其次，通过对经济法律关系的保护，打击了经济违法和经济犯罪，保护了公民的合法权益。第三，国家对经济法律关系的保护，也起到了引导经济发展方向的主导作用。

二、侵犯经济法律关系主体所应承担的法律责任

法律责任，是指违法者因有违法行为而要承担的法律后果。违法行为是法律责任的前提，法律制裁是法律责任的必然后果。对于违反经济法的行为，必须依法追究相应的法律责任。根据我国经济法律规定，对违反经济法的行为适用综合制裁方式。按照违法的性质和程度的不同，违反经济法的行为应负的法律责任有经济责任（或民事责任）、行政责任和刑事责任。

（一）经济责任

经济责任是指当事人因违法行为给他人造成财产或人身损害，或因不履行合同义务或其他法定义务而应承担的民事法律后果，即经济赔偿责任。这种责任的大小一般与受害人的损失或未履行的义务相当，它既是一种对受害者的经济补偿手段，又是一种对违法者在经济上的制裁手段，体现了法律上的过错责任原则。

（二）行政责任

行政责任是指由于当事人违反经济行政法规而应当承担的法律后果，即政府的各种行政管理部门对当事人的经济行政违法行为给予行政制裁。根据《中华人民共和国行政处罚法》第8条规定，行政处罚的种类包括：①警告；②罚款；③没收非法所得、没收非法财物；④责令停产停业；⑤暂扣或者吊销许可证、暂扣或者吊销执照；⑥行政拘留；⑦法律、行政法规规定的其他行政处罚。此外，国家机关、企事业单位还可根据法律、法规，按照行政隶属关系对违法者个人实施行政处分。行政处分的种类有：警告、记过、记大过、降职、撤职、留用察看、开除等。

（三）刑事责任

刑事责任是指由于当事人实施了侵害我国刑法所保护的客体的行为而必须承担的法律后果，即由于当事人实施了犯罪行为而必须承担的法律责任。根据《中华人民共和国刑法》规定，刑罚分为主刑和附加刑。主刑包括：①管制；②拘役；③有期徒刑；④无期徒刑；⑤死刑。附加刑的种类包括：①罚金；②剥夺政治权利；③没收财产。附加刑可以和主刑合并使用，也可以独立使用。对犯罪的外国人，可以独立适用或者附加适用驱逐出境。

公司、企业、事业单位、机关、团体实施危害社会的行为，法律规定为单位犯罪的，应当负刑事责任。单位犯罪的，对单位判处罚金，并对直接负责的主管人员和其他直接责任人员判处刑罚。

复习思考题

1. 说明经济法律关系的概念，经济法律关系有哪些要素？
1. 什么是法人？法人的成立要具备哪些条件？
2. 经济职权与其他经济权利相比有什么不同？
3. 什么是经济法律事实？经济法律事实如何分类？
4. 经济法律行为的表达方式有几种？分别如何表达？
5. 如何理解代理和代办有什么联系和区别？
6. 无权代理和滥用代理权会产生什么样的法律后果？

第三章 财产所有权法律制度

 学习目标

通过本章学习,要求了解财产所有权的保护方法;理解物权的效力、财产所有权的四项权能;明确我国现有的财产所有权的形式和对国家财产所有权的特殊保护;掌握财产所有权概念。

 本章重点

财产所有权是一种物权,是所有权人依法对自己的财产享有占有、使用、收益和处分的权利;财产所有权与其他民事权利相比有它自身的特征;财产所有权的取得方式有原始取得和继受取得;财产所有权的消灭的主要原因有五种;财产所有权作为一种经济法律关系同样也具有三个要素;财产所有权的主体形式除了独立个体所有外,还有按份共有和共同共有两种形式。国家对所承认的各种所有权形式,规定的民事保护方法也是本章的重点之一。

第一节 财产所有权概述

一、财产所有权的概念

财产所有权,属于《物权法》的内容之一。物权包括所有权、用益物权和担保物权三大部分。物权是对物的归属和利用的民事权利,它本属于民事法律的范畴,但它与我们所要学习的经济法律有着密不可分的关系,为此我们在经济法教材中增设了有关财产所有权的内容。

2007年3月16日中华人民共和国第十届全国人民代表大会第五次会议通过了《中华人民共和国物权法》(以下简称《物权法》)。作为第一部《物权法》,它的立法目的在该法的第一条就作了明确的说明:"为了维护国家基本经济制度,维护社会主义市场经济秩序,明确物的归属，发挥物的效用，保护权利人的物权，根据宪法，制定本法。"

（一）物权与物权法

1. 物权的概念

物权是民事主体在法律规定的范围内，直接支配特定的物而享受其利益，并得排除他人干涉的权利。

2. 物权的法律特征

（1）物权在整个法律制度中，具有核心性。物权关系是最基本的民事法律关系，是所有其他民事法律关系的出发点和归属。在宪法、民法、刑法中，都会涉及所有权、物权制度，所以所有权具有核心性，是整个经济制度和社会制度的基础。

（2）物权的支配性。物权是权利人直接支配物且无须借助他人行为就能行使自己权利或实现自己权利的一种民事权利。

（3）物权是直接支配特定的、独立的物的权利，是不依赖于义务人义务的履行而实现的权利。

3.《物权法》的概念

《物权法》是为了维护国家基本经济制度，维护社会主义市场经济秩序，明确物的归属，发挥物的效用，保护权利人的物权，根据《宪法》，制定的法律。

（二）所有权与物权的关系及所有权的特征

所有权是物权的表现形式之一，它是不同所有制在法律上的不同表现形式。不同社会所有权的性质，是由不同社会占统治地位的所有制的性质所决定的。

财产所有权是指所有人依法对自己的财产享有占有、使用、收益和处分的权利，包括占有权、使用权、收益权和处分权四项权能。所有权意味着人对物最充分、最完全的支配，是最完整的物权形式。根据定义中对财产所有权的描述可以看出，作为民事权利的财产所有权具有以下特征：

（1）财产所有权的权利主体是所有人；

（2）财产所有权具体包括占有权、使用权、收益权和处分权等四项权能；

（3）财产所有权表现为对有形的"物"的权利，同时《物权法》第二条还表明了"法律规定权利作为物权客体的，依照其规定"。

（4）财产所有权具有独占性，是独占的支配权，即非所有人不得对所有人的财产享有所有权。

二、财产所有权的权能

财产所有权的权能是指所有权的内容或职能。根据《民法通则》的原则和《物权法》第三十九条的规定，"所有权人对自己的不动产或者动产，依法享有占有、使用、收益和处分的权利"。

（一）占有和占有权

占有是指对物的实际控制。占有可分为所有人占有和非所有人占有，在此基础上又将非所有人占有分为合法占有和非法占有、善意占有和恶意占有。

非所有人可以合法占有，这是指非所有人依据法律规定或者所有人的意志对所有人的财产享有占有权，如承包、租赁。

非法占有是指没有法律依据，也没有经过所有人的同意，擅自占有属于他人的财产，如以贪污、盗窃、拐骗的方式占有财物。

善意占有是指非所有人在占有某项财产时，不知道或不应该知道自己的占有是非法占有，而实施了占有的行为，如拣拾或收留他人遗失物品；恶意占有是指非所有人在明知道自己的占有是非法的，却仍然占有他人财产的行为，如抢劫、盗窃他人物品。明知是他人物品，经所有人主张权利后仍不归还，也属于恶意占有。

占有权是指所有人依法对其财产的控制权，包括实际控制和法律控制。它是取得财产所有权的第一步。

占有权是所有权权能的基础，其余各项权能都是占有权的派生权能。

（二）使用权

所有人和非所有人合法占有财产，主要是为了对财产进行有效的利用，以获取一定的利益。这种所有人或者非所有人对财产进行有效利用的权利，就是使用权。

使用权是直接在所有物即财产上行使的权利，所以使用权的存在要以实际占有财产为前提。当财产与所有人分离时，所有人的使用权也与所有权发生分离，非所有人的使用权由所有人授予，并只能在法律或合同规定的范围内行使，按照指定的用途使用。

（三）收益权

收益权是指主体在原来的财产之上获取经济利益的权利。收益，包括天然孳息和法定孳息。从原来的财产上自然产生出来的孳息，称为天然孳息，如鸡生蛋；利用原来的财产进行生产经营活动所产生的利润，称为法定孳息，如存款利息和企业使用财产所创造的价值等。

收益权作为所有权的一项重要权能，它可以与所有权相分离，是所有权中的一项独立权能。

（四）处分权

处分权是指所有人对自己的财产进行处置的权利，其实质是决定财产的命运。处分包括消费和转让。消费属于绝对处分，经过绝对处分原财产灭失，如生产过程中原材料经过生产转化为产品，粮食被吃掉等。转让属于法律上的处分，在法律处分中，原财产不发生变化，只是所有人发生了变更。如商家将商品卖给他人、所有人将财产赠送给他人等。

处分权决定着财产的归属，所以，它是财产所有权的核心，也是财产所有权区别于其他物权的一个重要特征。通常，一个没有处分权的主体，是无权与他人缔结转让财产的合同的。

三、财产所有权的取得和消灭

（一）财产所有权的取得

在民法学中，通常将合法财产所有权的取得分为两种：原始取得和继受取得。

1. 原始取得

原始取得，是指财产所有权第一次产生，或者不依靠原所有人的权利而取得所有权。包括：

（1）生产。生产是财产所有权取得方式中最重要的一种方式，通过生产创造出来的新的财产，通常由生产资料的所有人和生产者享有其所有权。

（2）孳息。孳息是指在原财产上产生的新的所有物，即收益。

（3）没收。没收是依据法律规定，强制将财产收归国有的一种措施。如中华人民共和国成立初期，没收官僚资本为国家所有。

（4）遗失物、所有人不明的埋藏物和隐藏物的归属。遗失物是指他人丢失的动产，如丢失的货币、首饰、衣物等；所有人不明的埋藏物和隐藏物，是指埋藏于其他物当中，其所有权归属不明的动产，如地下埋藏的文物等。遗失物应归所有人所有，无人认领时则归国家所有；所有人不明的埋藏物和隐藏物应视为无主财产，归国家所有。

（5）添附。是指不同所有人的财产合并在一起，形成一种不能分离的财产。包括混合、附合和加工三种。

2. 继受取得

继受取得是指所有人通过合法途径从原所有人那里取得财产所有权。包括：

（1）转让财产。即通过买卖、赠与、互易等法律行为，由一方将财产所有权转移至另一方手中，新的所有人则取得该财产的所有权。

（2）继承或接受遗赠。所有人死亡后，其遗留的财产由其合法继承人继承，或根据所有人的意志赠送给他人，合法继承人或受遗赠人依法取得遗产的所有权。

（3）其他合法原因取得。

 **想一想**

请同学们根据刚才学过的知识，各举一个例子来说明"原始取得"和"继受取得"。

（二）财产所有权的消灭

所有权的消灭，亦称所有权的终止，是指因一定的法律事实而使所有人丧失其所有权。所有权消灭的原因主要有：

1. 转让所有权

即通过买卖、赠与、互易等法律行为转让所有权，原所有人则丧失了对某项财产的所有权，而受让人取得对该项财产的所有权。

2. 抛弃所有权

财产所有权本身具有一定的任意性，法律允许所有人加以抛弃。所有人抛弃所有物的行为是单方的、自愿的行为，所有人实施抛弃行为后，即丧失对所抛弃财产的所有权。但所有人抛弃所有物不得损害国家利益、社会公共利益和他人的合法权益。如不能将废弃物随意丢弃在非指定场所。

3. 所有权主体的消灭

所有权主体的消灭是指公民的死亡和法人的终止，由于主体的消灭，财产所有权发生转移。公民死亡后，其财产由法定继承人继承，或由接受遗赠人接受遗赠。法人终止后，其财产根据公司章程和有关法律规定处理。

4. 所有物本身的消灭

一旦作为所有权客体的所有物消灭，原所有权就不复存在。所有物消灭的主要原因有三种情况：事实上的处分（如食物被吃掉、生产过程中原材料被加工等）；自然灾害造成财产灭失或第三人的过错而造成财产灭失。

5. 国家有关机关依法采取强制措施

通过国家有关机关采取强制措施，也可以导致财产所有权丧失。如法院判决财产归国家或他人所有；国家依法对所有人的房屋或土地进行拆迁、征用、征购等，原所有人则因此丧失对该财产的所有权，但所有人应得到等价的补偿。

第二节 财产所有权法律关系

财产所有权法律关系与所有民事法律关系一样，也是由三个要素构成的，即财产所有权法律关系的主体、财产所有权法律关系的客体和财产所有权法律关系的内容，三者缺一不可。

一、财产所有权法律关系的主体

（一）财产所有权法律关系主体的概念和单一主体

财产所有权法律关系的主体，是指财产所有权法律关系的参加者或当事人。财产所有权法律关系的主体包括权利主体和义务主体。

1. 权利主体

权利主体，笼统地说就是"权利人"，是指对某一财产依法享有所有权的单位或个人，也就是所有人。具体包括：国家、集体、私人等三大类。私人又包括：公民个人、外国人和无国籍人、个体工商户、农村承包户等。对各类权利主体《物权法》规定了平等保护原则，即国家、集体、私人财产平等受法律保护。

2. 义务主体

对于财产所有权来说，权利主体是特定的。但义务主体却是不特定的，他是相对于权利主体承担所有权保护义务的单位和个人而言的。实际上义务主体泛指一切非所有人，泛指所有权人以外的一切单位或个人，具有普遍性。在没有侵犯他人财产所有权的前提下，义务主体所承担的只是不侵犯权利主体所有权的义务。

财产所有权的主体通常情况下只有一个权利人，对于这种所有权人，法律上称为财产的单一主体。

（二）财产共有权与非单一主体

财产所有权法律关系的权利主体，既可以是一个单位或个人即"单一主体"，也可以是两个或多个单位或个人。也就是说所有人可以是一个，也可以是两个或几个。《物权法》第九十三条规定，不动产或者动产可以由两个以上单位、个人共有。这种两个或多个单位或个人，共同对一件财产拥有所有权的现象称为共有财产权。共有财产权分为按份共有和共同共有两类。

1. 按份共有

按份共有，是指两个或两个以上的共有人，对共有财产按照各自的份额，分别对共同拥有的财产享受权利、承担义务的一种共有关系。《物权法》第九十四条规定：按份共有人对共有的不动产或者动产按照其份额享有所有权。例如，甲兄弟二人继承父母一幢房屋，则兄弟二人各自按本人所有的份额享受权利、承担义务。

按份共有人享有以下权利：

（1）按份共有人按照预先确定的份额分别对共有财产享有占有、使用、收益和处分的权利。按份共有人依据其份额享有并行使权利，份额越大，则使用共有财产、获得经济利益的权利越大，份额越小，则使用和获得经济利益的权利也越小。

（2）按份共有人有权处分其份额。

（3）共有人出售其份额，其他共有人在同等条件下，有优先购买的权利。这就是说，共有人要出售其份额时，应告知其共有人。在出价大致相同的情况下，其共有人可以先于非共有人取得购买权。

（4）按份共有人转让其份额，一般不受时间限制，只要共有关系存在，共有人就享有该项权利。

按份共有人在享有以上权利的同时，也承担一定的义务，主要包括：按份共有人享有的份额越大，其承担的责任和风险也越大；任何共有人未经其他共有人的同意，不得擅自独自占有和使用共有财产。

> **小资料**
>
> 《民法通则》第七十八条规定："按份共有财产的每个共有人有权要求将自己的份额分出或者转让"。但共有人在转让其份额时，不得损害其他共有人的利益。

2. 共同共有

共同共有是指两个或两个以上的公民或法人，根据某种共同关系而对某项财产不分份额地共同享有权利并承担义务的共有关系。《物权法》第九十五条规定：共同共有人对共有的不动产或者动产共同享有所有权。如夫妻关系、家庭财产共有关系等。在共同共有关系中，是以共同关系的存在为前提，只要共同关系存在，共同共有关系就不能割裂。共同共有财产不分份额，各共有人平等地享有权利和承担义务。

共同共有人对共有财产享有平等的占有、使用权。对共有财产的收益，不是按比例分配，而是共同享有。对共有财产的处分，必须征得全体共有人的同意。

共同共有人对共有财产共同承担义务。如对共有财产进行维护、保管、改良等，其费用由共同共有人共同承担。这种共有关系只有在共有关系结束，如夫妻离婚时，才可以划分份额。共同共有的财产只有当共同关系结束时，才可以由共同共有人经过协商，以协议的方式进行分割，确定各方的份额。协商不成时，也可以经过法律部门依具体情况进行判定。

二、财产所有权法律关系的内容

是指财产所有权法律关系主体所享有的经济权利和承担的经济义务。

（一）财产所有人的权利和义务

作为财产所有权法律关系权利主体的所有人，享有的权利是对财产的占有权、使用权、收益权和处分权。这些权利我们在上一节已经做了叙述，这里不再重复。

财产所有人在行使权利的同时，也必须承担一定的义务，我国有关法律制度规定，所有人在行使财产所有权时，必须承担以下义务：

（1）必须遵守国家法律；

（2）不得妨碍社会公共利益；

（3）必须符合社会主义道德风尚；

（4）不得妨害相邻关系。

（二）非财产所有权人的义务

财产所有权法律关系中非财产所有人的义务，主要表现为义务人对财产的一种消极的、不作为的义务，也就是说不侵犯他人的财产所有权的义务，否则将承担侵权的法律责任。

三、财产所有权法律关系的客体

财产所有权的客体，是主体的权利和义务所共同指向的对象。财产所有权的客体必须是存在于人身体之外的，能为人们所支配，具有一定的使用价值，能满足人的某种需要的物质。作为财产所有权的客体，这种物质必须能够被人们所利用，并且具有一定的使用价值，否则就不可以成为财产所有权的客体。

从以上概念中可以看出，人身不能作为所有权的客体。但需要说明的是人的身体虽然不是物，但与人的身体相分离的头发、血液等是物，人死后的尸体也是一种特殊的物，这些特殊的物有特殊的法律加以规范。

进一步说，所有权的客体只是物。因此，许多国家的法律把所有权叫做物权，而且是最完整意义的物权。这里的物，其法律范围是极其广泛的，凡是能够成为财产的一部分、有一定的形体占据一定空间、能为所有权人控制的物质财富都可以成为物权的客体。需要特殊提出的是：脑力劳动的成果如著作、发明创造、商标等都是非物质财富，受知识产权法律保护的对象，是知识产权的客体，因而不能再作为物权的客体。知识产权虽不是物权，但它也存在所有权问题，只是对知识产权纠纷的裁定必须依照知识产权法办理。

作为所有权法律关系客体的物，在范围上是十分广泛的，在司法实践中对物的种类划分具有明确的实际意义。从不同角度我们可以把物划分为：生产资料和生活资料；自然物和劳动创造的物；流通物和限制流通物；种类物和特定物；可分割物和不可分割物；原物和孳息物；主物和从物等。财产所有权客体的表现形式主要有货币、有价证券、物质资料等。

四、财产所有权的种类

财产所有权根据其性质不同，可以分为五大类：

（一）国家财产所有权

国家财产所有权，是指国家依法对国家财产享有的占有、使用、收益和处分的权利。在国家财产所有权中，国家是国有财产的所有者。这种所有权形式从本质上讲是社会主义全民所有制在法律上的表现。国家财产所有权的客体具有无限广泛性，一般来说，属于国家的财产主要包括：

（1）国有的土地、矿藏、水流、森林、草原、荒地、渔场等自然资源；

（2）国家机关、国有事业单位和社会团体的资产；

（3）军队的财产；

（4）国有企业的财产；

（5）国家所有的公共设施；
（6）历史文物古迹、风景游览区、自然保护区；
（7）国家在外国的财产；
（8）无主财产、所有人不明的埋藏物和隐藏物等。

（二）劳动群众集体财产所有权

劳动群众集体财产所有权，是社会主义集体所有制在法律上的表现。它是指劳动群众集体经济组织对其财产依法享有的占有、使用、收益和处分的权利。劳动群众集体财产主要包括：属于集体经济组织的农村土地；集体所有的企业、商店、农场、林场、牧场、渔场、建筑物、水库、农田、水利设施、文化教育设施等各类动产或不动产。

（三）私人财产所有权

私人财产所有权是指公民个人依法对其财产享有的占有、使用、收益和处分的权利。私人财产所有权是私营经济在法律上的表现。它主要包括：公民个人财产所有权和私营企业财产所有权，如个人股份、合伙财产等。

（四）外商投资企业财产所有权

外商投资企业，是我国实行对外开放政策的产物，是我国引进外资的重要手段。外商投资企业财产所有权，是指外商投资企业的各方中外投资者依法对其财产享有的占有、使用、收益和处分的权利。我国法律保护外国投资者的合法权益。

（五）混合经济财产所有权

在我国的现实经济体制中存在有国家、集体、个人以及内资和外资、法人和自然人的财产交叉存在于同一经济实体内的具体情况，这就构成了各种所有制的交叉，形成了混合经济财产所有权。

第三节 财产所有权的法律保护

财产所有权的法律保护，是指国家通过法定的程序和方法保护所有人依法对其财产行使占有、使用、收益和处分权利的制度。对侵犯财产所有权的行为，可以通过三种方式进行制裁：一是运用民法，强制侵权人承担民事责任以保护所有人的财产所有权；二是通过行政法，采用行政制裁的方式，制止侵权人的侵权行为；三是利用刑法规定的刑罚，制裁犯罪分子。这里，我们着重介绍财产所有权的民法保护方法，这种方法也是财产所有权保护过程中最常用的一种方法。财产所有权的民法保护方法主要有以下几种：

一、请求确认所有权

确认所有权，是指因所有权的归属发生争议时，当事人可以向人民法院提起诉讼，请求确认财产的所有权。确认所有权的请求，应当由当事人（可以是所有人也可以是所有人以外的其他人），通过民事诉讼程序解决所有权的归属纠纷，也就是说确认所有权并不是所有人依法享有的向当事人提出请求的权利，而是当事人向法院提出诉讼请求的权利。

请求确认所有权的保护方法，是一种独立的保护方法，不需要建立在其他保护方法的基础之上,相反,其他民法保护方法是在确认所有权的基础上进行的。人民法院审理侵犯财产权的案件,首先要确认所有权,然后才根据所有权受侵犯的情况,采取其他的保护方法。

二、请求返还原物

请求返还原物是指所有人在其所有物被他人非法占有时,可依法请求不法占有人返还原物,或请求人民法院责令不法占有人承担返还原物的责任。

非法占有有两种情况,一是无权占有所有物。如甲的房屋被乙租用,租期届满后,乙不返还承租的房屋。二是非法侵占。如甲抢夺乙的财产据为己有。这两种情况都构成非法占有,所有人可以向侵权人提出请求或通过诉讼途径要求返还。在采用"请求返还原物"方法保护所有权时,应注意以下问题:

一是只有所有人才有权请求返还原物。在共有的情况下,每个共有人都可以请求不法占有人返还共有物。

二是所有人只能对非法占有人提出返还原物,而不能要求合法占有人返还原物。例如甲的房屋被乙租用,租赁期未满时,所有人甲不得对房屋的承租人乙请求返还房屋,因为双方当事人之间有租赁合同的约定,但是如果租赁期满,租房子的乙拒绝返还房屋的话,所有人甲就可以要求承租人乙返还原物。

三是当原物由原来的占有人手中转移到第三人手中时,原物应如何处理,所有人是否能够要求返还原物,应视不同情况,进行区别对待,处理方法是:

(1)第三人即受让人占有该财产是有偿的,比如从他人手中买来了非法占有物,应视其是善意占有或恶意占有作不同处理:如果第三人是善意占有,即善意取得,例如第三人购买商品时,不知道该商品是非法占有物而购买了,所有人则不得要求善意的第三人返还原物,只能请求转让人赔偿损失;如果第三人是恶意占有,即第三人购买商品时,明知道该商品是非法占有物却购买了,则所有人可以无条件要求最后占有人返还原物,包括在该财产上取得的收益。

根据我国法律规定,对于赃物、遗失物等不使用善意取得制度,例如第三人购买了偷来的自行车或者拾得的手提电脑,即使购买者不知道自行车是偷来的或电脑是拾得的,也不能取得对该物的所有权,所有人依然有权要求购买者返还原物。

(2)如果第三人即受让人占有该财产是无偿的,则不论在任何情况下,所有人都有权要求第三人返还原物。

四是所有人请求返还原物,原物必须存在。如果原物已经灭失,返还原物在客观上就成为不可能,所有人就只能要求赔偿损失,而不能要求返还原物。

五是返还原物时,必须将财产转移到所有人手中,才能视为返还,但是如果所有人同意由不法占有人继续占有原物,视为原物已经返还。

三、请求停止侵害

请求停止侵害是指所有人在其财产直接受到他人的不法侵害时,有权要求侵害人停止正在进行的侵害,或请求人民法院责令侵害人停止侵害。这种请求可以直接向当事人提出。如承租人未经允许正在改拆出租人的房屋,出租人有权立即出面进行制止,或请求人民法院责令承租人停止侵害承租房屋的行为。如果侵害行为并没有造成对所有人的财产的损害,或者虽然造成了损害，但侵害行为已经停止，则所有人不能作停止侵害请求，而只能提出其他请求。

四、请求恢复原状

请求恢复原状，是指所有人的财产被他人非法侵害遭到损坏时，如果能够修理，则所有人有权要求加害人通过修理恢复财产原来的状态，加害人不予修理时，所有人有权请求法院责令加害人恢复财产的原状。如上例所提到的，加害人正在改拆承租的房子，虽然停止了侵害，但已经对房屋造成了损坏，出租人就可以要求他恢复原状，当他拒绝要求时，出租人有权请求法院责令加害人恢复房屋的原状。恢复原状一般是通过修理的方法，使遭受损坏的财产在价值和使用价值上与损坏前的状态大致相同，而不是使财产在任何方面都和原来的财产状态完全相符。恢复原状不仅要在实际上可能，而且要在经济上合理。

五、请求排除妨害

请求排除妨害，是指所有人在其所有物的行使权遭受妨害，即无法正常占有、使用、收益和处分时，可依法请求不法侵害人排除妨害，或请求人民法院责令侵害人排除妨害。

六、消除危险

消除危险，是指当财产因他人的不法侵害行为将危及安全时，所有人可以依法请求人民法院责令行为人采取措施，消除存在的危险，保护所有人的财产。危险包括现实危险和潜在危险，不论是哪一类，所有人均有权利请求予以消除。

七、赔偿损失

请求赔偿损失，是指所有人的财产遭受他人的不法侵害，致使财产损坏不能修复，或者原物已经灭失不能返还时，所有人可以请求不法行为人赔偿财产损失，也可以要求人民法院责令侵害人赔偿损失。

此外，通过恢复原状、返还原物等方法不足以补偿所有人的损失时。所有人在请求恢复原状、返还原物的同时，也可以请求侵害人赔偿损失。

八、返还不当得利

不当得利，是指没有合法地依据取得财产，使他人受到损失而使自己获得的利益。构成不当得利，必须有四个要件，即：一方获得利益；他方受到损失；他方受到损失是因为一方获得利益而引起的，也就是说两者之间有因果关系；一方获得的利益不是合法取得，即没有法律上的依据。

不当得利一经成立，当事人之间就发生权利义务关系。受损失一方有权请求获得利益一方返还不当得利，受益人负有返还不当得利的义务。在受益人死亡的情况下，可依继承法的规定，由其继承人负返还不当得利的义务。

返还的不当得利应当包括原物和原物所生的孳息。利用不当得利所取得的其他利益，扣除劳务管理费用后，应予收缴。

九、对国家财产的特殊保护

国家财产神圣不可侵犯，禁止任何组织或个人侵占、哄抢、私分、截留和破坏。对国家财产的保护除使用上述方法外，还有以下特殊规定：

（1）国家财产被他人侵占追索时，不受时效限制，一经发现，人民法院随时可以强制非法占有人将原物返还给国家。

（2）国家财产被他人非法转移时，不管现时占有人是善意占有，还是恶意占有；不论是有偿取得，还是无偿取得，人民法院都可以要求占有人将原物返还给国家。

（3）当财产所有权归属无法确认时，推定为国家所有。

（4）所有人不明的埋藏物、隐藏物归国家所有。无主财产、无人认领的遗物，无人继承的财产，原则上归国家所有。

 复习思考题

1. 什么是财产所有权？它具有哪些特点？
2. 如何理解财产所有权的权能？按你对权能的理解各举出一个例子。
3. 我国财产所有权有哪些种表现形式？
4. 何谓财产所有权的原始取得？它的取得方式和继受取得有什么不同？
5. 请举例说明两种不同的共有形式。
6. 请列举你所知道的财产所有权的民事保护方法。

第四章 劳动和社会保障法律制度

 学习目标

通过本章学习，要求了解劳动法的主要内容和社保法的知识；掌握劳动立法的基本原则，社会保险的主要险种；能够知道订立劳动合同须涉及哪些内容；能够在劳动争议中维护自己的正当权益。

 本章重点

劳动者的基本权利和义务、"五险"的主要内容、劳动合同订立的三项原则、劳动争议的处理方法和社会保险基金的管理等问题。

第一节 劳动法概述

一、我国的劳动立法和劳动法概念

中国劳动立法最早可以追溯到 1927 年，在当时工人斗争强大压力下，北洋政府虽然制定了《劳动法》，但直至 1949 年的 20 多年里，国家却一直处于战乱之中，使得劳动立法从来没有得到真正实行。

中国共产党一直注意和关心劳动立法问题。早在土地革命时期江西苏区就公布了《中华苏维埃共和国劳动法》和《关于实施劳动法的决议案》。抗日战争中，在共产党所领导的陕甘宁边区制定了《陕甘宁边区劳动保护条例》。在解放战争中，一些解放了的地区，根据各地方的实际情况，也分别制定了一些关于劳动合同制度的文件。中华人民共和国成立以后至 1957 年，是劳动法制的初步建立时期。当时劳动法制的主要依据是《中国人民政治协商会议共同纲领》（1949 年 9 月通过）和 1954 年的《中华人民共和国宪法》。从 1958 年至 1965 年，是劳动法制的初步发展时期，如开始建立劳动安全与卫生的监察制度、初步建立学徒制度和技工学校制度、统一退休、退职规定等。这些法律制度在促进经济建设，贯彻党和国家的劳动政策，保护劳动者的权益，充分调动劳动者的积极性等方面起到了积极作用。

党的十一届三中全会把中国带入了一个充满希望、充满光明的新时期。劳动保障法制建设迎来了它的春天，随着经济体制改革的深入发展，党和国家加快了劳动制度改革的步伐，其重要标志是1986年4月中共中央和国务院联合发布的《关于认真执行改革劳动制度几个规定的通知》，对当时的有关劳动保障工作做出了《国营企业实行劳动合同制暂行规定》《国营企业辞退职工暂行规定》和《国营企业职工待业保险暂行规定》等决定。1993年7月国务院又颁发了《中华人民共和国企业劳动争议处理条例》。所有这些劳动法规都是随着劳动关系和劳动管理体制的发展而逐步完善的。1994年7月5日经第八届全国人民代表大会常务委员会第八次会议审议通过了《中华人民共和国劳动法》（以下简称《劳动法》），这部法律从1995年1月1日起正式施行。

《劳动法》的实施规范了我国的劳动力市场，它同时保护了企业和劳动者双方的正当权益，协调了劳资两方的关系，对于建立我国的和谐社会发挥了巨大的作用。2007年6月29日中华人民共和国第十届全国人民代表大会常务委员会第二十八次会议又通过了《中华人民共和国劳动合同法》（以下简称《劳动合同法》），并于2008年1月1日起施行。这部法律成为我国第一部对劳动合同进行规范的法律。这部法律虽然与《劳动法》相隔12年，但从进一步维护劳动者合法权益出发，对依法解决劳动关系中所出现的劳动争议和促进我国劳动法律制度的发展，却将会具有更大的意义。

劳动法是与劳动者生活最密切的法律规范之一，它直接涉及国家如何干预劳动者的劳动强度和生存质量，直接涉及国家的长期稳定和社会的和谐发展，它是市场经济条件下维护劳资关系的有力依据。

"劳动法"这一概念，既有广义的含义，又有狭义的含义。

广义的"劳动法"。它是指由国家制定的调整劳动关系以及与劳动密切相关的法律关系的法律规范的总称。

而狭义的"劳动法"是指《中华人民共和国劳动法》这部法律。

本节课程中下面我们将要具体介绍的具体法律内容，即是《中华人民共和国劳动法》中的具体内容。

二、《劳动法》的主要内容和适用范围

（一）《劳动法》的主要内容

劳动法共有十三章一百零七条，其简要内容如下：

（1）《劳动法》的适用范围；

（2）劳动者的基本权利与义务；

（3）劳动者的就业、劳动时间、安全卫生、女职工及未成年职工的保护；

（4）劳动合同、劳动工资、职工的就业培训、社会保险及福利问题；

（5）劳动争议问题的解决；

（6）违反劳动法应该承担的法律责任。

本节只重点讲述劳动法的适用范围、劳动者的基本权利和义务和劳动法的基本原则等主要问题。

（二）《劳动法》的适用范围

法律的适用范围包括：法律的主体范围、时间范围、空间范围。

《劳动法》的主体范围，是指《劳动法》对哪些人具有约束力。《劳动法》规定："在中华人民共和国境内的企业、个体经济组织（以下统称用人单位）和与之形成劳动关系的劳动者，适用本法。国家机关、事业组织、社会团体和与之建立劳动关系的劳动者，依照本法执行"。这表明劳动法所主要调整的主体关系为：企业和个体经济组织与劳动者之间形成的劳动关系。而国家机关、事业单位、社会团体与劳动者所建立的劳动关系虽然也依照劳动法，但与企业、个体经济组织与劳动者所结成劳动关系的形式并不完全相同，如国家公务员与国家机关之间所结成的劳动关系，除了依照《劳动法》的原则之外，主要还是依靠《中华人民共和国公务员法》进行调整。

劳动法的时间范围，从1995年1月1日起正式施行。

劳动法的空间范围，适用于我国境内符合《劳动法》主体条件的一切劳动者和用人单位。

三、劳动者的基本权利和义务

（一）劳动者的基本权利

《劳动法》所规定的，劳动者在劳动领域里所享有的依法做出一定行为和不做出一定行为的资格称为劳动者的权利。劳动者享有以下八个方面的权利：

（1）平等就业和选择职业的权利；

（2）取得劳动报酬的权利；

（3）休息、休假的权利；

（4）获得劳动安全卫生保护的权利；

（5）接受职业技能培训的权利；

（6）享受社会保险和福利的权利；

（7）提请劳动争议处理的权利；

（8）法律规定的其他权利。

（二）劳动者的基本义务

劳动者的义务是指《劳动法》规定的劳动者在劳动领域里必须承担的职责。劳动者的义务包括以下四项内容：

（1）完成劳动合同规定的劳动任务和其他公益任务；

（2）提高职业技能；

（3）执行劳动安全卫生规定；

（4）遵守劳动纪律和职业道德。

四、劳动法的基本原则

法律的基本原则是指制定和执行法律所必须遵循的根本的准则。《劳动法》所必须遵循的最根本的准则有以下几项：

（一）劳动者既享有劳动的权利也负担有劳动的义务原则

这一原则表明两重含义：一是每位劳动者都享有平等的自主择业和就业的权利，国家劳动管理机关有义务维护良好的劳动市场秩序,保障公民的劳动权利得以实现。二是劳动是每一位公民的法定义务,每一位有劳动能力的公民都要完成劳动义务、遵守劳动纪律和恪守职业道德。

(二) 劳动者有享受劳动保护和获得休息权利的原则

这项权利是指用人单位有义务对劳动者提供安全卫生的劳动条件和劳动防护,不允许任何单位和个人强制劳动者进行超时、超强度的劳动。

《劳动法》第三十六条规定:国家实行劳动者每日工作时间不超过8小时、平均每周工作时间不超过44小时的工时制度。

用人单位由于生产经营需要,经与工会和劳动者协商后可以延长工作时间,一般每日不得超过1小时;因特殊原因需要延长工作时间的,在保障劳动者身体健康的条件下延长工作时间每日不得超过3小时,并且每月累计不得超过36小时。

同时,《劳动法》还充分维护劳动者应享有法定的休息权利,规定:用人单位应当保证劳动者每周至少休息1日。并在元旦、春节、国际劳动节、国庆节和法律、法规规定的其他休假节日依法安排劳动者休假。

(三) 按劳付酬原则

劳动者所获得的报酬要与他创造的价值相适应,《劳动法》规定使劳动者劳动的数量与质量同他们所获得的报酬直接联系起来,多劳多得,不劳不得。

(四) 男女劳动者、不同民族劳动者一律平等原则

这主要表现在用人单位在用工时对劳动者的一视同仁。任何用工单位和个人不得对妇女劳动者、对少数民族劳动者有歧视态度和行为。要注意到妇女的生理特点,要尊重少数民族的风俗习惯,坚持同工同酬。

(五) 劳动者有获得帮助权的原则

这项权利是指劳动者在年老、生病和丧失劳动能力的时候,有通过社会保险制度使劳动者本人及家庭得到物资帮助的权利。

第二节 《劳动合同法》的主要内容

从2008年1月1日起《中华人民共和国劳动合同法》开始施行。2012年12月28日对该法重新进行了修订,修订后的劳动合同法自2013年7月1日起施行。

修订后的劳动合同法新增最大的亮点就是明确规定了"临时工"享有与用工单位"正式工"同工同酬的权利,并赋予人社部门依法开展经营劳务派遣业务行政许可的权利。

一、劳动合同的概念和订立原则

(一) 劳动合同的概念

劳动合同也称为劳动协议,它是劳动者与用人单位之间为确立劳动关系,明确双方权利与义务的协议。

(二)劳动合同的订立原则

根据《劳动合同法》的规定,订立和变更劳动合同必须遵循以下原则:

1. 合法原则

即劳动合同必须依法订立,不得违反法律、行政法规的规定,不得违反国家强制性、禁止性规定。

2. 公平原则

即订立、履行、变更、解除或者终止劳动合同时,应公平合理,利益均衡,不得使某一方的利益过于失衡。

3. 平等自愿、协商一致原则

平等是指在订立劳动合同的过程中,双方当事人的法律地位平等,有双向选择权,任何一方不得凭借事实上的优势地位强迫对方接受不合理、不公平、不合法的条款;自愿是指劳动合同的订立及其合同内容的达成,完全出于当事人自己的意志,是真实意思的表示,任何一方不得将自己的意志加于对方,也不允许第三者非法干预;协商一致,是指经过双方当事人充分协商,达成一致意见,签订劳动合同,以欺诈或胁迫手段强迫劳动者签订的劳动合同或未经协商一致签订的劳动合同为无效合同。

4. 诚实信用原则

指劳动合同的双方当事人在订立、履行、变更、解除或终止劳动合同的过程中,应当讲究信用,诚实不欺,在追求自身合法权益的同时,以善意的方式履行义务,尊重对方当事人的利益和他人利益,不得损人利己。

二、劳动合同的主要内容和订立形式

(一)劳动合同的主要内容

劳动合同的主要内容是指劳动合同所必备的条款。《劳动合同法》第十七条规定,它应当包括以下内容:

(1)用人单位的名称、住所和法定代表人或者主要负责人;

(2)劳动者的姓名、住址和居民身份证或者其他有效身份证件号码;

(3)劳动合同期限;

(4)工作内容和工作地点;

(5)工作时间和休息休假;

(6)劳动报酬;

(7)社会保险;

(8)劳动保护、劳动条件和职业危害防护;

(9)法律、法规规定应当纳入劳动合同的其他事项。

(二)订立劳动合同的要求

(1)用人单位自用工之日起即与劳动者建立劳动关系。用人单位应当建立职工名册,以备劳动管理部门查。

(2)用人单位招用劳动者时,应当如实告知劳动者工作内容、工作条件、工作地点、职业危害、安全生产状况、劳动报酬,以及劳动者要求了解的其他情况;用人单位有权了解劳动者与劳动合同直接相关的基本情况,劳动者应当如实说明。

（3）用人单位招用劳动者，不得扣押劳动者的居民身份证和其他证件，不得要求劳动者提供担保或者以其他名义向劳动者收取财物。

（三）劳动合同的订立形式

《劳动合同法》规定：建立劳动关系，应当订立书面劳动合同。

针对在《劳动合同法》正式出台前，有些用人单位与劳动者不订立书面劳动合同，造成严重侵害劳动者的合法权利的现象时有发生，为此劳动部针对这一情况，一般作如下规定：对于事实存在劳动关系，但双方未以书面形式订立劳动合同的，一旦发生劳动争议，劳动保障部门与司法机关视同双方已订立了劳动合同，但劳动者本人有其他意思表示的除外。

> **链接**
>
> 劳动合同是以确立劳动关系为内容的合同。要注意劳动合同不是《中华人民共和国合同法》所调整的对象，《合同法》的调整对象主要是财产关系。参见《合同法》有关章节。

三、劳动合同的种类

《劳动合同法》规定，劳动合同的类型分为有固定期限劳动合同、无固定期限劳动合同和以完成一定工作任务为期限的劳动合同三种。

固定期限的劳动合同，是指用人单位与劳动者约定合同终止时间的劳动合同。

无固定期限劳动合同，是指用人单位与劳动者约定无确定终止时间的劳动合同。

用人单位与劳动者协商一致，可以订立无固定期限劳动合同。有下列情形之一，劳动者提出或者同意续订、订立劳动合同的，除劳动者提出订立固定期限劳动合同外，应当订立无固定期限劳动合同：

（1）劳动者在该用人单位连续工作满10年的；

（2）用人单位初次实行劳动合同制度或者国有企业改制重新订立劳动合同时，劳动者在该用人单位连续工作满10年且距法定退休年龄不足10年的；

（3）连续订立二次固定期限劳动合同，且劳动者没有劳动合同法所规定的瑕疵的，续订劳动合同的。

用人单位自用工之日起满1年不与劳动者订立书面劳动合同的，视为用人单位与劳动者已订立无固定期限劳动合同。

以完成一定工作任务为期限的劳动合同，是指用人单位与劳动者约定以某项工作的完成为合同期限的劳动合同。

> **小资料**
>
> 劳动合同法所规定的瑕疵是指：
>
> 《劳动合同法》第三十九条 劳动者有下列情形之一的，用人单位可以解除劳动合同：
>
> （1）在试用期间被证明不符合录用条件的；
>
> （2）严重违反用人单位的规章制度的；

(3) 严重失职，营私舞弊，给用人单位造成重大损害的；

(4) 劳动者同时与其他用人单位建立劳动关系，对完成本单位的工作任务造成严重影响，或者经用人单位提出，拒不改正的；

(5) 因本法第二十六条第一款第一项规定的情形致使劳动合同无效的；

(6) 被依法追究刑事责任的。

第四十条 有下列情形之一的，用人单位提前30日以书面形式通知劳动者本人或者额外支付劳动者一个月工资后，可以解除劳动合同：

(1) 劳动者患病或者非因工负伤，在规定的医疗期满后不能从事原工作，也不能从事由用人单位另行安排的工作的；

(2) 劳动者不能胜任工作，经过培训或者调整工作岗位，仍不能胜任工作的。

四、劳动合同的解除和终止

(一) 劳动合同的解除

劳动合同的解除是指劳动合同当事人在劳动合同期限届满之前依法提前终止劳动合同关系的法律行为。劳动合同的解除可分为协商解除、用人单位单方解除、劳动者单方解除等。

(1) 双方协商解除劳动合同。用人单位与劳动者协商一致，可以解除劳动合同。

(2) 用人单位单方解除劳动合同。用人单位单方解除劳动合同有三种情形，一是过错性解除，即劳动者有过错情形时，用人单位有权单方解除劳动合同；二是非过错性解除，即劳动者本人无过错，但由于主客观原因致使劳动合同无法履行，如患病、非因公负伤、劳动者不能胜任工作或劳动合同订立所依据的客观情况发生重大变化等，用人单位在符合法律规定的情形下，有权单方解除合同；三是裁员，即用人单位为降低劳动成本，改善经营管理，因经济或技术等原因裁减劳动者。上述情况解除劳动合同的，用人单位应当提前30日以书面形式通知劳动者本人。其中，后两种情况，用人单位应支付经济补偿金。

为保护劳动者的合法权益，法律规定，劳动者有下列情况之一的，用人单位不得依据非过错方解除劳动合同的规定、裁员的规定单方解除劳动合同：①从事接触职业病危害作业的劳动者未进行离岗前职业健康检查，或者疑似职业病病人在诊断或者医学观察期间的；②在本单位患职业病或者因工负伤并被确认丧失或者部分丧失劳动能力的；③患病或者非因工负伤，在规定的医疗期内的；④女职工在孕期、产期、哺乳期的；⑤在本单位连续工作满15年，且距法定退休年龄不足5年的；⑥法律、行政法规规定的其他情形。

(3) 劳动者单方解除合同。在具备法律规定的条件时，劳动者享有单方解除权，无须双方达成一致意见，也无须征得用人单位的同意。劳动者单方解除劳动合同有三种情况：一是预告解除，劳动者提前30日以书面形式通知用人单位，可以解除劳动合同。劳动者在试用期内提前3日通知用人单位，可以解除劳动合同；二是用人单位有违法、违约情形的，劳动者有权单方解除合同；三是用人单位有危及劳动者人身自由和人身安全的情形时，劳动者有权立即解除劳动合同，不需事先告知用人单位。

(二) 劳动合同的终止

《劳动合同法》规定有下列情形之一的，劳动合同终止：

(1) 劳动合同期满的；

(2）劳动者开始依法享受基本养老保险待遇的；
(3）劳动者死亡，或者被人民法院宣告死亡或者宣告失踪的；
(4）用人单位被依法宣告破产的；
(5）用人单位被吊销营业执照、责令关闭、撤销或者用人单位决定提前解散的；
(6）法律、行政法规规定的其他情形。

五、劳务派遣

劳务派遣，是指劳务派遣单位与劳动者订立劳动合同后，由派遣单位与实际用工单位通过签订劳务派遣协议，将劳动者派遣到用工单位工作，用工单位实际使用劳动者，用工单位向劳务派遣单位支付管理费、劳动者工资、社会保险费等而形成的关系。

（一）劳务派遣岗位

我国的企业基本用工形式是劳动合同用工，劳务派遣用工是劳动合同用工的补充形式，只能在临时性、辅助性或者替代性的工作岗位上实施。临时性工作岗位是指存续时间不超过6个月的岗位；辅助性工作岗位是指为主营业务岗位提供服务的非主营业务岗位；替代性工作岗位是指用工单位的劳动者因脱产学习、休假等原因无法工作的一定期间内，可以由其他劳动者替代工作的岗位。

（二）劳务派遣单位

劳务派遣单位是指将劳动者派遣到实际用工单位的企业法人。为规范劳务派遣关系，保护被派遣的劳动者的合法权益，劳动合同法为劳务派遣单位设定了准入门槛，即注册资本不得少于人民币200万元；有与开展业务相适应的固定的经营场所和设施；有符合法律、行政法规规定的劳务派遣管理制度；法律、行政法规规定的其他条件。而且派遣单位应当向劳动行政部门依法申请行政许可；经许可的，依法办理相应的公司登记。未经许可，任何单位和个人不得经营劳务派遣业务。

（三）劳务派遣协议

劳务派遣单位派遣劳动者应当与接受以劳务派遣形式用工的单位（以下简称"用工单位"）订立劳务派遣协议。劳务派遣协议应当约定派遣岗位和人员数量、派遣期限、劳动报酬和社会保险费的数额与支付方式以及违反协议的责任。

（四）用工单位的义务

在劳务派遣中，用工单位应当履行下列义务：执行国家劳动标准，提供相应的劳动条件和劳动保护；告知被派遣劳动者的工作要求和劳动报酬；支付加班费、绩效奖金，提供与工作岗位相关的福利待遇；对在岗被派遣劳动者进行工作岗位所必需的培训；连续用工的，实行正常的工资调整机制；用工单位不得将被派遣劳动者再派遣到其他用人单位；用工单位应当严格控制劳务派遣用工数量，不得超过其用工总量的一定比例。

六、违反《劳动合同法》的法律责任

（一）用人单位的法律责任

用人单位违反《劳动合同法》的相关规定的，由劳动行政部门责令改正，给与行政处罚，构成犯罪的，依法追究刑事责任；对劳动者造成损失或损害的，按劳动合同法的规定，给予劳动者经济补偿，造成损害的，应当承担赔偿责任。

(二) 劳动者的法律责任

劳动者违反劳动合同法的相关规定，给用人单位造成损失的，应当承担赔偿责任。

第三节　劳动争议

一、劳动争议的概念、特征及分类

(一) 劳动争议

劳动争议也称为劳动纠纷，是指劳动关系双方当事人因执行劳动法律、法规或履行劳动合同、集体合同发生的纠纷。

2007年12月29日全国人民代表大会常务委员会颁布了《中华人民共和国劳动争议调解仲裁法》，该法于2008年5月1日起开始实施。

(二) 劳动争议的特征

劳动争议是民事纠纷中特殊的一种，其特征如下：

(1) 劳动争议必须是劳动关系主体之间的争议，这种争议只能发生在劳动者和用人单位之间。

(2) 劳动争议只能是因执行劳动法或相关法律并履行劳动合同所引起的争议。

(三) 劳动争议的分类

劳动争议按照划分标准不同，主要分为以下三类：

(1) 按照劳动争议当事人人数多少的不同，可以分为个人劳动争议和集体劳动争议。

(2) 按照劳动争议的内容可分为：因确认劳动关系发生的争议；因订立、履行、变更、解除和终止劳动合同发生的争议；因除名、辞退和辞职、离职发生的争议；因工作时间、休息休假、社会保险、福利、培训以及劳动保护发生的争议；因劳动报酬、工伤医疗费、经济补偿或者赔偿金等发生的争议；法律、法规规定的其他劳动争议。

(3) 按照当事人国籍不同，可分为国内劳动争议和国外劳动争议。

二、劳动争议的处理原则

(一) 合法原则

在处理劳动争议过程中，受理案件的劳动行政管理机关或司法机关必须认真依法对争议案情进行审查，按照法律、法规公正处理。

(二) 公正原则

为了保证公正原则的实现，对劳动争议的处理实行办案人员回避制度。

(三) 及时处理的原则

在当今社会环境下，劳动者一般处于弱势，因而很可能影响到劳动者的生存或社会的安定。所以必须尽快处理。

(四) 着重调解的原则

对劳动争议的处理要尽量采用摆事实、讲道理的方法，以调解为出发点，使争议双方互谅互让。

三、劳动争议的处理方式

劳动争议是社会生活中经常发生的民事纠纷,对于这种特殊的民事纠纷,我国《劳动法》第七十七条规定:"用人单位与劳动者发生劳动争议,当事人可以依法申请调解、仲裁、提起诉讼,也可以协商解决。调解原则适用于仲裁和诉讼程序。"根据这一规定,我国劳动争议的解决方式主要有协商、调解、仲裁和诉讼。

(一)协商

发生劳动争议,劳动者可以与用人单位协商,也可以请工会或第三方共同与用人单位协商,达成和解协议。协商不是处理劳动争议的必经程序。双方可以协商,也可以不协商,完全出于自愿,任何人都不能强迫。

(二)调解

发生劳动争议,当事人不愿协商、协商不成或者达成和解协议后不履行的,可以向调解组织申请调解。与协商方法一样,调解方法也由当事人自愿选择,且调解协议也不具有强制执行力,如果一方反悔,同样可以向仲裁机构申请仲裁。

(三)仲裁

仲裁是劳动争议处理的必经法律程序,发生劳动争议,当事人不愿调解、调解不成或者达成调解协议后不履行的,可以向劳动争议仲裁委员会申请仲裁。申请劳动仲裁是解决劳动争议的选择方式之一,也是提起诉讼的前置程序。

(四)诉讼

劳动争议当事人对仲裁裁决不服的,可以自收到仲裁裁决书之日起15日内向人民法院提起诉讼。一方当事人在法定期限内不起诉,又不履行仲裁裁决的,另一方当事人可以申请人民法院强制执行。

小资料

劳动争议仲裁委员会按照统筹规划、合理布局和适应实际需要的原则设立。省、自治区人民政府可以决定在市、县设立;直辖市人民政府可以决定在区、县设立。直辖市、设区的市也可以设立一个或者若干个劳动争议仲裁委员会。劳动争议仲裁委员会不按行政区划层层设立。

下列纠纷不属于劳动争议:

(1) 劳动者请求社会保险经办机构发放社会保险金的纠纷;

(2) 劳动者与用人单位因住房制度改革产生的公有住房转让纠纷;

(3) 劳动者对劳动能力鉴定委员会的伤残等级鉴定结论或者对职业病诊断鉴定委员会的职业病诊断鉴定结论的异议纠纷;

(4) 家庭或者个人与家政服务人员之间的纠纷;

(5) 个体工匠与帮工、学徒之间的纠纷;

(6) 农村承包经营户与受雇人之间的纠纷。

第四节 社会保险法律制度

一、社会保障制度概述

（一）什么是社会保障

社会保障是指由国家依法运用财政资源和其他社会资金，对公民因自然地或者社会的原因导致的生活困难给予物质帮助和服务帮助，以保障其基本生活需要和其他正当需要，实现社会公平正义的制度。

社会保障，从财政角度是作为对国民收入进行分配和再分配的一种形式，其本质是为了维护社会公平，进而促进社会和谐稳定的发展。

我国的社会保障制度，是通过劳动者个人、企业和政府共同承担的社会保险形式来实现的。

（二）我国对社会保障的管理

我国的社会保障制度是中央政府和各级地方政府共同负责的计划。中央政府的职责是制订全国统一的法规、政策和标准，对困难地区提供资金帮助；地方政府的职责是根据中央的统一政策制定本地法规、政策和标准，筹集社会保障基金，支付社会保障待遇。

中央政府管理社会保障事务的主要机构是人力资源和社会保障部、民政部、卫生和计划生育委员会和财政部等国家部委。各部从养老、工伤、失业；社会福利、救济；医疗以及资金等方面各负其责。各省、市、县政府设有同样的行政管理机构，承担相应的社会保障职能。

中央、省、市、县分别设立隶属于政府人力资源和社会保障的行政管理部门主要职责是办理参保登记，收缴社会保险费，记录缴费，管理个人账户，确认并支付待遇，管理社会保险资金，提供查询等。

（三）我国社会保障的具体内容

1. 社会保险

社会保险是指国家通过立法建立的一种社会保障制度，目的是使劳动者因年老、失业、疾病、工伤、生育等原因导致的生活困难，以及军人因伤亡、退役后年老、退役后疾病和配偶随军未就业导致的生活困难，能从社会获得经济补偿和物质帮助，保障基本生活的制度。包括养老保险、失业保险、医疗保险、工伤保险、生育保险，以及军人伤亡保险、退役养老保险、退役医疗保险等。

2. 社会救济

社会救济是指国家和社会对遭受自然灾害、失去劳动能力以及有其他特殊困难情形的公民给予物质救助或服务帮助，以保障其最低生活的各种措施，包括城乡居民最低生活保障、特困人员供养、灾害救助、临时救助等。社会救济经费的主要来源是政府财政支出和社会捐赠。

3. 社会福利

社会福利是指有国家和社会举办的，为全体社会成员或者特殊社会群体、特殊职业人员所享有的福利事业，包括公共福利、特殊群体福利、特殊环境下的职业福利等。

4. 社会优抚

社会优抚是指国家依法对在保卫祖国和社会主义建设事业中牺牲、伤残、病故的军人、人民警察和其他人员及其家属给予褒扬抚恤、优抚帮助等社会保障安排的制度，包括烈士褒扬、军人抚恤优待等。

二、社会保险法概述

（一）我国社会保险制度的沿革

1952年2月，政务院即颁布了《劳动保护条例》，这一条例的颁布，标志着社会保险体系的确立。

该条例所保障对象是企业职工，其保险项目包括疾病、负伤、生育、医疗、退休、死亡和待业等。对国家机关工作人员的退休办法则遵1952年12月公布的《国家机关工作人员退休处理暂行办法》。

十一届三中全会以后，随着经济体制改革的深入发展，中国的社会保障制度也进入了改革的新阶段。中国社会保险制度改革，首先是从单一项目逐一开始的，最初是以企业为单位的公费医疗制度日益成为企业的负担，于是，至20世纪90年代初，便开始了对医疗保险制度改革的尝试。

自医疗保险制度改革开始后，经过20年的努力，逐步建立起了以城镇职工养老保险为核心的社会保险制度体系。主要项目有社会统筹与个人账户制度相结合的养老社会保险（以下简称统账制度）、社会统筹与个人账户制度相结合的医疗社会保险、失业保险、工伤保险、生育保险等各项社会保险制度。

（二）社会保险法的概念和基本原则

社会保险法是指国家通过立法建立基本养老保险、基本医疗保险、工伤保险、失业保险、生育保险等社会保险制度，保障公民在年老、疾病、工伤、失业、生育等情况下依法从国家和社会获得物质帮助的权利。

全国人大第十一届常委会第十七次会议于2010年10月28日高票通过了社会保险法。这是最高国家立法机关首次就社保制度进行的立法。该法自2011年7月1日起施行。2018年12月进行了第一次修订。

社会保险法的基本原则：

1. 广覆盖、保基本、多层次、可持续的原则

（1）广覆盖，就是要扩大社会保险的覆盖面，将尽可能多的公民纳入到社会保险制度中来，确保他们在年老、失业、疾病、生育等困难情形下可以从国家和社会获得物质保障。

（2）保基本，就是我国现阶段的社会保险待遇要以保障公民基本生活需要为主。

（3）多层次，就是要根据不同人群、不同领域的社会保险需求，设置不同层次的社会保险待遇。

（4）可持续，就是指社会保险基金要通过良性运作、妥善管理和严格监管，保持收支平衡和持续支付。

2. 社会保险水平与经济社会发展水平相适应的原则

三、社会保险法的主要内容

(一) 社会保险的主要险种

我国现行的社会保险制度已经基本形成,并由城镇职工逐步推广至广大农村村民。其主要的保险方式有五种,简称为"五险",其具体内容包括:

1. 基本养老保险

基本养老保险,是按国家统一政策规定强制实施的,保障劳动者在年老丧失劳动能力退休之后,为保障退休人员基本生活需要而设置的一种养老保险制度。

(1) 企业职工基本养老保险实行社会统筹与个人账户相结合的办法:企业为职工缴纳的基本养老保险费记入统筹账户。职工个人按照国家规定的本人工资的比例缴纳基本养老保险费,记入个人账户。个体工商户以及其他灵活就业人员参加基本养老保险的,分别记入基本养老保险统筹基金和个人账户。

(2) 国有企业、事业单位职工在实行基本养老保险前,视同缴费年限期间应当缴纳的基本养老保险费由政府承担。

(3) 参加基本养老保险的个人,达到法定退休年龄时累计缴费满15年的,按月领取基本养老金。

(4) 参加基本养老保险的个人,因病或者非因工死亡的,其遗属可以领取丧葬补助金和抚恤金;在未达到法定退休年龄时因病或者非因工致残完全丧失劳动能力的,可以领取病残津贴。所需资金从基本养老保险基金中支付。

(5) 国家建立基本养老金正常调整机制。根据职工平均工资增长、物价上涨情况,适时提高基本养老保险待遇水平。

(6) 国家建立和完善新型农村社会养老保险制度。参加新型农村社会养老保险的农村居民,符合国家规定条件的,按月领取新型农村社会养老保险待遇。

(7) 基本养老保险基金出现支付不足时,政府给予补贴。

2. 基本医疗保险

基本医疗保障制度是社会保障体系的重要组成部分,基本医疗保障制度有以下几种形式:

(1) 职工基本医疗保险对城镇所有用人单位和职工实行强制参保,由用人单位和职工按照国家规定共同缴纳基本医疗保险费。

(2) 无雇工的个体工商户、未在用人单位参加职工基本医疗保险的非全日制从业人员以及其他灵活就业人员可以参加职工基本医疗保险,由个人按照国家规定缴纳基本医疗保险费。

(3) 其他城镇居民基本医疗保险实行个人缴费和政府补贴相结合;享受最低生活保障的人、丧失劳动能力的残疾人、低收入家庭60周岁以上的老年人和未成年人等所需个人缴费部分,由政府给予补贴。

(4) 农村实行新型农村合作医疗的管理办法。

基本医疗保险制度目的是保障全民的基本医疗需求,主要用于支付一般的门诊、急诊、住院等费用。

> **小资料**
>
> 下列医疗费用不纳入基本医疗保险基金支付范围:
> (1) 应当从工伤保险基金中支付的;
> (2) 应当由第三人负担的;
> (3) 应当由公共卫生负担的;
> (4) 在境外就医的。
> 医疗费用依法应当由第三人负担,第三人不支付或者无法确定第三人的,由基本医疗保险基金先行支付。基本医疗保险基金先行支付后,有权向第三人追偿。

3. 其他主要保险

(1) 工伤保险费:由用人单位缴纳工伤保险费,职工不缴纳工伤保险费。职工因工作原因受到事故伤害或者患职业病,且经工伤认定的,享受工伤保险待遇;其中,经鉴定丧失劳动能力的,享受伤残待遇。

(2) 失业保险:由用人单位和本人按照国家规定共同缴纳失业保险费。失业人员符合下列条件的,从失业保险基金中领取失业保险金:失业前用人单位和本人已经缴纳失业保险费满1年的;非因本人意愿中断就业的;已经进行失业登记,并有求职要求的。

(3) 生育保险:由用人单位按照国家规定缴纳生育保险费,职工不缴纳生育保险费。生育保险待遇包括生育医疗费用和生育津贴。生育津贴按照职工所在用人单位上年度职工月平均工资计发。

(二) 社会保险费的征缴

用人单位应当自成立之日起30日内凭营业执照、登记证书或者单位印章,向当地社会保险经办机构申请办理社会保险登记。

市场监督管理部门、民政部门和机构编制管理机关应当及时向社会保险经办机构通报用人单位的成立、终止情况,公安机关应当及时向社会保险经办机构通报个人的出生、死亡以及户口登记、迁移、注销等情况。

用人单位应当自用工之日起30日内为其职工向社会保险经办机构申请办理社会保险登记。

自愿参加社会保险的无雇工的个体工商户、未在用人单位参加社会保险的非全日制从业人员以及其他灵活就业人员,应当向社会保险经办机构申请办理社会保险登记。

用人单位应当自行申报、按时足额缴纳社会保险费,非因不可抗力等法定事由不得缓缴、减免。无雇工的个体工商户、未在用人单位参加社会保险的非全日制从业人员以及其他灵活就业人员,可以直接向社会保险费征收机构缴纳社会保险费。

国家建立全国统一的个人社会保障号码。个人社会保障号码为公民身份证号码。

(三) 社会保险基金的管理

社会保险基金包括基本养老保险基金、基本医疗保险基金、工伤保险基金、失业保险基金和生育保险基金。各项社会保险基金按照社会保险险种分别建账,分账核算,执行国家统一的会计制度。

社会保险基金专款专用,任何组织和个人不得侵占或者挪用。

社会保险经办机构应当定期向社会公布参加社会保险情况以及社会保险基金的收入、支出、结余和收益情况。

县级以上人民政府在社会保险基金出现支付不足时，给予补贴。

（四）对社会保险的监督

各级人民代表大会常务委员会听取和审议本级人民政府对社会保险基金使用情况的报告，并依法行使监督职权。

县级以上人民政府社会保险行政部门应当加强对用人单位和个人遵守社会保险法律、法规情况的监督检查。

社会保险行政部门对社会保险基金的收支、管理和投资运营情况进行监督检查。

用人单位或者个人认为社会保险费征收机构的行为侵害自己合法权益的，可以依法申请行政复议或者提起行政诉讼。

四、违反社会保险法的法律责任

1. 个人违反社会保险法的法律责任

以欺诈、伪造证明材料或者其他手段骗取社会保险待遇的，由社会保险行政部门责令退回骗取的社会保险金，处骗取金额2倍以上5倍以下的罚款。

2. 用人单位违反社会保险法的法律责任

用人单位不办理社会保险登记的，由社会保险行政部门责令限期改正；逾期不改正的，对用人单位处应缴社会保险费数额1倍以上3倍以下的罚款，对其直接负责的主管人员和其他直接责任人员处500元以上3000元以下的罚款。

用人单位未按时足额缴纳社会保险费的，由社会保险费征收机构责令限期缴纳或者补足，并自欠缴之日起，按日加收5‰的滞纳金；逾期仍不缴纳的，由有关行政部门处欠缴数额1倍以上3倍以下的罚款。

3. 社会保险经办机构违反社会保险法的法律责任

社会保险经办机构以及医疗机构、药品经营单位等社会保险服务机构以欺诈、伪造证明材料或者其他手段骗取社会保险基金支出的，由社会保险行政部门责令退回骗取的社会保险金，处骗取金额2倍以上5倍以下的罚款；属于社会保险服务机构的，解除服务协议；直接负责的主管人员和其他直接责任人员有执业资格的，依法吊销其执业资格。

4. 社会保险行政部门违反社会保险法的法律责任

社会保险行政部门和其他有关行政部门、社会保险经办机构、社会保险费征收机构及其工作人员泄露用人单位和个人信息的，对直接负责的主管人员和其他直接责任人员依法给予处分；给用人单位或者个人造成损失的，应当承担赔偿责任。

 复习思考题

1. 简述《劳动法》的基本原则有哪几项？
2. 什么是劳动合同？劳动合同的主要条款有哪些？
3. 有事实证明劳动者和用人单位之间存在事实上的劳动关系，但又没有以书面形式订立劳动合同的，一旦发生劳动争议纠纷，劳动监察部门应如何处理？

4. 请分别说明劳动合同期限的几种方式。
5. 在何种情况下，用人单位不得解除劳动合同？
6. 简述我国的社会保障体系有哪些内容。
7. 社会保险法所确定的社会保险有哪些主要保险？
8. 用人单位违反社会保险法应承担哪些法律责任？
9. 什么是劳务派遣？劳务派遣有哪些基本原则？

第五章 内资企业法律制度

学习目标

通过本章学习,要求了解全民所有制企业基层党组织的地位和企业的民主管理;了解私营企业的权利、义务和劳动管理等规定。理解全民企业与政府的关系;理解合伙和独资是两种常见的企业形式。明确全民所有制企业的概念。掌握全民所有制企业的设立、变更和终止的条件以及全民所有制企业的权利和义务;掌握全民所有制企业厂长(经理)负责制概念;掌握全民企业职代会制度、职代会性质及职权;掌握私营企业概念和种类;掌握私营企业设立条件。

本章重点

全民所有制工业企业的设立条件、全民所有制企业的厂长负责制、全民所有制企业的职代会及企业的权利与义务等;注意私营企业中的私营独资企业和合伙企业在特征上的区别;对合伙企业的财产、合伙企业的管理、合伙企业的债务及入伙与退伙等也要重点掌握。

第一节 企业法概述

一、企业的概念和分类

(一)企业的概念

企业是社会经济活动的最重要和最活跃的元素,离开了企业,社会的经济生活就要停止。那么,什么是企业呢?企业是指从事生产、流通或服务性活动的营利性的社会经济组织,是现代经济的基本单位。企业是人类社会生产力发展到一定阶段的产物。在现代社会里,企业的组织形式虽然呈现多样化,但一般来讲却都带有如下基本特征:

1. 企业是社会经济组织

这是企业的最基本的特征。企业不是简单的个人集合体,而是由人、财、物有机结合而形成的一个综合性实体,它有自己的组织机构、有自己的运营方式、并有与之相适应的独立的可支配财产。企业是以独立身份对社会承担经济责任的社会组织。

2. 企业是以从事商品生产经营活动谋取利润的社会经济组织

企业是以营利为宗旨而设立的经济组织,企业通过为社会提供商品、劳务等方式,在市场交换的过程中获取企业利润。谋取利润这一特点,是企业与其他非以营利为目的的社会组织相区别。

3. 企业是实行独立核算、自负盈亏的社会经济组织

根据我国有关法律制度的规定,企业必须要单独计算成本费用,以收抵支,计算盈亏,对经济业务作出全面反映和控制。不能实行独立核算、自负盈亏的社会经济组织不能称其为企业。

4. 企业是依法设立的社会经济组织

企业必须按照法律规定的程序设立,这一特征体现了企业的合法性特点。企业必须经法定程序由政府主管部门核准登记,才能取得相应的法律地位,获得合法身份,得到国家法律的认可和保护。

(二) 企业的分类

和任何事物的划分一样,企业也可以从不同角度、不同视野去进行分类,通常情况下我们从以下几方面对企业进行归类。

(1) 按企业经营的内容和形式区分,可把企业分为工业企业、农业企业、商业企业、交通运输业、金融企业等。

(2) 按企业的规模大小,可分为大型、中型和小型企业。

(3) 根据企业组织形式的不同,企业可分为独资企业、合伙企业、股份制企业以及单一企业和联合企业。

(4) 按企业生产资料所有制的不同,可把企业分成全民所有制企业、集体所有制企业、私营企业及混合所有制企业。

(5) 按企业投资来源于中国境内与境外,将企业可分为内资企业和外资企业。

 想一想

对事物进行分类,是加深认识事物的好方法,请同学们想一想,你对企业的划分还有什么好的方法?

二、企业法的概念和我国现行的企业法

企业法即指企业法律制度。

企业法律制度是指关于企业设立、企业组织、企业运行和对企业实施管理的各种法律规范的总称。我国现行的有关企业的法律、法规主要有:《中华人民共和国全民所有制工业企业法》(以下各法律均省略"中华人民共和国"字样)《公司法》《合伙企业法》《个人独资企业法》《乡镇企业法》《中外合资经营企业法》《中外合作经营企业法》《外资企业法》《乡村集体所有制企业条例》《城镇集体所有制企业条例》《私营企业暂行条例》《企业破产

法（试行）》《国有企业监事会暂行条例》等数十个法律、法规。这些法律、法规针对我国企业的经济性质、法律地位、设立条件、组织机构、活动要求等分别作出了具体规定。

第二节　全民企业法与集体企业法

《全民所有制工业企业法》于1988年4月13日在第七届全国人民代表大会第一次会议上通过，并于1988年8月1日起施行（以下简称《企业法》）。2009年8月27日，第十一届全国人民代表大会常务委员会第十次会议对《企业法》进行了部分修订。

一、企业的设立、变更和终止

（一）企业的设立

1. 全民所有制工业企业的概念

全民所有制工业企业（以下简称企业）是依法自主经营、自负盈亏、独立核算的国有商品生产和经营单位。企业的财产属于全民所有，国家依照所有权和经营权分离的原则授予企业经营管理。企业对国家授予其经营管理的财产享有占有、使用和依法处分的权利。

2. 企业设立的条件

根据《全民所有制工业企业法》第17条的规定，申请设立全民所有制工业企业，必须具备以下条件：

（1）产品为社会所需要。
（2）有能源、原材料、交通运输的必要条件。
（3）有自己的名称和生产经营场所。
（4）有符合国家规定的资金。
（5）有自己的组织机构。
（6）有明确的经营范围。
（7）法律、法规规定的其他条件。

设立企业除了应符合法律规定的条件外，还必须依法报请政府或者政府主管部门审核批准。经工商行政管理部门核准登记，发给企业法人管理执照，企业方可设立。

（二）企业的变更和终止

企业的变更主要包括转产、停产整顿、合并、分立等。企业的终止主要指解散和破产。

1. 转产

企业主导产品若不符合国家产业政策，或者没有市场销路，造成严重积压的，应当实行转产。企业为获取更大的经济效益，根据市场预测和自身条件，可以主动实行转产。

2. 停产整顿

分为两种情况：企业经营性亏损严重的，可以自行申请停产整顿，经主管部门批准后，由企业自行实施；政府主管部门也可以责令其停产整顿。停产整顿的期限一般不超过一年。

3. 合并

企业的合并是指两个或两个以上的企业依法定程序变为一个企业的行为。企业合并有两种形式，在全民所有制企业的范围内，可以采取资产无偿划转方式进行，原企业的债权债务由合并后的企业承担。合并的另一种形式是企业兼并（也称为吸收合并），企业可以自主决定兼并其他企业，但这是一种有偿的合并形式，企业被兼并须经政府主管部门批准。

4. 分立

企业分立是指一个企业分为两个或两个以上企业的行为。企业分立有派生分立和新设分立两种形式，无论采用何种形式均要经政府主管部门批准。企业分立时，分立各方要签订分立协议，明确划分分立各方的财产和债权债务等。

5. 解散

企业的解散须由政府主管部门提出，经省级政府或国务院主管部门批准，并且要保证能清偿债务。解散一般因企业经停产整顿仍然达不到扭亏目标，并且无法实行合并的；或因其他原因应当终止的。企业解散，应由政府主管部门指定成立的清算组进行清算。

6. 破产

指在企业不能清偿到期债务时，由人民法院依法律规定的形式，执行其全部财产，公平清偿全体债权人，并依法免除其无法偿还债务的一种法律事实。

企业的变更和终止，应当向企业法人登记主管机关办理登记。

> **链接**
>
> 关于"破产"，在《第七章　企业破产法律制度》将详细讲述。

二、企业的内部管理制度

（一）厂长（经理）负责制

1. 厂长的产生

厂长的产生，有两种方式，具体采用哪种方式由政府主管部门决定：一是由企业的政府主管部门委任或者招聘；二是由企业职工代表大会选举。前者须征求职工代表的意见；后者须报政府主管部门批准，两者结合体现了民主与集中。

2. 厂长（经理）负责制

《企业法》规定：厂长是企业的法定代表人，企业建立以厂长为首的生产经营管理系统。厂长在企业中处于中心地位，对企业的物质文明建设和精神文明建设负有全面责任，厂长可依法行使各种职权。

3. 企业管理委员会

企业管理委员会是协助厂长对重大问题决策的组织。由企业各方面负责人和职工代表组成，厂长任管理委员会主任。企业管理委员会讨论重大问题的方案，均由厂长提出。

4. 生产经营管理系统

企业的生产经营管理系统一般可分为厂部、车间和职能部分以及班组三级。厂部有厂长与若干副厂长以及总会计师、总工程师等厂级负责人。车间主任与科长在厂部领导下进行工作。

（二）企业的民主管理制度

全民所有制企业的职工享有广泛的民主权利，这些权利主要通过企业建立的民主管理制度得以实现。职工代表大会是企业实行民主管理的基本形式,是职工行使民主管理权利的机构。其工作机构是企业的工会委员会,负责日常工作。

三、全民所有制企业立法的发展

1992年国务院发布的《全民所有制工业企业转换经营机制条例》(以下简称《转机条例》),进一步界定了企业经营权的具体含义,并细化为生产经营决策权、工资奖金分配权等14项权利,同时明确了政府的主要职责。1993年12月,根据国有企业建立现代企业制度的要求,尤其是结合20世纪80年代后期开始试行股份制的改革实践,适应建立社会主义市场经济体制的需要,第八届全国人大常委会第五次会议通过的《中华人民共和国公司法》(以下简称《公司法》),在《企业法》的基础上进行了新的制度创新:一是明确了国家作为出资人(股东)与其他出资人一样,都是以出资额为限对公司债务承担有限责任。二是在企业财产上,用法人财产权的概念代替了《企业法》规定的企业经营权的概念,实现了出资人的股权与企业法人财产权的相互独立,进一步完善了企业法人制度,为真正实现所有权与经营权分离创造了条件。公司拥有独立的法人财产,依法享有法人财产权,以其全部财产对外承担责任,使国有企业通过公司化改造,由商品生产者进一步转化为独立的市场竞争主体。三是在企业组织体制上,通过建立一套科学的公司治理结构,代替《全民企业法》规定的厂长负责制。国家作为股东依法享有资产收益、参与重大决策和选择管理者等权利,股东会、董事会、监事会和经理层各负其职、协调运转、有效制衡。四是规定了国有独资公司形式,规范引导大多数依据《企业法》建立的全民所有制企业向公司制转化,建立现代企业制度。《公司法》这些规定,为当时开展的扩大股份制改革试点、国有企业组织结构调整、"无主管部门"企业改革、实施大公司大集团战略、企业集团试点、国家控股公司试点等一系列改革实践,提供了重要的法律依据。

2003年3月,按照全国人大通过的机构改革方案,国务院成立了国有资产监督管理委员会。之后,各省和地市两级地方人民政府相继成立了国资委。各级国资委根据本级人民政府授权,分别代表本级人民政府对所出资企业履行出资人职责。2003年5月,国务院发布了《企业国有资产监督管理暂行条例》(以下简称《条例》),明确了新的国有资产管理体制,规定了国有资产监督管理机构(即国资委)作为政府特设机构的性质和主要职责,为规范建立企业国有资产出资人制度提供了基本依据。

2009年8月27日,第十一届全国人民代表大会常务委员会第十次会议对《全民所有制工业企业法》进行了部分修订,删去《中华人民共和国全民所有制工业企业法》第二条第四款、第二十三条、第三十五条第一款、第五十五条。

四、集体企业法律制度和集体所有制企业的改制

我国的集体企业法律制度包括1991年9月9日国务院令第88号发布的《中华人民共和国城镇集体所有制企业条例》和1990年5月11日国务院第59次常务会议通过的《中华人民共和国乡村集体所有制企业条例》。

2011年1月8日经第588号国务院令和2016年1月13日国务院第119次常务会议分别对《中华人民共和国城镇集体所有制企业条例》部分条款做出了修改。

(一) 集体所有制企业的概念

集体所有制企业（简称集体企业），是指由劳动群众集体享有企业财产所有权，实行自主经营、独立核算、自负盈亏的社会经济组织。它包括城镇集体所有制企业和乡村集体所有制企业。

城镇集体所有制企业，是在城镇区域内设立的，以生产资料的劳动群众集体所有制为基础的企业，其中劳动群众集体所有的财产应当占主导地位，集体财产一般不得低于51%。

城镇集体企业须经省、自治区、直辖市人民政府规定的审批部门批准，并依法经工商行政管理机关核准登记，领取《企业法人营业执照》，取得法人资格后，方得开始生产经营活动。《城镇集体企业条例》的规定，城镇集体所有制企业要实行厂长（经理）负责制，厂长（经理）由企业职工代表大会选举或者招聘产生。

乡村集体所有制企业，是在乡村区域内设立的，以生产资料的劳动群众集体所有制为基础的企业。乡村集体企业的财产属于举办该企业的乡或者村范围内的全体农民集体所有。实行股份制的乡村集体企业的权力机构，是股东大会或股东代表大会。

(二) 集体所有制企业改制中的财产权利界定处理

我国的集体企业，是部分劳动群众共同占有生产资料的一种公有制，它在一个集体范围内，实现了劳动者在生产资料占有关系上的平等，这种集体占有，与该集体之外的群众无利害关系。但在改革开放之前，由于极左思潮在经济领域中的泛滥，使集体与国有的投资混淆、界限不明晰。造成在集体所有制企业中，特别是城镇集体所有制企业中财产来源极其复杂的状况。企业中既有个人投资，也有集体投资，还有相当部分的国有投资。因而在集体企业改变为股份制企业的过程中，首先要注意对企业财产的确权，明确财产归属。通过对企业财产的清产核资、资产评估，达到产权明晰。把集体企业中的国有资产部分或全部转化为国有股份，或把国家股出售或租赁给企业职工；把企业集体资产部分或全部转化为职工集体股或职工个人股；把企业个人资产部分或全部转化为职工个人股，使之构成产权明晰的股份有限公司或有限责任公司。

(三) 集体企业改制的基本程序和方案

集体企业改制可以根据实际情况选择多种改制的类型，如改为股份合作制、有限公司、股份公司等。

以改制为有限责任公司为例：首先要确定企业的总体改组方案。总体改组方案可以企业自行制定，也可以委托专门的咨询机构承担总体改组方案的设计。

改组方案的主要内容包括：

（1）确定改制类型和企业名称；

（2）确定召集人，拟成立公司董事会、监事会成员名单；

（3）提出原企业资产及产权《资产评估报告》、无形资产评估、土地使用权的评估、产权界定报告；

（4）资产重组方案：国有股权的折股方案，外来投资股权、员工持股方案、总股权结构方案；

（5）资产重组后分离部分的归属：非经营性资产剥离方案、员工安排方案；

（6）其他需要明确的问题；

（7）新设公司的必备要件、公司章程、验资报告、税务登记、纳税核定等；

(8) 新设公司的管理文件稿、公司经营生产发展计划、高级管理人员任职情况说明及任免通知；

(9) 财务部门的设立情况、人员编制及人员任免通知；

(10) 财务会计管理制度、劳动人事、工资管理制度。

第三节 《个人独资企业法》

一、《个人独资企业法》概述

《个人独资企业》是指在中国境内设立，由一个自然人投资，财产为投资人个人所有，投资人以其个人财产对企业债务承担无限责任的经营实体。为了规范个人独资企业的行为，保护个人独资企业投资人和债权人的合法权益，维护社会经济秩序，我国于1999年8月30日颁布了《中华人民共和国个人独资企业法》并于2000年1月1日起施行。个人独资企业法只施用于一个自然人投资的企业，但不包括外籍自然人。

二、个人独资企业的设立

(一) 个人独资企业设立的条件

设立个人独资企业应具备以下条件：

(1) 投资人为一个自然人，该自然人必须符合法律规定。法律、法规明令禁止从事营利性活动的人，如国家公务员，不得作为投资人申请设立个人独资企业。

(2) 有合法的企业名称。个人独资企业的名称应当与其责任形式及从事的营业规模相符合。

(3) 有投资人申报注册的资本。

(4) 有必要的生产经营场所和必要的生产经营条件。

(5) 有必要的从业人员。

个人独资企业不具有法人资格。尽管个人独资企业可以起字号，并可对外以企业只是自然人进行商业活动的一种特殊形态，属于自然人企业范畴。

(二) 设立程序

申请设立个人独资企业，应当由投资人或者其委托的代理人向个人独资企业所在地的工商登记机关提交设立申请书、投资人身份证明、生产经营场所使用证明文件等。委托代理人申请设立登记时，应当出具投资人的委托书和代理人的合法证明。从事法律、行政法规规定须报经有关部门审批的业务，应当在申请设立登记时提交有关部门的批准文件。

个人独资企业设立申请书应当载明下列事项：①企业的名称和住所；②投资人的姓名和居所；③投资人的出资额和出资方式；④经营范围。

登记机关应当在收到设立申请文件之日起15日内，对符合法律规定条件的，予以登记，发给营业执照；对不符合法律规定条件的，不予登记，并应当给予书面答复，说明理由。

个人独资企业的营业执照签发日期，为个人独资企业成立日期。在领取个人独资企业营业执照前，投资人不得以个人独资企业名义从事经营活动。

个人独资企业设立分支机构，应当由投资人或者由委托的代理人向分支机构所在地的登记机关申请登记，领取营业执照。分支机构经核准登记后，应将登记情况报该分支机构隶属的个人独资企业的登记机关备案。分支机构的民事责任由设立该分支机构的个人独资企业承担。

个人独资企业存续期间登记事项发生变更的，应当在作出变更、决定之日起的15日内依法向登记机关办理变更登记。

> **链接**
>
> 根据2005年修订的《公司法》第58条的规定，可以设立"一人有限责任公司"，虽然"个人独资企业"与"一人有限公司"都是只有一个自然人出资，但对一人有限责任公司的规定适用公司法，它不属于《个人独资企业法》的内容。参见第八章《有限责任公司》中对于"一人有限公司的特别规定"。

三、个人独资企业的投资人及事务管理

（一）投资人的权利和责任

个人独资企业投资人对本企业的财产依法享有所有权，其有关权利可以依法进行转让或继承。

个人独资企业投资人以其个人财产对企业债务承担无限责任，但在申请企业设立登记时明确以其家庭共有财产作为个人出资的，应当依法以家庭共有财产对企业债务承担无限责任。

（二）个人独资企业的权利和义务

1. 个人独资企业的权利

（1）个人独资企业可以依法申请贷款、取得土地使用权，并享有法律行政法规规定的其他权利。

（2）个人独资企业有权拒绝摊派。任何单位和个人不得违反法律、法规，以任何方式强制个人独资企业提供财力、物力、人力。

2. 个人独资企业的义务

（1）个人独资企业应依法设置会计账簿，进行会计核算。

（2）个人独资企业招用职工应依法签定劳动合同；保障职工的劳动安全；按时、足额发放职工工资；按规定参加社会保险，为职工缴纳保险费。

（三）个人独资企业与个体工商户的区别

1. 出资人不同

个人独资企业的出资人只能是一个自然人；个体工商户既可以由一个自然人出资设立，也可以由家庭共同出资设立。

2. 承担责任的财产范围不同

个人独资企业的出资人在一般情况下仅以其个人财产对企业债务承担无限责任，只是在企业设立登记时明确以家庭共有财产作为个人出资的才依法以家庭共有财产对企业债务承担无限责任；而根据民法通则第29条的规定，个体工商户的债务如属个人经营的，以个人财

产承担;家庭经营的,则以家庭财产承担。

3. 适用的法律不同

个人独资企业依照《个人独资企业法》设立,个体工商户依照《民法通则》《城乡个体工商户管理暂行条例》的规定设立。

4. 法律地位不同

个人独资企业是经营实体,是一种企业组织形态;个体工商户则不采用企业形式。区分二者的关键在于是否进行了独资企业登记,并领取独资企业营业执照。

(四)个人独资企业的事务管理

个人独资企业的事务管理有两种方式:一是投资人自行管理企业;二是委托或聘用他人管理企业事务。委托或聘用他人管理企业事务的,应当与受托人或被聘用人签订书面合同,明确受托人或被聘用人的职权范围。

四、个人独资企业的解散和清算

(一)个人独资企业的解散

个人独资企业有下列情形之一时,应当解散:①投资人决定解散;②投资人死亡或被宣告死亡,又无继承人或者继承人决定放弃继承的;③被依法吊销营业执照;④法律、法规规定的其他情况。

(二)个人独资企业的清算

个人独资企业解散,由投资人自行清算或者债权人申请人民法院指定清算人进行清算。投资人自行清算的,应当在清算前15日内书面通知债权人,无法通知的,应当予以公告。债权人应当在接到通知之日起30日内,未接到通知的应当在公告之日起60日内,向投资人申报其债权。清算期间,个人独资企业不得开展与清算目的无关的经营活动。在清偿债务前,投资人不得转移、隐匿财产。

个人独资企业解散清偿债务,应按下列顺序清偿:①所欠职工工资和社会保险费用;②所欠国家税款;③所欠其他债务。清算财产不足以清偿债务的,企业所有人应以其个人其他财产予以清偿。

(三)个人独资企业的注销

个人独资企业清算结束以后,投资人或者人民法院指定的清算人应当编制清算报告,并于15日内到登记机关办理注销登记。企业解散后投资人对未能清偿的企业债务仍承担偿还责任,但债权人在5年内未提出清偿要求的,该责任灭失。

五、违反个人独资企业法的法律责任

(一)违反工商登记的法律责任

(1)提交虚假文件或采用其他欺骗手段,取得登记的,责令改正,处以5000元以下罚款;情节严重的并处吊销营业执照。

(2)个人独资企业使用的名称与其在登记机关登记的名称不符的,责令限期改正,处以2000元以下罚款。

(3)涂改、出租、转让营业执照的,责令改正,没收违法所得,处以3000元以下罚款;情节严重的,吊销营业执照。伪造营业执照的责令停业,没收违法所得,处以5000元

以下罚款。构成犯罪的，依法追究刑事责任。

（4）企业成立以后无正当理由超过 6 个月未开业的，或者开业后自行停业连续 6 个月以上的，吊销营业执照。

（5）未领取营业执照，以个人独资企业名义从事经营活动的，责令停止经营活动，处以 3000 元以下罚款。

（6）企业登记事项发生变更时，未按规定办理有关变更登记的，责令限期办理变更登记；逾期不办理的，处以 2000 元以下罚款。

投资人违反个人独资企业法规定，应当承担民事赔偿责任和缴纳罚款、罚金，其财产不足以支付的，或者被判处没收财产的，应当先承担民事赔偿责任。

（二）违反企业应尽义务的法律责任

个人独资企业侵犯职工合法权益，未保障职工劳动安全，不缴纳社会保险费用的，按照有关法律、法规予以处罚，并追究有关责任人员的责任。

（三）违反企业清算规定的法律责任

企业投资人在清算前或清算期间隐匿或转移财产，逃避债务的，依法追回其财产，并按有关规定予以处罚；构成犯罪的依法追究刑事责任。

（四）投资人委托或聘用人员的法律责任

（1）投资人委托或聘用人员在管理企业时，违反双方订立的合同，给投资人造成损害的，应承担民事责任。

（2）投资人委托或聘用人员违反其应尽的义务，侵犯个人独资企业财产权益的，责令退还侵占的财产；给企业造成损失的，依法承担赔偿责任；有违法所得的，没收违法所得；构成犯罪的，依法追究刑事责任。

（五）登记机关违反规定的法律责任

《个人独资企业法》除了对个人独资企业违法明确了责任之外，还对国家登记机关违反本法应该承担的责任作了明确的规定。

（1）登记机关对不符合规定条件的个人独资企业予以登记，或者对符合规定条件的企业不予登记的，对直接责任人员依法给予行政处分；构成犯罪的依法追究刑事责任。

（2）登记机关的上级部门的有关主管人员，强令登记机关对不符合规定条件企业予以登记，或者对符合规定条件的企业不予登记的，或对登记机关的违法登记行为进行包庇的，对直接责任人员应依法给予行政处分；构成犯罪的，依法追究刑事责任。

（3）登记机关对符合规定条件的申请不予登记，或者超过法定时限不予答复的，当事人可依法申请行政复议或提起行政诉讼。

第四节 《合伙企业法》概述

从法律行为的角度而言，合伙是指两个以上的民事主体去共同经营某一件事情，这里所说的合伙，是指两个以上的民事主体共同出资、共同经营、共负盈亏的企业组织形态。合伙企业，是指自然人、法人和其他组织依照合伙企业法在中国境内设立的普通合伙企业和有限合伙企业。但国有独资公司、国有企业、上市公司以及公益性的事业单位、社会团体不得成为普通合伙人。

一、普通的合伙企业与特殊的普通合伙企业

（一）普通的合伙企业概念与特征

普通合伙企业是指由普通合伙人组成，合伙人对合伙企业债务承担无限连带责任的一种经济组织。合伙企业名称中应当标明"普通合伙"字样。

普通合伙企业（以下简称"合伙企业"）具有如下法律特征：

（1）合伙企业由两人以上组成。合伙企业不是个体的单独行为，而是多个人的联合。因而，一个合伙企业至少有两个以上合伙人。

（2）合伙协议是合伙企业经营活动的依据。合伙协议是合伙人建立合伙关系，确定合伙人各自的权利义务，使合伙企业得以设立的前提，也是合伙企业进行经营活动的依据。如果没有合伙协议，合伙人之间未形成合伙关系，合伙企业便不能成立。

（3）企业内部关系属于合伙关系。所谓合伙关系，即由合伙人共同出资、共同经营、共享收益、共担风险的关系。

（4）各合伙人对合伙企业债务均承担无限连带责任。其含义，一是当合伙企业财产不足以清偿其债务时，合伙人应以其在合伙企业出资以外的其他财产清偿债务；二是每一合伙人对企业债务都有清偿的义务，债权人可以就合伙企业财产不足以清偿的那部分债务，向任何一个合伙人要求全部偿还。

（二）特殊的普通合伙企业概念与特征

特殊的普通合伙企业是指：以专业知识和专门技能为客户提供有偿服务的专业服务机构才可以设立的合伙企业。特殊的普通合伙企业名称中应当标明"特殊普通合伙"字样。这类以专业知识和专门技能的入伙的合伙人，即为特殊的合伙人。

它的的特殊性就在于，当特殊的普通合伙企业中的一个特殊的合伙人或者数个特殊的合伙人在执业活动中因故意或者重大过失造成合伙企业债务的，应当承担无限责任或者无限连带责任，而其他合伙人则仍以其在合伙企业中的财产份额为限承担有限责任。

特殊的普通合伙企业合伙人执业活动中因故意或者重大过失造成的合伙企业债务，以合伙企业财产对外承担责任后，该合伙人应当按照合伙协议的约定对给合伙企业造成的损失承担赔偿责任。

特殊的普通合伙企业应当建立执业风险基金、办理职业保险。

特殊的普通合伙企业的合伙人，在执业活动中非因故意或者重大过失造成的合伙企业债务以及合伙企业的其他债务，由全体合伙人承担无限连带责任。

（三）有限合伙企业概念及其特征

有限合伙企业是合伙企业的一种，除法律另有规定者外，其组成由2个以上50个以下合伙人设立。有限合伙企业中至少应当有一个普通合伙人。有限合伙企业名称中应当标明"有限合伙"字样。

普通合伙人和有限合伙人在有限合伙企业中的作用：有限合伙企业由普通合伙人执行合伙事务。执行事务合伙人可以要求在合伙协议中确定执行事务的报酬及报酬提取方式。有限合伙人不执行合伙事务，不得对外代表有限合伙企业。

有限合伙人的下列行为，不视为执行合伙事务：

（1）参与决定普通合伙人入伙、退伙；

（2）对企业的经营管理提出建议；

（3）参与选择承办有限合伙企业审计业务的会计师事务所；

（4）获取经审计的有限合伙企业财务会计报告；

（5）对涉及自身利益的情况，查阅有限合伙企业财务会计账簿等财务资料；

（6）在有限合伙企业中的利益受到侵害时，向有责任的合伙人主张权利或者提起诉讼；

（7）执行事务合伙人怠于行使权利时，督促其行使权利或者为了本企业的利益以自己的名义提起诉讼；

（8）依法为本企业提供担保。

除合伙协议另有约定外，普通合伙人转变为有限合伙人，或者有限合伙人转变为普通合伙人，应当经全体合伙人一致同意。普通合伙人转变为有限合伙人的，对其作为普通合伙人期间合伙企业发生的债务承担无限连带责任。有限合伙人转变为普通合伙人的，对其作为有限合伙人期间有限合伙企业发生的债务也承担无限连带责任。

二、合伙企业法的概念及其适用

合伙企业法是指由国家制定的、调整合伙企业合伙关系的各种法律规范的总称。目前，我国调整合伙企业各种经济关系的主要法律规范是1997年2月23日第八届全国人大常务委员会第二十四次会议通过，并于2006年8月27日经第十届全国人大常务委员会第二十三次会议重新进行修订，自2007年6月1日起开始施行的《合伙企业法》。

《合伙企业法》适用于自然人、法人和其他组织依照本法在中国境内设立的普通合伙企业和有限合伙企业。但国有独资公司、国有企业、上市公司以及公益性的事业单位、社会团体不得成为普通合伙人。

**想一想**

根据上一节所学习过的《个人独资企业法》和本节《合伙企业法》的内容，结合第二章所学过的"法人制度"，你理解这两种类型的企业具备法人的资格吗？

三、合伙企业的设立

（一）合伙企业的设立条件

根据《合伙企业法》的规定，设立合伙企业应当具备下列条件：

1. 有两个以上依法承担无限责任的合伙人组成

合伙企业合伙人至少为2人以上，这是最低的限额。关于合伙人的资格，《合伙企业法》作了以下限定：

（1）合伙人应当是依法承担无限责任者，合伙企业不允许有承担有限责任的合伙人。

（2）合伙人应当为具有完全民事行为能力的人，无民事行为能力人和限制民事行为能力人不得成为合伙企业的合伙人。

(3) 法律、行政法规规定禁止从事营利性活动的人，不得成为合伙企业的合伙人。如国家公务员、警官、法官、检察官等。

2. 合伙人之间要订立书面合伙协议

合伙协议是指合伙人为设立合伙企业而达成的规定合伙人之间权利义务关系的协议。合伙协议应当依法由全体合伙人协商一致，以书面形式订立。根据《合伙企业法》的规定，合伙协议应当载明下列必要记载事项：

(1) 合伙企业的名称和主要经营场所的地点；
(2) 合伙目的和合伙企业的经营范围；
(3) 合伙人的姓名及其住所；
(4) 合伙人出资的方式、数额和缴付出资的期限；
(5) 利润分配和亏损分担办法；
(6) 合伙企业事务的执行；
(7) 入伙与退伙；
(8) 合伙企业的解散与清算；
(9) 违约责任。

除上述必要记载事项外，合伙协议还可以载明任意记载事项，如合伙企业的经营期限和合伙人争议的解决方式等。合伙协议经全体合伙人签名、盖章后生效。合伙协议的修订，须经全体合伙人协商同意。

3. 有各合伙人实际缴付的出资

合伙协议生效后，合伙人应当按照合伙协议的规定缴纳各自认缴的出资。根据《合伙企业法》的规定，合伙人的出资方式有：合伙人可以用货币、实物、土地使用权、知识产权或者其他财产权利缴纳出资。合伙人对于自己用于缴纳出资的财产或者财产权，应当拥有合法的处分权，合伙人不得将自己无权处分的财产或者财产权用于缴纳出资。此外，经全体合伙人协商一致，合伙人也可以用劳务出资。

4. 有合伙企业的名称

合伙企业的名称应当与其责任形式及所从事的营业相符合。合伙企业在其名称中不得使用"有限"或者"有限责任"的字样。

5. 有经营场所和从事合伙经营的必要条件

(二) 合伙企业的设立程序

合伙企业的设立登记程序如下：
(1) 向企业登记机关提出申请，并提交全体合伙人签署的相关文件。
(2) 企业登记机关应当自收到申请登记文件之日起30日内，作出是否登记的决定。

四、合伙企业财产

(一) 合伙企业财产的构成

根据《合伙企业法》的规定，合伙企业存续期间，合伙人的出资和所有以合伙企业名义取得的收益均为合伙企业的财产。

(1) 合伙人的出资。当合伙人的出资转入合伙企业时，就变成了合伙企业的财产。
(2) 以合伙企业名义取得的收益。合伙企业作为一个独立的经济实体，以其名义取得的任何收益均作为合伙企业的财产。

在合伙企业存续期间,除非有合伙人退伙等法定事由,合伙人不得请求分割合伙企业的财产。合伙企业的合伙财产具有共有财产的性质,对合伙财产的占有、使用、收益和处分,均应依据全体合伙人的共同意志进行。

(二)合伙企业财产的转让

由于合伙企业及其财产性质的特殊性,其财产的转让,将会影响到合伙企业以及各合伙人的切身利益,因此,《合伙企业法》对合伙企业财产的转让作了以下限制性规定:

(1)合伙企业存续期间,合伙人向合伙人以外的人转让其在合伙企业中的全部或者部分财产份额时,须经其他合伙人一致同意;

(2)合伙人之间转让在合伙企业中的全部或者部分财产份额时,应当通知其他合伙人;

(3)合伙人依法转让其财产份额时,在同等条件下,其他合伙人有优先受让的权利。

另外,《合伙企业法》规定,合伙人以其在合伙企业中的财产份额出资的,须经其他合伙人一致同意。未经其他合伙人一致同意,合伙人以其在合伙企业中的财产份额出资的,其行为无效,或者作为退伙处理;由此给其他合伙人造成损失的,依法承担赔偿责任。

经全体合伙人同意,合伙人以外的人依法受让合伙企业财产份额时,经修改合伙协议即成为合伙企业新的合伙人,合伙企业的各合伙人依照修改后的合伙协议享有权利和承担责任。

第五节 合伙企业管理的有关规定

一、合伙企业事务的执行和管理

(一)合伙事务执行的形式

合伙人执行合伙企业事务有两种形式。

第一种形式:由全体合伙人共同执行合伙企业事务。这是合伙企业事务执行的基本形式,也是最常使用的一种形式。在采取这种形式的合伙企业中,按照合伙协议的约定,各个合伙人都直接参与经营,处理合伙企业的事务,对外代表合伙企业。

第二种形式:委托一名或数名合伙人执行合伙企业事务。即由合伙协议约定或者全体合伙人决定委托一名或者数名合伙人执行合伙企业事务,对外代表合伙企业。未接受委托执行合伙企业事务的其他合伙人,不再执行合伙企业的事务。

根据《合伙企业法》的规定,合伙企业的下列事务必须经全体合伙人一致同意:

(1)处分合伙企业的不动产;

(2)改变合伙企业名称;

(3)转让或者处分合伙企业的知识产权和其他财产权利;

(4)向企业登记机关申请办理变更登记手续;

（5）以合伙企业名义为他人提供担保；
（6）聘任合伙人以外的人担任合伙企业的经营管理人员；
（7）依照合伙协议约定的有关事项。

全体合伙人对合伙企业有关事项作出决议时，除《合伙企业法》另有规定或者合伙协议中另有约定外，一般实行一人一票的表决办法。

（二）合伙人在执行合伙事务中的权利和义务

1. 合伙人在执行合伙事务中的权利

根据《合伙企业法》的规定，合伙人在执行合伙事务中的权利主要包括以下内容：

（1）合伙人平等享有合伙事务执行权；
（2）执行合伙事务的合伙人对外代表合伙企业；
（3）不参加执行事务的合伙人有权监督执行事务的合伙人，检查其执行合伙企业事务的情况；
（4）各合伙人有权查阅合伙企业的账簿和其他有关文件；
（5）合伙人有提出异议权和撤销委托执行事务权。

在合伙人分别执行合伙事务的情况下，由于执行合伙事务的合伙人的行为所产生的亏损和责任要由全体合伙人承担，因此，《合伙企业法》规定，经合伙协议约定或者经全体合伙人决定，合伙人分别执行合伙企业事务时，合伙人可以对其他合伙人执行的事务提出异议。提出异议时，应暂停该项事务的执行。如果发生争议，可由全体合伙人共同决定。被委托执行合伙事务的合伙人不按照合伙协议或者全体合伙人的决定执行事务的，其他合伙人可以决定撤销该委托。

2. 合伙人在执行合伙事务中的义务

根据《合伙企业法》的规定，合伙人在执行合伙事务中的义务主要包括以下内容：

（1）由一名或者数名合伙人执行合伙企业事务的，应当依照约定向其他不参加执行事务的合伙人报告事务执行情况以及合伙企业的经营状况和财务状况；
（2）合伙人不得自营或者同他人合作经营与本合伙企业相竞争的业务；
（3）除合伙协议另有约定或者经全体合伙人同意外，合伙人不得同本合伙企业进行交易；
（4）合伙人不得从事损害本合伙企业利益的活动。

（三）合伙企业的对外代表

根据《合伙企业法》的规定，执行合伙企业事务的合伙人，对外代表合伙企业。可以取得合伙企业对外代表权的合伙人，主要有三种情况：

（1）由全体合伙人共同执行合伙企业事务的，全体合伙人都有权对外代表合伙企业，即全体合伙人都取得了合伙企业的对外代表权；
（2）由部分合伙人执行合伙企业事务的，只有受委托执行合伙企业事务的那一部分合伙人有权对外代表合伙企业，而不参加执行合伙企业事务的合伙人则不具有对外代表合伙企业的权利；
（3）由于特别授权在单项合伙事务上有执行权的合伙人，依照授权范围可以对外代表合伙企业。

执行合伙企业事务的合伙人，在取得对外代表权后，可以以合伙企业的名义进行经营活动，在其授权的范围内作出法律行为。这种行为对合伙企业有法律效力，由此而产生的收益应当归合伙企业所有,成为合伙财产的来源;带来的风险,也应当由合伙人承担,构成合伙企业的债务。

(四)聘任合伙人以外人员参与经营管理

经全体合伙人同意,合伙企业可以聘任合伙人以外的人担任合伙企业的经营管理人员。被聘任的合伙企业的经营管理人员应当在合伙企业授权范围内履行职责。超越合伙企业授权范围从事经营活动,或者因故意或者重大过失,给合伙企业造成损失的,依法承担赔偿责任。

二、合伙企业的利润分配与债务清偿

(一)合伙企业的利润分配和亏损承担

1. 合伙损益分配原则

合伙损益,即合伙企业的利润或亏损,由合伙人依照合伙协议约定的比例分配和分担。合伙协议未约定合伙损益分配比例的,由各合伙人平均分配和分担。合伙协议不得约定将全部利润分配给部分合伙人或者由部分合伙人承担全部责任。

2. 合伙损益分配具体形式

合伙企业年度或者一定时期的利润分配或者亏损分担的具体方案,由全体合伙人协商决定或者按照合伙协议约定的办法决定。合伙损益分配的时间比较灵活,既可以按年度进行分配,也可以在一定时期内进行分配。合伙损益分配的具体方案应由全体合伙人共同决定。

(二)合伙企业和合伙人的债务清偿

1. 合伙人的连带清偿责任

合伙企业对其债务,应先以其全部财产进行清偿。合伙企业财产不足清偿到期债务的,各合伙人应当承担无限连带清偿责任。各合伙人所有个人的财产,除依法不可执行的财产,如合伙人及其家属的生活必需品、已设定抵押权的财产等,均可用于清偿。

2. 合伙人之间的债务分担和追偿

以合伙企业财产清偿合伙企业债务时,其不足的部分,由各合伙人按照合伙企业分担亏损的比例,用其在合伙企业出资以外的财产承担清偿责任。关于合伙企业亏损分担的比例,合伙协议约定的,按照合伙协议约定的比例分担;合伙协议未约定的,由各合伙人平均分担。

合伙人之间对合伙企业债务负连带无限责任,合伙人之间的分担比例对债权人没有约束力。债权人可以根据自己的清偿利益,请求全体合伙人中的一人或数人承担全部清偿责任,也可以按照自己确定的清偿比例向各合伙人分别追索。如果某一合伙人实际支付的清偿数额超过其依照既定比例所应承担的数额,该合伙人有权就超过部分向其他未支付或者未足额支付应承担数额的合伙人追偿。

三、入伙与退伙

(一)入伙

入伙是指在合伙企业存续期间,合伙人以外的第三人加入合伙,从而取得合伙人资格。新合伙人入伙时,应当经全体合伙人同意,并依法订立书面入伙协议。订立入伙协议时,原合伙人应当向新合伙人告知原合伙企业的经营状况和财务状况。入伙的新合伙人与原合伙人享有同等权利，承担同等责任。入伙协议另有约定的，从其约定。入伙的新合伙人对入伙前合伙企业的债务承担连带责任。

 **想一想**

为什么《合伙企业法》规定"新合伙人对入伙前合伙企业的债务承担连带责任"？

（二）退伙

退伙是指合伙人退出合伙企业，从而丧失合伙人资格。合伙人退伙有以下两种方式：

1. 自愿退伙

指合伙人基于自愿的意思表示而退伙。自愿退伙又可以分为协议退伙和通知退伙两种情况。

协议退伙：指合伙协议约定的退伙事由出现。协议退伙要经全体合伙人一致同意，并发生合伙人难以继续参加合伙的事由；或其他合伙人严重违反合伙协议约定的义务。

通知退伙：合伙协议未约定合伙期限的，合伙人在不给合伙企业事务执行造成不利影响的情况下，可以退伙，但应当提前30日通知其他合伙人。

违反上述退伙规定的退伙人，应当赔偿由此给合伙企业造成的损失。

2. 法定退伙

指合伙人因出现法律规定的事由而退伙。法定退伙也分为当然退伙和除名两类。

当然退伙是指合伙人死亡、丧失民事行为能力或被人民法院强制执行在合伙企业中的全部财产份额等情况。当然退伙以法定事由实际发生之日为退伙生效日。

除名退伙是指经其他合伙人一致同意，可以决议将：未履行出资义务；因故意或者重大过失给合伙企业造成损失；执行合伙企业事务时有不正当行为；违背合伙协议约定的其他事由的合伙人除名。对合伙人的除名决议应当书面通知被除名人，被除名人对除名决议有异议的，可以在接到除名通知之日起30日内，向人民法院起诉。

合伙人退伙以后，并不能解除对于合伙企业既往债务的连带责任。根据《合伙企业法》的规定，退伙人对其退伙前已发生的合伙企业债务，与其他合伙人承担连带责任。

四、合伙企业的解散与清算

（一）合伙企业解散

根据《合伙企业法》的规定，合伙企业有下列情形之一的，应当解散：

（1）合伙协议约定的经营期限届满，合伙人不愿意继续经营的；

（2）合伙协议约定的解散事由出现；

（3）全体合伙人决定解散；

（4）合伙人已不具备法定人数；

（5）合伙协议约定的合伙目的已经实现或者无法实现；

（6）被依法吊销营业执照；

（7）出现法律、行政法规规定的合伙企业解散的其他原因。

（二）合伙企业清算

合伙企业解散的，应当进行清算。《合伙企业法》对合伙企业清算作出以下规定：

1. 通知和公告债权人

合伙企业解散后应当进行清算，并通知和公告债权人。

2. 确定清算人

合伙企业解散，清算人由全体合伙人担任；未能由全体合伙人担任清算人的，经全体合伙人过半数同意，可以自合伙企业解散后 15 日内指定一名或者数名合伙人，或者委托第三人，担任清算人。15 日内未确定清算人的，合伙人或者其他利害关系人可以申请人民法院指定清算人。

清算人在清算期间履行下列职责：

（1）清理合伙企业财产，分别编制资产负债表和财产清单；
（2）处理与清算有关的合伙企业未了结的事务；
（3）清缴所欠税款；
（4）清理债权、债务；
（5）处理合伙企业清偿债务后的剩余财产；
（6）代表合伙企业参与民事诉讼活动。

3. 财产清偿

合伙企业财产在支付清算费用后，按下列顺序清偿：合伙企业所欠招用的职工工资和劳动保险费用；合伙企业所欠税款；合伙企业的债务；返还合伙人的出资。合伙企业财产按上述顺序清偿后仍有剩余的，首先按税法缴纳所得税，然后按合伙协议约定的利润分配比例进行分配；合伙协议未约定利润分配比例的，由合伙人平均分配。合伙企业清算时，其全部财产不足清偿其债务的，由其合伙人以个人的财产，按照合伙协议约定的比例承担清偿责任；合伙协议未约定比例的，平均承担清偿责任。

4. 清算结束

在清算期间，如果全体合伙人以个人财产承担清偿责任后，仍不足清偿合伙企业债务的，应当结束清算程序。对于未能清偿的债务，由原合伙人继续承担连带清偿责任。但是，如果债权人在连续 5 年内未向债务人提出清偿请求，则债务人的清偿责任归于消灭。

5. 注销登记

清算结束后，清算人应当编制清算报告，经全体合伙人签名、盖章后，在 15 日内向企业登记机关报送清算报告，办理合伙企业注销登记。

复习思考题

1. 什么是企业？企业的种类有哪些？
2. 如何理解全民所有制工业企业的厂长（经理）负责制？
3. 什么是个人独资企业？
4. 什么是特殊的普通合伙企业？该企业有哪些特征？
5. 什么是有限合伙企业？有限合伙企业与普通合伙企业有什么不同？
6. 申请设立合伙企业应具备哪些条件？

第六章

外商投资法律制度

学习目标

通过本章学习，要求了解我国外商投资企业立法的发展过程；了解什么是外商投资企业；了解我国从何时开始设立外资企业。明确外商投资法的概念；明确我国外商投资法的发展过程；明确外商投资企业的特征。

本章重点

掌握我国对外商投资者实行准入前国民待遇加负面清单管理制度；掌握对外商投资者的要求和法律保护；熟知我国外商投资法的生效时间。

第一节 外商投资企业发展概述

一、外商投资企业的历史发展

（一）外商投资企业的产生至中华人民共和国成立前后的历史发展

1. 外商企业是中国民族工业的发酵剂

中国的现代工业和外商企业最初是伴随着列强的侵略，而在中国通商口岸如上海、福州等城市最早出现的。

鸦片战争后，西方列强在中国获得大量经济特权，他们首先在通商口岸开始创办印刷、船坞、船舶修理等工业企业，这便是最早的外商企业。他们雇佣中国的破产农民为他们提供劳动，由此而产生了现代的中国工人阶级。可以说，外商企业是后来随之发展起来的中国民族工业的发酵剂。

辛亥革命以后中国的民族工业有了较为迅速的发展，但由于来自西方雄厚资本的压力，在华的外商企业依然占有很大的优势。以纺织业为例，民国时期上海纺织业竞争相当激烈，中国的民族资本远不是外商的对手，在纺织业中占主导地位的企业依然还是是英商的纶昌和日商的三菱。

2. 不同历史时期我党对外资企业的政策调整

反对帝国主义对中国的经济侵略和取缔其在华特权，本是中国共产党领导的民族民主革命的基本任务之一。但是，中华人民共和国成立前后，中国共产党在对待在华外资企业这一复杂、艰难的具体问题时，并未停留在简单的"打倒帝国主义"的革命口号层面上，而是审时度势，从实际出发探索不同时期具体的政策和办法。

早期中国共产党人反对外国资本对中国的经济侵略，主张没收在华外资企业；土地革命时期，对在华外资企业认识逐渐实现了从没收到有条件利用的转变，转变的原因是共产国际的影响和中共对中国革命认识的加深。抗日战争时期，中共提出建立广泛的民族统一战线，表示要积极争取国外的经济援助，允许和鼓励外资企业的存在和发展，提出了战后利用外资发展中国工业化的设想。到了解放战争时期，随着在接管城市的过程中开始更多地直接面对在华外资企业。中共从恢复和稳定城市经济秩序出发，实行了保护在华外资企业所有权，允许其在遵守政府法令下维持正常经营等政策。

中华人民共和国成立后，执行直接利用外资的政策；就外国在华企业，党中央在坚决取消外资企业在中国拥有一切特权的基础上，对其实行了监管和利用的政策。监管就是使其遵守人民政府法令，规定其经营范围，反对投机经营和违法经营；利用就是运用其人力、资力和国外的经济关系，促进国民经济的恢复和发展。朝鲜战争的爆发改变了中国面临的国际环境，中国与西方发达资本主义国家之间的关系由战前趋于缓和转变为敌对状态，利用西方国家在华外资企业的政策面临新的考量。国际环境的变化，导致了中国与西方经济往来的严重受阻，迫使中国共产党在国家安全的压力下，优先选择以苏联计划经济集中配置资源、优先发展重工业的发展战略，依靠和学习苏联、东欧等社会主义国家对华经济援助的实践及其经济建设的经验；由此，中国利用西方国家在华企业的可能性大为降低。对以英、美、法为代表的西方国家在华外资企业在中国的地位和作用发生了变化，使他们的生存空间逐渐丧失。到1956年底社会主义改造基本完成时，在华西方外资企业基本退出中国。

回顾1946—1956年间中国共产党对在华外资企业的政策，是研究中国特色社会主义理论发展与实践历程的应有之题，也是马克思主义中国化研究不可或缺的重要内容，它将为中国进一步对外开放提供有益的启示。

（二）改革开放后外商投资企业的发展

1. 改革开放政策的确立

1978年12月中国共产党召开了第十一届三中全会，这次会议是我党、我国历史上具有深远意义的伟大转折。在这次会议上党中央决定我国经济开始实行"对内改革、对外开放"的政策。为了促进国内中国经济发展，党中央认识到必须进一步解放思想，加快改革开放的步伐，不要被一些姓"社"姓"资"的抽象争论束缚全党的思想和手脚。社会主义制度作为人类最先进的社会制度要赢得同资本主义相比较的优势，就必须大胆吸收和借鉴世界各国，包括资本主义发达国家的一切反映现代社会化生产的先进经营方式和管理方法。把国外的资金、资源、技术、人才以及作为有益补充的私营经济方式，都应当而且能够为我所用。只要政权在人民手中，又有强大的公有制经济，对外开放绝不会损害社会主义，只能更有利于社会主义的发展。

 **想一想**

我国在什么情况下确立了"改革开放"的治国理念?

1979年7月15日,党中央、国务院首先批准广东、福建在对外经济活动中实行"特殊政策、灵活措施",迈开了改革开放的历史性脚步。并决定在深圳、珠海、厦门、汕头试办经济特区,使福建省和广东省成为全国最早实行对外开放的省份之一,也使对外开放成为中国的一项基本国策。深圳等经济特区的成功创建,为进一步扩大开放搞活积累了可靠的经验,有力推动了中国改革开放和现代化的进程。

2. 外资企业的引入

在十一届三中全会之前,我国已经开始了引进外资的尝试,日资的松下电器公司成为第一家进入中国的外资企业。1978年10月,时任国务院副总理的邓小平出访日本,此行的一个重要目的,是参观日本企业现代化的生产面貌。当年年届83岁高龄的松下幸之助,冒着细雨到工厂大门外迎接邓小平同志,由此开始了日本松下电器在中国的投资。同年12月,又有美国可口可乐公司与中国粮油集团签署了一份合同,获准向中国出售第一批瓶装可口可乐。根据当时的协议,可口可乐公司获准以补偿贸易的方式及其他支付办法,向中国主要城市和游览区提供可口可乐制罐及罐装设备,在中国设立专厂装罐装瓶,并在中国市场销售。

十一届三中全会的"对内改革、对外开放"政策的确立,对我国外资企业的引进起到了巨大的推动作用。1979年,日本日立公司率先在北京设立办事处,成为第一家驻京日本制造企业。由此开始,日立向中国引进了大批成套设备及技术,其中包括火力发电设备、轧钢成套设备、气象探测用计算机、港口货物装卸设备以及彩电组装成套设备等。

同是在1979年,泰国的正大集团在深圳建成现代化饲料厂,成为中国改革开放后第一家在华投资企的外商企业。取得深圳"001号"中外合资企业营业执照,接着又领取了汕头的"001号"营业执照,正大集团也因此成为中国改革开放后第一个在华投资的外商集团。

二、外商投资企业的概念和特征

(一)外商投资企业的概念

外商投资企业,是指依照中国法律在中国境内设立的,由中国投资者与外国投资者共同投资,或者由外国投资者单独投资的企业。

所称外商投资企业,是指全部或者部分由外国投资者投资,依照中国法律在中国境内经登记注册设立的企业。

(二)外商投资企业的法律特征

外商投资企业虽然是依照中国法律在中国境内设立的中国企业,但它与中国的内资企业相比仍然有以下几点不同。

(1)外商投资企业以外国投资者为必备投资主体。即投资主体必须包括或全部是外国投资者,投资资金来自我国境外。

(2)外商投资企业必须是在我国境内设立的企业。若我国企业和外方共同出资,设立在国外的企业,则不在此例。

（3）外商投资企业是外国投资者在我国的私人直接投资，既不是政府投资，也不是间接投资，而是外国公司、企业、其他经济组织或公民个人直接经营企业的投资活动。

（4）外商投资企业是依据我国有关的外商投资企业法律设立的企业，而不是依据外国法律所设立的企业。

（5）外商投资企业的设立必须经我国法律所规定的政府机关审查批准，并到我国工商行政管理部门办理登记手续。

（6）外商投资企业是具有中国国籍的企业，只能受中国法律管辖，而不能受外国法律管辖。

特别需要强调的是，在东道国设立的外商投资企业属于所在国企业，要接受东道国法律的管辖。外商投资企业必须遵守东道国的法律、法规，这是国际上通行的做法。在中国境内设立的外商投资企业，都是中国的法律主体，外资企业凡符合中国法律关于法人条件规定的，均依法取得中国法人资格。一方面，外商投资企业受中国法律的保护；另一方面，外商投资企业受中国法律的管辖。为了依法加强对外商投资企业的管理和监督，我国外商投资企业法明确规定，外商投资企业必须遵守中国的法律、法规，不得损害中国的社会公共利益；国家有关机关依法对外商投资企业实行管理和监督。

第二节 外商投资法的主要内容

一、外商投资法概述

（一）外商投资法的立法

1. 我国外商投资企业立法

我国最初颁布的外商投资法是以不同的外资企业形式而颁布的法律。

1978年我国实行改革开放政策以来，国家十分重视对外商投资企业立法，并于1979年7月1日在第五届全国人大第二次会议上，通过了我国的第一部有关外资的法律制度《中华人民共和国中外合资经营企业法》。随着外资投入形式的多样化，我国又相继颁布了《外资企业法》和《中外合作经营企业法》等多部相关法律，及其实施细则等法规。这些法律法规对吸引外资来华和发展我国经济建设起到了极其重要的作用。

在此基础上2019年3月15日，第十三届全国人民代表大会第二次会议通过了《中华人民共和国外商投资法》，自2020年1月1日起施行。原有的《中华人民共和国外资企业法》《中华人民共和国中外合资经营企业法》《中华人民共和国中外合作经营企业法》等同时废止。

2. 外商投资法的概念和调整对象

我国外商投资企业法，是调整国家在协调经济运行过程中发生的有关外商投资企业的经济关系的法律规范的总称。

我国外商投资企业法调整的对象主要是：

（1）外国投资者与中国投资者之间企业内部关系。在合营企业中外投资者之间的关系，如出资或提供合作条件的比例、期限、利润及产品分配、风险和亏损分担等关系，需要由外商投资企业法调整。

（2）外商及外商投资企业与中国政府之间的关系。外商（外国投资者）与中国政府之间的关系，如申请设立、注册、管辖与保护等也应由外商投资企业法调整。

（二）外商投资法的基本原则

1. 维护国家主权原则

作为主权国家，我国吸引外资，举办外商投资企业过程中，必须坚决维护主权，外国投资者到我国举办各种外商投资企业，必须向我国政府提出申请，并经我国政府批准。我国政府出于国家安全和国民经济长远发展的考虑，可以限制、禁止外商对某些项目的投资。

2. 平等互利原则

外国投资者既来中国投资，肯定可以获得高于本国水平的利润或者分享中国市场份额。而我国则可以通过利用外资，弥补资金不足，引进先进技术和管理经验，增加财政收入，提高就业机会，培训熟练的技术工人和管理人才。

3. 参照国际惯例原则

国际惯例虽然不是国际法，但为许多国家接受和采用，具有类似法律的约束力。我国外商投资立法在维护主权和国家利益的基础上，也适当参照了国际惯例通行做法，这样既有利于我国涉外经济活动与国际接轨，又可以为大多数外国投资者所接受，从而有利于外商投资。

二、外商投资法的主要内容

（一）外商投资者的范围

外商投资法所称外商投资，是指外国的自然人、企业或者其他组织（以下称外国投资者）直接或者间接在中国境内进行的投资活动。包括下列情形：

（1）外国投资者单独或者与其他投资者共同在中国境内设立外商投资企业；

（2）外国投资者取得中国境内企业的股份、股权、财产份额或者其他类似权益；

（3）外国投资者单独或者与其他投资者共同在中国境内投资新建项目；

（4）法律、行政法规或者国务院规定的其他方式的投资。

这里所称外商投资企业，是指全部或者部分由外国投资者投资，依照中国法律在中国境内经登记注册设立的企业。

（二）国家对外商投资的要求

（1）国家对外商投资实行准入前国民待遇加负面清单管理制度。外商投资准入负面清单规定禁止投资的领域，外国投资者不得投资。

所谓准入前国民待遇，是指在投资准入阶段给予外国投资者及其投资不低于本国投资者及其投资的待遇。

所谓"负面清单管理模式"是指政府规定哪些经济领域不开放，除了清单上的禁区，其他行业、领域和经济活动都许可。国家对负面清单之外的外商投资，给予国民待遇。

（2）在中国境内进行投资活动的外国投资者、外商投资企业，应当遵守中国法律法规，不得危害中国国家安全、损害社会公共利益。

（3）外商投资企业职工依法建立工会组织，开展工会活动，维护职工的合法权益。外商投资企业应当为本企业工会提供必要的活动条件。

（三）国家对外商投资的保护

（1）国家依法保护外国投资者在中国境内的投资、收益和其他合法权益。对外国投资者的投资不实行征收。

（2）外国投资者在中国境内的出资、利润、资本收益、资产处置所得、知识产权许可使用费、依法获得的补偿或者赔偿、清算所得等，可以依法以人民币或者外汇自由汇入、汇出。

（3）国家保护外国投资者和外商投资企业的知识产权，保护知识产权权利人和相关权利人的合法权益；对知识产权侵权行为，严格依法追究法律责任。国家鼓励在外商投资过程中基于自愿原则和商业规则开展技术合作。技术合作的条件由投资各方遵循公平原则平等协商确定。行政机关及其工作人员不得利用行政手段强制转让技术。

行政机关及其工作人员对于履行职责过程中知悉的外国投资者、外商投资企业的商业秘密，应当依法予以保密，不得泄露或者非法向他人提供。

（4）国家建立外商投资企业投诉工作机制，及时处理外商投资企业或者其投资者反映的问题，协调完善相关政策措施，以及其他的相关保护措施。

（四）国家对外商投资的管理

（1）外商投资准入负面清单规定禁止投资的领域，外国投资者不得投资。

（2）外国投资者在依法需要取得许可的行业、领域进行投资的，应当依法办理相关许可手续。

（3）外商投资企业的组织形式、组织机构及其活动准则，适用《中华人民共和国公司法》《中华人民共和国合伙企业法》等法律的规定。

（4）外商投资者在经营期间，要遵守中国制度和法令的相关规定。

（五）违反外商投资法的法律责任

（1）外国投资者投资外商投资准入负面清单规定禁止投资的领域的，由有关主管部门责令停止投资活动，限期处分股份、投资有违法所得的，没收违法所得。

（2）外国投资者、外商投资企业违反本法规定，未按照外商投资信息报告制度的要求报送投资信息的，由商务主管部门责令限期改正；逾期不改正的，处10万元以上50万元以下的罚款。

（3）对外国投资者、外商投资企业违反法律、法规的行为，由有关部门依法查处，并按照国家有关规定纳入信用信息系统。

（4）行政机关工作人员在外商投资促进、保护和管理工作中滥用职权、玩忽职守、徇私舞弊的，或者泄露、非法向他人提供履行职责过程中知悉的商业秘密的，依法给予处分；构成犯罪的，依法追究刑事责任。

三、外商投资法附则

（1）任何国家或者地区在投资方面对中华人民共和国采取歧视性的禁止、限制或者其他类似措施的，中华人民共和国可以根据实际情况对该国家或者该地区采取相应的措施。

（2）对外国投资者在中国境内投资银行业、证券业、保险业等金融行业，或者在证券市场、外汇市场等金融市场进行投资的管理，国家另有规定的，依照其规定。

（3）自2020年1月1日起施行。《中华人民共和国中外合资经营企业法》《中华人民共和国外资企业法》《中华人民共和国中外合作经营企业法》同时废止。

在外商投资法施行前依照《中华人民共和国中外合资经营企业法》《中华人民共和国外资企业法》《中华人民共和国中外合作经营企业法》设立的外商投资企业，在本法施行后5年内可以继续保留原企业组织形式等。具体实施办法由国务院规定。

复习思考题

1. 说明什么是外商投资企业？
2. 说明外商投资企业的法律特征。
3. 外商投资法有哪些基本原则？
4. 什么是准入前国民待遇加负面清单管理制度？
5. 我国对外商投资有哪些保护措施？
6. 说明违反外商投资法的法律责任。

第七章

企业破产法律制度

 学习目标

通过本章学习，要求了解破产财产、破产债权和破产费用的概念；了解企业破产的法律责任。理解债务清理的概念及清算组职权。明确破产宣告的概念；掌握破产和破产法的概念；掌握破产案件的申请和受理；掌握债权人会议的性质、成员及其职权；掌握破产企业与债权人之间重整与和解的条件和程序；掌握破产债权的清偿顺序。

 本章重点

破产概念、破产案件管辖、企业债务清理、企业重整、和解以及对破产企业职工的保护等问题。

第一节 《破产法》概述

一、《破产法》概念和立法发展

（一）破产的概念

破产是市场经济体制下的一个必然的经济现象，是市场竞争的必然产物。所谓破产，是指企业法人不能清偿到期债务时，通过法律规定的程序将债务人的全部资产供债权人平均受偿，从而使债务人免除不能清偿的其他债务的一系列司法活动称为破产。企业破产是企业关闭的另一种形式。

破产是一项十分严肃的法律行为，它除了涉及企业所有者的全部资产之外并直接涉及企业全体职工的经济利益，必须严格按照法律程序进行。破产制度实行以来的实践表明，破产对少数落后的企业起到了优胜劣汰的鞭策作用；使企业的命运与职工的切身利益紧密地联系在一起，加强了企业职工的主人翁责任感，促使人人关心企业的经济效益，重视经营管理，积极设法提高企业经营水平。

（二）《破产法》概念

《破产法》是调整因企业不能清偿到期债务，而依法进行清理债务、企业重整以至于宣告破产过程中所形成的一系列法律关系的法律规范的总称。

破产法中既有关于破产的实体规范也有关于破产的程序规范。

（三）《破产法》的立法发展历程

我国《破产法》的立法发展经历了三个过程：

1. 《破产法》的产生

在计划经济时期我国的各类企业几乎全部为公有制经济，其设立和终止全部由国家计划来调整和确定，企业之间的债权界限不够明晰，因而不存在清理债务和破产的问题，进而也就不存在企业破产，更不需要《破产法》。

改革开放以后，随着企业法人地位的确立，国家逐渐退出对企业经营的直接干预，企业利益问题、企业债权、债务问题逐步突出。为此国家于1986年12月由立法机关通过并颁布了《中华人民共和国企业破产法（试行）》，同时决定从1988年11月1日起开始施行。当时我国的《企业破产法（试行）》只适用于法律所划定全民所有制企业。

2. 《破产法》发展的第二个过程

《中华人民共和国企业破产法（试行）》实施以后，经历了18年。其中于1991年4月9日国家立法机关通过了《中华人民共和国民事诉讼法》（以下简称《民事诉讼法》）从1991年4月9日起施行，该法中的第19章规定了"企业法人破产还债程序"，作为对企业破产的程序规定。此外最高人民法院于1991年11月17日发布了《中华人民共和国企业破产法（试行）若干问题的意见》作为补充。2002年7月18日最高人民法院又公布了《关于审理企业破产案件若干问题的规定》等。这些相关破产的法律、法规的发布，对破产法的实施补充和完善的作用。

3. 《中华人民共和国企业破产法》的颁布

在破产制度施行的10多年里，我国的法学专家和法律工作者经过不断的摸索和实践，历经全国人大十次反复讨论，最终全国人大会常务委员会第十届二十三次会议于2006年8月27日通过了《中华人民共和国企业破产法》，并决定于2007年6月1日起废除试行10多年的《施行中华人民共和国企业破产法（试行）》，正式施行《中华人民共和国企业破产法》。

二、破产法的适用范围

《破产法》总则第一条规定："为规范企业破产程序，公平清理债权债务，保护债权人和债务人的合法权益，维护社会主义市场经济秩序，制定本法"。和第二条规定："企业法人不能清偿到期债务，并且资产不足以清偿全部债务或者明显缺乏清偿能力的，依照本法规定清理债务"。

由此可见破产法的适用范围即破产法所涉及的破产主体，为不能清偿到期债务的企业法人。也就是说破产主体只能是企业法人。国家机关、事业单位和不具备法人资格的非法人的经济组织不适用企业破产法。

我国在1988年开始施行《破产法（试行）》时，主要的调整对象是全民所有制企业即国有企业。当时的破产法对规范国有企业的关闭和停办，对完成国有企业体制的改造发挥了重要作用。目前我国的国企改制工作已基本完成，各种所有制的企业法人已日渐成熟，为此全民所有制企业已不再是《破产法》的唯一调整对象，而更主要的调节约束对象应将开始向产权明晰的其他所有制的企业转化。

三、破产法的几项基本规定

（1）破产案件由债务人住所地人民法院管辖。按照《民事诉讼法》的原告就被告原则和破产法的规定，破产案件由破产企业所在地的人民法院负责受理破产案件。

（2）破产案件审理程序，除了《破产法》作了明确规定者外，适用民事诉讼法的有关规定。

（3）依照我国破产法开始的破产程序，对债务人在中华人民共和国领域外的财产发生效力。

（4）我国《破产法》原则上承认与我国缔结或者有我国参加的国际条约的外国法院所作出的关于破产案件的判决和裁定。

对外国法院作出的发生法律效力的破产案件的判决、裁定，涉及债务人在中华人民共和国领域内的财产，申请或者请求人民法院承认和执行的，人民法院依照中华人民共和国缔结或者参加的国际条约，或者按照互惠原则进行审查，认为不违反中华人民共和国法律的基本原则，不损害国家主权、安全和社会公共利益，不损害中华人民共和国领域内债权人的合法权益的，裁定承认和执行。

（5）人民法院审理破产案件，应当依法保障企业职工的合法权益，依法追究破产企业经营管理人员的法律责任。

第二节 企业债务清理

对于不能清偿到期债务的企业法人，将面临着三种形势：企业重整、与债权人达成和解协议、进入破产清算。这三种形式互相之间并不存在法定的承继关系。根据不同的具体情况和当事人的不同做法，企业可以分别进入不同的程序，但当重整与和解不能正常进行下去时，企业最终也会走入破产程序。下面将在本节和第五节分别讲授重整、和解与破产清算的过程。

一、企业债务清算的申请和受理

（一）进入相关程序的申请

企业法人不能清偿到期债务，并且资产不足以清偿全部债务，或者明显缺乏清偿能力的，债权人和债务人均可以向人民法院提出重整、和解或者破产清算申请。

1. 提出申请的三种情况

（1）企业法人不能清偿到期债务，并且资产不足以清偿全部债务或者明显缺乏清偿能力的，可以向人民法院提出重整、和解或者破产清算申请。

（2）债务人不能清偿到期债务，债权人可以向人民法院提出对债务人进行重整或者破产清算的申请。

（3）企业法人已解散但未清算或者未清算完毕，资产不足以清偿债务的，依法负有清算责任的人应当向人民法院申请破产清算。

向人民法院提出破产申请，应当提交破产申请书和有关证据。

破产申请书应当载明下列事项：①申请人、被申请人的基本情况；②申请目的；③申请的事实和理由；④人民法院认为应当载明的其他事项。

2. 人民法院受理破产申请前，申请人可以请求撤回申请

（二）受理

1. 裁定是否受理

债权人提出破产申请的，人民法院应当自收到申请之日起5日内通知债务人。债务人对申请有异议的，应当自收到人民法院的通知之日起7日内向人民法院提出。人民法院应当自异议期满之日起10日内裁定是否受理。特殊情况，经上一级人民法院批准，可以延长15日。

2. 裁定受理的债务人要提交有关材料

人民法院受理破产申请的，应当自裁定作出之日起5日内送达申请人和债务人。债务人应当自裁定送达之日起15日内，向人民法院提交财产状况说明、债务清册、债权清册、有关财务会计报告以及职工工资的支付和社会保险费用的缴纳情况。

3. 裁定不予受理和裁定驳回申请

人民法院裁定不受理破产申请的，应当自裁定作出之日起5日内送达申请人并说明理由。申请人对裁定不服的，可以自裁定送达之日起10日内向上一级人民法院提起上诉。

人民法院受理破产申请后至破产宣告前，经审查发现债务人不符合破产法第二条规定的"不能清偿到期债务，并且资产不足以清偿全部债务或者明显缺乏清偿能力"情形的，可以裁定驳回申请。申请人对裁定不服的，可以自裁定送达之日起10日内向上一级人民法院提起上诉。

（三）通知已知债权人

人民法院应当自裁定受理破产申请之日起25日内通知已知债权人，并予以公告。

> **小资料**
>
> 通知和公告中应当载明的事项：
> (1) 申请人、被申请人的名称或者姓名；
> (2) 人民法院受理破产申请的时间；
> (3) 申报债权的期限、地点和注意事项；
> (4) 管理人的名称或者姓名及其处理事务的地址；
> (5) 债务人的债务人或者财产持有人应当向管理人清偿债务或者交付财产的要求；
> (6) 第一次债权人会议召开的时间和地点；
> (7) 人民法院认为应当通知和公告的其他事项。

二、破产管理人的法律规定

（一）破产管理人

人民法院裁定受理破产申请的，应当同时指定管理人。

管理人由人民法院指定。但债权人会议认为管理人不能依法、公正执行职务或者有其他不能胜任职务情形的，可以申请人民法院予以更换。

管理人依照破产法规定执行职务，向人民法院报告工作，并接受债权人会议和债权人委员会的监督。

管理人应当列席债权人会议，向债权人会议报告职务执行情况，并回答询问。

（二）管理人的资格

人民法院可以在征询有关社会中介机构的意见后，指定律师事务所、会计师事务所、破产清算事务所等社会中介机构中具备相关专业知识并取得执业资格的人员担任管理人。

有下列情形之一的，不得担任管理人：

（1）因故意犯罪受过刑事处罚；

（2）曾被吊销相关专业执业证书；

（3）与本案有利害关系；

（4）人民法院认为不宜担任管理人的其他情形。

个人担任管理人的，应当参加执业责任保险。

（三）管理人履行下列职责

（1）接管债务人的财产、印章和账簿、文书等资料；

（2）调查债务人财产状况，制作财产状况报告；

（3）决定债务人的内部管理事务；

（4）决定债务人的日常开支和其他必要开支；

（5）在第一次债权人会议召开之前，决定继续或者停止债务人的营业；

（6）管理和处分债务人的财产；

（7）代表债务人参加诉讼、仲裁或者其他法律程序；

（8）提议召开债权人会议；

（9）人民法院认为管理人应当履行的其他职责。

管理人应当勤勉尽责，忠实执行职务。管理人经人民法院许可，可以聘用必要的工作人员。管理人没有正当理由不得辞去职务。管理人辞去职务应当经人民法院许可。

管理人的报酬由人民法院确定。债权人会议对管理人的报酬有异议的，有权向人民法院提出。

三、破产受理后的债务人

（一）破产受理后债务人的义务

自人民法院受理破产申请的裁定送达债务人之日起至破产程序终结之日，债务人的有关人员承担下列义务：

（1）妥善保管其占有和管理的财产、印章和账簿、文书等资料；

（2）根据人民法院、管理人的要求进行工作，并如实回答询问；

（3）列席债权人会议并如实回答债权人的询问；
（4）未经人民法院许可，不得离开住所地；
（5）不得新任其他企业的董事、监事、高级管理人员。

债务人的有关人员，是指企业的法定代表人；经人民法院决定，可以包括企业的财务管理人员和其他经营管理人员。

人民法院受理破产申请后，债务人对个别债权人的债务清偿无效。

（二）破产受理后债务人与第三人的关系

（1）人民法院受理破产申请后，债务人的债务人或者财产持有人应当向管理人清偿债务或者交付财产。故意违反前款规定向债务人清偿债务或者交付财产，使债权人受到损失的，不免除其清偿债务或者交付财产的义务。

（2）人民法院受理破产申请后，管理人对破产申请受理前成立而债务人和对方当事人均未履行完毕的合同有权决定解除或者继续履行，并通知对方当事人。管理人自破产申请受理之日起2个月内未通知对方当事人，或者自收到对方当事人催告之日起30日内未答复的，视为解除合同。

管理人决定继续履行合同的，对方当事人应当履行；但是，对方当事人有权要求管理人提供担保。管理人不提供担保的，视为解除合同。

（三）破产受理后债务人的相关司法程序

人民法院受理破产申请后，有关债务人财产的保全措施应当解除，执行程序应当中止。

人民法院受理破产申请后，已经开始而尚未终结的有关债务人的民事诉讼或者仲裁应当中止；在管理人接管债务人的财产后，该诉讼或者仲裁继续进行。

人民法院受理破产申请后，有关债务人的民事诉讼，只能向受理破产申请的人民法院提起。

第三节　破产财产和破产费用

一、破产财产

（一）破产财产范围的界定

破产申请受理时属于债务人的全部财产，以及破产申请受理后至破产程序终结前债务人取得的财产，均为债务人财产。

（二）对破产财产的保护措施

为了保障债权人的利益，减少债权人的损失，《破产法》对破产财产特别作了几项保护性的规定：

（1）人民法院受理破产申请前1年内，涉及债务人财产的下列行为，管理人有权请求人民法院予以撤销：①无偿转让财产的；②以明显不合理的价格进行交易的；③对没有财产担保的债务提供财产担保的；④对未到期的债务提前清偿的；⑤放弃债权的。

（2）人民法院受理破产申请前6个月内，债务人不能清偿到期债务，并且明知资产不足以清偿全部债务,但仍对个别债权人进行清偿的,管理人有权请求人民法院予以撤销。但是,个别清偿使债务人财产受益的除外。

(3)涉及债务人财产的下列行为无效:①为逃避债务而隐匿、转移财产的;②虚构债务或者承认不真实的债务的。有上述行为而取得的债务人的财产不受法律保护,管理人有权追回。

想一想

请同学们想一想:破产法为什么对债务人的财产处理问题,在"人民法院受理破产申请前1年或6个月之内"的行为作了法律规定?

二、债权申报

(一)债权人和债权申报期限

1. 债权人

破产企业的债权人即人民法院受理破产申请时对债务人享有债权的债权人。只有破产企业的债权人才享有债权申报的权利。

2. 债权申报期限

债权申报期限自人民法院发布受理破产申请公告之日起计算,最短不得少于30日,最长不得超过3个月。未到期的债权,在破产申请受理时视为到期。但附利息的债权自破产申请受理时起停止计息。债权人应当在人民法院确定的债权申报期限内向管理人申报债权。

3. 债权的补充申报

在人民法院确定的债权申报期限内,债权人未申报债权的,可以在破产财产最后分配前补充申报;但是,此前已进行的分配,不再对其补充分配。为审查和确认补充申报债权的费用,由补充申报人承担。

(二)债权

1. 债权包括的范围

(1)附条件、附期限的债权和诉讼、仲裁未决的债权,债权人可以申报。

(2)债务人的保证人或者其他连带债务人已经代替债务人清偿债务的,以其对债务人的求偿权申报债权。

(3)管理人或者债务人依照《破产法》规定解除合同的,对方当事人以因合同解除所产生的损害赔偿请求权申报债权。

(4)债务人是委托合同的委托人,被裁定适用破产法规定的程序,受托人不知该事实,继续处理委托事务的,受托人以由此产生的请求权申报债权。

(5)债务人是票据的出票人,被裁定适用破产法规定的程序,该票据的付款人继续付款或者承兑的,付款人以由此产生的请求权申报债权。

债权人申报债权时,应当书面说明债权的数额和有无财产担保,并提交有关证据。是连带债权的,应当说明。连带债权人可以由其中一人代表全体连带债权人申报债权,也可以共同申报债权。

2. 债务人所欠职工的权益

债务人所欠职工的工资和医疗、伤残补助、抚恤费用，所欠的应当划入职工个人账户的基本养老保险、基本医疗保险费用，以及法律、行政法规规定应当支付给职工的补偿金，不必申报，由管理人调查后列出清单并予以公示。职工对清单记载有异议的，可以要求管理人更正；管理人不予更正的，职工可以向人民法院提起诉讼。

> **链接**
> 关于"债务人所欠职工的权益"应与本章第五节中"破产财产的分配顺序"联系起来学习。

（三）债权的管理

管理人收到债权申报材料后，应当登记造册，对申报的债权进行审查，并编制债权表。债权表和债权申报材料由管理人保存，供利害关系人查阅。

编制的债权表，应当提交第一次债权人会议核查。

债务人、债权人对债权表记载的债权无异议的，由人民法院裁定确认。债务人、债权人对债权表记载的债权有异议的，可以向受理破产申请的人民法院提起诉讼。

债权人未依照本法规定申报债权的，不得依照本法规定的程序行使权利。

三、破产费用和共益债务

1. 破产费用

人民法院受理破产申请后发生的下列费用，为破产费用：

（1）破产案件的诉讼费用；

（2）管理、变价和分配债务人财产的费用；

（3）管理人执行职务的费用、报酬和聘用工作人员的费用。

2. 公共债务

人民法院受理破产申请后发生的下列债务，为共益债务：

（1）因管理人或者债务人请求对方当事人履行双方均未履行完毕的合同所产生的债务；

（2）债务人财产受无因管理所产生的债务；

（3）因债务人不当得利所产生的债务；

（4）为债务人继续营业而应支付的劳动报酬和社会保险费用以及由此产生的其他债务；

（5）管理人或者相关人员执行职务致人损害所产生的债务；

（6）债务人财产致人损害所产生的债务。

3. 破产费用和共益债务的清偿顺序

破产费用和共益债务由债务人财产随时清偿。

债务人财产不足以清偿所有破产费用和共益债务的，先行清偿破产费用。

债务人财产不足以清偿所有破产费用的按照比例清偿；不足以清偿共益债务的，也按照比例清偿。

债务人财产不足以清偿破产费用的，管理人应当提请人民法院终结破产程序。人民法院应当自收到请求之日起15日内裁定终结破产程序，并予以公告。

第四节 债权人会议

一、债权人会议

（一）债权人会议的成员和职权

依法申报债权，享有表决权的债权人，为债权人会议的成员。债权人会议设主席一人，由人民法院从有表决权的债权人中指定。

不享有担保权的债权人和放弃优先受偿权利的债权人为有表决权的债权人。

债权尚未确定的债权人，除人民法院能够为其临时确定债权额者之外，不得行使表决权。

对债务人的特定财产享有担保权的债权人，未放弃优先受偿权利的，在通过和解协议和通过破产财产分配方案等二项程序具有表决权之外，对债权人会议的其他程序不享有表决权。

债权人可以出席债权人会议，也可以委托代理人出席债权人会议，行使表决权。由代理人出席债权人会议，应当向人民法院或者债权人会议主席提交债权人的授权委托书。

债权人会议应当有债务人的职工和工会的代表参加，对有关事项有权发表意见。

债权人会议由债权人会议主席主持，债权人会议行使下列职权：

（1）核查债权；
（2）申请人民法院更换管理人，审查管理人的费用和报酬；
（3）监督管理人；
（4）选任和更换债权人委员会成员；
（5）决定继续或者停止债务人的营业；
（6）通过重整计划；
（7）通过和解协议；
（8）通过债务人财产的管理方案；
（9）通过破产财产的变价方案；
（10）通过破产财产的分配方案；
（11）人民法院认为应当由债权人会议行使的其他职权。

（二）债权人会议的召开

第一次债权人会议由人民法院召集，自债权申报期限届满之日起15日内召开。

以后的债权人会议，在人民法院认为必要时，或者管理人、债权人委员会、占债权总额1/4以上的债权人向债权人会议主席提议时召开。

召开债权人会议，管理人应当提前15日通知已知的债权人。

（三）债权人会议决议

债权人会议的决议，由出席会议的有表决权的债权人过半数通过，并且其所代表的债权额占无财产担保债权总额的 1/2 以上。但是，本法另有规定的除外。

债权人认为债权人会议的决议违反法律规定，损害其利益的，可以自债权人会议作出决议之日起 15 日内，请求人民法院裁定撤销该决议，责令债权人会议依法重新作出决议。

债权人会议的决议，对于全体债权人均有约束力。

对债务人财产的管理方案和破产财产的变价方案，经债权人会议表决未通过的，由人民法院裁定。

对债务人财产的分配方案，经债权人会议二次表决仍未通过的，由人民法院裁定。

对以上两款规定的裁定，人民法院可以在债权人会议上宣布或者另行通知债权人。

二、债权人委员会

债权人会议可以决定设立债权人委员会。债权人委员会由债权人会议选任的债权人代表和一名债务人的职工代表或者工会代表组成。债权人委员会成员不得超过九人。

债权人委员会成员应当经人民法院书面决定认可。

债权人委员会行使下列职权：

(1) 监督债务人财产的管理和处分；

(2) 监督破产财产分配；

(3) 提议召开债权人会议；

(4) 债权人会议委托的其他职权。

债权人委员会执行职务时，有权要求管理人、债务人的有关人员对其职权范围内的事务作出说明或者提供有关文件。

管理人、债务人的有关人员违反本法规定拒绝接受监督的，债权人委员会有权就监督事项请求人民法院作出决定；人民法院应当在 5 日内作出决定。

管理人实施下列行为，应当及时报告债权人委员会：①涉及土地、房屋等不动产权益的转让；②探矿权、采矿权、知识产权等财产权的转让；③全部库存或者营业的转让；④借款；⑤设定财产担保；⑥债权和有价证券的转让；⑦履行债务人和对方当事人均未履行完毕的合同；⑧放弃权利；⑨担保物的取回；⑩对债权人利益有重大影响的其他财产处分行为。

未设立债权人委员会的，管理人实施前款规定的行为应当及时报告人民法院。

第五节 破产案件的最终处理和法律责任

一、重整

（一）重整的含义与重整申请

破产重整是企业破产法新引入的一项制度，是指针对可能或已经具备破产原因但又有维持价值和再生希望的企业，经各方利害关系人的申请，在法院的主持和利害关系人的参与下，进行业务上的重组和债务调整,以帮助债务人摆脱财务困境、恢复企业能力的法律制度。

重整是破产案件的一个重要程序,申请重整有两种情况:

(1) 它是在债权人申请对债务人进行破产清算的前提下,债务人或者出资额占债务人注册资本 1/10 以上的出资人,可以向人民法院申请重整。

(2) 债权人可以依照破产法规定,直接向人民法院申请对债务人进行重整。

(二) 重整期间的法律规定

1. 重整期间的企业管理

重整期间企业可以由管理人负责企业管理,也可以由债务人负责企业管理。经债务人管理企业的,须经债务人申请并由人民法院批准后,方可在管理人的监督下自行管理财产和营业事务。

2. 重整计划的制定和批准

债务人或者管理人应当自人民法院裁定债务人重整之日起 6 个月内,同时向人民法院和债权人会议提交重整计划草案。

重整计划草案应当包括下列内容:①债务人的经营方案;②债权分类;③债权调整方案;④债权受偿方案;⑤重整计划的执行期限;⑥重整计划执行的监督期限;⑦有利于债务人重整的其他方案。

重整计划草案符合《破产法》规定条件的,经过债权人会议的表决后,债务人或者管理人可以申请人民法院批准重整计划草案。

3. 重整计划的执行

人民法院裁定批准重整计划后,已接管财产和营业事务的管理人应当向债务人移交财产和营业事务。自人民法院裁定批准重整计划之日起,在重整计划规定的监督期内,由管理人监督重整计划的执行。在监督期内,债务人应当向管理人报告重整计划执行情况和债务人财务状况。监督期届满时,管理人应当向人民法院提交监督报告。自监督报告提交之日起,管理人的监督职责终止。

按照重整计划减免的债务,自重整计划执行完毕时起,债务人不再承担清偿责任。

4. 终止重整程序

债务人或者管理人未按期提出重整计划草案的,人民法院应当裁定终止重整程序,并宣告债务人破产。

在重整期间,有下列情形之一的,经管理人或者利害关系人请求,人民法院应当裁定终止重整程序,并宣告债务人破产:

(1) 债务人的经营状况和财产状况继续恶化,缺乏挽救的可能性;

(2) 债务人有欺诈、恶意减少债务人财产或者其他显著不利于债权人的行为;

(3) 由于债务人的行为致使管理人无法执行职务。

债务人不能执行或者不执行重整计划的,人民法院经管理人或者利害关系人请求,应当裁定终止重整计划的执行,并宣告债务人破产。

二、和解

(一) 和解的含义

破产和解,是指债务人在出现破产原因时,与债权人会议就债务清偿达成协议,经法院审查认可后中止破产程序，避免破产清算的法律制度。

和解制度的目的主要在于避免破产发生，给债务人以重整事业的机会。与一般民事和解不同，破产和解是强制性的和解，即只要债权人会议以法定多数通过和解协议，对反对的少数债权人也有法律效力。

债务人可以依照破产法规定，先期直接向人民法院申请和解；也可以在人民法院受理破产申请后、宣告债务人破产前，向人民法院申请和解。

债务人申请和解，应当提出和解协议草案。

人民法院经审查认为和解申请符合本法规定的，应当裁定和解，予以公告，并召集债权人会议讨论和解协议草案。

（二）和解协议的通过

债权人会议通过和解协议的决议，由出席会议的有表决权的债权人过半数同意，并且其所代表的债权额占无财产担保债权总额的2/3以上。

债权人会议通过和解协议的，由人民法院裁定认可，终止和解程序，并予以公告。管理人应当向债务人移交财产和营业事务，并向人民法院提交执行职务的报告。

和解协议草案经债权人会议表决未获得通过，或者已经债权人会议通过的和解协议未获得人民法院认可的，人民法院应当裁定终止和解程序，并宣告债务人破产。

（三）和解协议的执行

经人民法院裁定认可的和解协议，对债务人和全体和解债权人均有约束力。

债务人应当按照和解协议规定的条件清偿债务。

和解债权人是指人民法院受理破产申请时对债务人享有无财产担保债权的人。和解债权人未依照破产法规定申报债权的，在和解协议执行期间不得行使权利；在和解协议执行完毕后，可以按照和解协议规定的清偿条件行使权利。

（四）和解协议的终止

因债务人的欺诈或者其他违法行为而成立的和解协议，人民法院应当裁定无效，并宣告债务人破产。

债务人不能执行或者不执行和解协议的，人民法院经和解债权人请求，应当裁定终止和解协议的执行，并宣告债务人破产。

人民法院裁定终止和解协议执行的，和解债权人在和解协议中作出的债权调整的承诺失去效力。和解债权人因执行和解协议所受的清偿仍然有效，和解债权未受清偿的部分作为破产债权。

人民法院受理破产申请后，债务人与全体债权人就债权债务的处理自行达成协议的，可以请求人民法院裁定认可，并终结破产程序。

按照和解协议减免的债务，自和解协议执行完毕时起，债务人不再承担清偿责任。

三、破产

（一）破产宣告

1. 宣告破产

人民法院依照《破产法》规定宣告债务人破产的，应当自裁定作出之日起5日内送达债务人和管理人，自裁定作出之日起10日内通知已知债权人，并予以公告。债务人被宣破产后，债务人称为破产人，债务人财产称为破产财产，人民法院受理破产申请时对债务人享有的债权称为破产债权。

对破产人的特定财产享有担保权的权利人，对该特定财产享有优先受偿的权利。

享有以上优先权的权利人，在行使优先受偿权利未能完全受偿的，其未受偿的债权作为普通债权；放弃优先受偿权利的，其债权作为普通债权。

2. 破产终结

破产宣告前，有下列情形之一的，人民法院应当裁定终结破产程序，并予以公告：

（1）第三人为债务人提供足额担保或者为债务人清偿全部到期债务的；

（2）债务人已清偿全部到期债务的。

（二）破产财产的变价和分配

1. 破产财产的变价

管理人应当及时拟订破产财产变价方案，提交债权人会议讨论。管理人应当按照债权人会议通过的或者人民法院依照《破产法》规定裁定的破产财产变价方案，适时变价出售破产财产。

变价出售破产财产应当通过拍卖进行。但是，债权人会议另有决议的除外。

按照国家规定不能拍卖或者限制转让的财产，应当按照国家规定的方式处理。

2. 破产财产的清偿顺序

> **链接**
>
> 此处所讲到的"破产财产"即本章第三节"破产财产和破产费用"中所讲到的"债权"。请同学们在学习时将两部分内容相联系。

破产财产在优先清偿破产费用和共益债务后，依照下列顺序清偿：

（1）破产人所欠职工的工资和医疗、伤残补助、抚恤费用，所欠的应当划入职工个人账户的基本养老保险、基本医疗保险费用，以及法律、行政法规规定应当支付给职工的补偿金（破产企业的董事、监事和高级管理人员的工资按照该企业职工的平均工资计算。）对破产人所欠职工的工资和医疗、伤残补助、抚恤费用，所欠的应当划入职工个人账户的基本养老保险、基本医疗保险费用，以及法律、行政法规规定应当支付给职工的补偿金，《破产法》特别单列了"第一百三十二条"，明确规定了享有优先受偿的权利。

（2）破产人欠缴的除前项规定以外的社会保险费用和破产人所欠税款；

（3）普通破产债权。

破产财产依顺序清偿，对破产财产不足以清偿同一顺序清偿要求的，按照比例分配。

3. 破产财产的分配

（1）分配方式。破产财产的分配应当以货币分配方式进行。但是，债权人会议另有决议的除外。

（2）破产财产分配方案。管理人应当及时拟订破产财产分配方案，提交债权人会议讨论。破产财产分配方案应当载明下列事项：①参加破产财产分配的债权人名称或者姓名、住所；②参加破产财产分配的债权额；③可供分配的破产财产数额；④破产财产分配的顺序、比例及数额；⑤实施破产财产分配的方法。

债权人会议通过破产财产分配方案后,由管理人将该方案提请人民法院裁定认可。

(3) 破产财产的分配。破产财产分配方案经人民法院裁定认可后,由管理人执行。

债权人未受领的破产财产分配额,管理人应当提存。债权人自最后分配公告之日起满2个月仍不领取的,视为放弃受领分配的权利,管理人或者人民法院应当将提存的分配额分配给其他债权人。

破产财产分配时,对于诉讼或者仲裁未决的债权,管理人应当将其分配额提存。自破产程序终结之日起满2年仍不能受领分配的,人民法院应当将提存的分配额分配给其他债权人。

四、破产程序的终结

破产人无财产可供分配的,管理人应当请求人民法院裁定终结破产程序。

管理人在最后分配完结后,应当及时向人民法院提交破产财产分配报告,并提请人民法院裁定终结破产程序。

人民法院应当自收到管理人终结破产程序的请求之日起15日内作出是否终结破产程序的裁定。裁定终结的,应当予以公告。

管理人应当自破产程序终结之日起10日内,持人民法院终结破产程序的裁定,向破产人的原登记机关办理注销登记。管理人于办理注销登记完毕的次日终止执行职务。

五、破产的法律责任

(一) 企业董事、监事或者高级管理人员的行政责任

企业董事、监事或者高级管理人员违反忠实义务、勤勉义务,致使所在企业破产的,依法承担民事责任。有以上规定情形的人员,自破产程序终结之日起3年内不得担任任何企业的董事、监事、高级管理人员。

(二) 有义务列席债权人会议的债务人的有关人员的行政责任

有义务列席债权人会议的债务人的有关人员,经人民法院传唤,无正当理由拒不列席债权人会议的,人民法院可以拘传,并依法处以罚款。债务人的有关人员违反破产法规定,拒不陈述、回答,或者作虚假陈述、回答的,人民法院可以依法处以罚款。

债务人的有关人员违反破产法规定,擅自离开住所地的,人民法院可以予以训诫、拘留,可以依法并处罚款。

(三) 债务人的行政、民事责任

(1) 债务人违反破产法规定,拒不向人民法院提交或者提交不真实的财产状况说明、债务清册、债权清册、有关财务会计报告以及职工工资的支付情况和社会保险费用的缴纳情况的,人民法院可以对直接责任人员依法处以罚款。

(2) 债务人违反破产法规定,拒不向管理人移交财产、印章和账簿、文书等资料的,或者伪造、销毁有关财产证据材料而使财产状况不明的,人民法院可以对直接责任人员依法处以罚款。

(3) 债务人有破产法规定的行为,损害债权人利益的,债务人的法定代表人和其他直接责任人员依法承担赔偿责任。

（四）管理人的行政、民事责任

管理人未能勤勉尽责，忠实执行职务的，人民法院可以依法处以罚款；给债权人、债务人或者第三人造成损失的，依法承担赔偿责任。

（五）刑事责任

违反破产法规定情节严重，构成犯罪的，依法追究刑事责任。

复习与思考

1. 什么是破产的概念？《破产法》在哪些范围内适用？
2. 说明破产案件的管辖法院。
3. 企业法人不能清偿到期债务，需要由谁提出重整、和解或者破产清算申请？
4. 什么是破产管理人？破产管理人如何产生？有哪些职权？
5. 对破产财产，破产法规定了哪些保护措施？
6. 说明破产财产的清偿顺序。
7. 破产法对破产企业职工的权利作了哪些特殊保护？

第八章 公司法律制度

 学习目标

通过本章学习，要求了解公司法的概念和作用；了解公司的设立条件、设立方式和设立程序；了解上市公司的概念、条件和程序；了解有限责任公司和股份有限公司各内部机构的职权。理解公司章程的内容，能借助规范文本模拟起草公司章程。明确公司的概念、公司的特征和公司的分类方法；明确违反《公司法》的法律责任。掌握有限责任公司和股份有限公司的概念、特征、组织机构；掌握股份有限公司的股份发行和转让；掌握公司债券概念，发行条件；掌握股票与债券的区别。

 本章重点

公司的概念、特征与种类，有限责任公司和股份有限公司的设立与组织机构、有限责任公司与股份有限公司联系与区别，一人有限公司，股份有限公司的股份发行与转让、公司债券、公司财务与会计等基本内容。

第一节 《公司法》概述

一、公司的概念、特征及种类

（一）公司的概念

公司是一种企业组织形态，是依照法定程序的条件与程序设立的，以营利为目的的商事组织。公司包括有限责任公司和股份有限公司两种类型。

我国的《公司法》于 1993 年 12 月 29 日经第八届全国人大会常务委员会第五次会议通过，并前后经过了五次修订，最近一次修正于 2018 年 10 月 26 日第十三届全国人民代表大会常务委员会第六次会议通过。

(二) 公司的主要特征

1. 公司具有法人资格

公司是企业法人，具有独立的主体资格，具有法律主体所要求的权利能力与行为能力，能够以自己的名义从事民商事活动并以自己的财产独立承担民事责任。公司以其全部财产对公司债务承担责任，其中，有限责任公司的股东以其认缴的出资额为限对公司承担责任；股份有限公司的股东以其认购的股份为限对公司承担责任。

2. 公司是以营利为目的，具有营利性

公司必须是营利性经济组织。所谓营利，是指通过生产、经营或服务以谋求经济利益。公司的营利性实质上是股东设立公司的目的的反映。法律必须承认并保护公司的营利性，方能鼓励投资，创造社会财富，促进市场经济的发展。

3. 公司必须依法成立，并有一定的组织机构

公司必须依据《公司法》和《公司登记管理条例》登记设立，才能取得企业法人资格，这是公司作为企业法人得以存在并受到法律承认和保护的根本依据。依法成立包含两个方面：一是按照法律允许的形式、内容、经营范围和经营方式成立公司；二是在公司的组建、成立、变更、解散等方面，符合法定程序。凡是超出法律规定的范围，或者不属于法定的公司组织形式，或不符合法定程序组建自称公司的，以及欺骗主管部门登记成立的公司，都属于非法公司，国家不仅不予保护，还将依法追究其违法责任。

公司作为独立存在的经济法律关系主体，必须成立健全的组织机构，如股东会、董事会、监事会、经理等，还有各种具体的职能机构，如公关部、销售部、财务部和必要的工作人员等。公司还必须拥有自己的名称或字号，因为它是代表法人的符号。另外，公司还要有与自身生产经营或服务规模相适应的资金、设施和经营场所。

(三) 公司的种类

划分公司的种类有利于加深对公司的认识。公司可以从多角度划分其类型：

1. 按照股东对公司所负责不同划分

(1) 有限责任公司：公司股东以其出资额为限，对公司承担有限责任，公司以其全部资本为限，对公司债务承担有限责任的公司。

(2) 无限责任公司：指由两个以上股东组成，全体股东对公司债务负连带无限清偿责任的公司。

(3) 两合公司，指由无限责任股东与有限责任股东组成的公司。其中，无限责任股东对公司债务负连带无限清偿责任，有限责任股东仅就其出资额负担债务。由于这类公司中的无限责任股东承担的责任大，因而公司由他们主持业务。

(4) 股份有限公司，指由一定以上人数组成，公司全部资本分为等额股份，股东仅就其所持股份对公司承担责任的公司。

2. 以公司的组织系统为标准划分

(1) 母公司，指拥有其他公司一定数额的股份或根据协议，能够控制、支配其他公司的人事、财务、业务等事项的公司。

(2) 子公司，指一定数额的股份被另一公司控制或依照协议被另一公司实际控制、支配的公司。

3. 以公司的管辖为标准划分

（1）总公司，指依法设立并管辖公司全部组织的具有企业法人资格的总机构。总公司通常先于分公司而设立。

（2）分公司，指在业务、资金、人事等方面受总公司管辖而不具有法人资格的分支机构，它在法律上和经济上均无独立性。

二、公司法的概念与适用范围

公司法是指规定各种公司的设立、组织、活动、解散以及公司对内对外关系的法律规范的总称。公司法有广义与狭义之分。广义的公司法包括涉及公司的所有法律、法规，而狭义的公司法特指全国人民代表大会颁布的《中华人民共和国公司法》。本章所讲授的是狭义的《公司法》。

我国《公司法》规定，本法所称公司是指依照本法在中国境内设立的有限责任公司和股份有限公司。因此，凡在中国境内设立的有限责任公司和股份有限公司均适用我国的《公司法》。我国的《公司法》不承认无限责任公司。

另外，需要强调的是，在我国境内的外商投资的有限责任公司也适用《公司法》。因为这些公司也是中国的企业法人，它们在中国境内从事生产经营活动，理所当然地要适用我国的《公司法》。但是，为了维持我国多年来对外商投资企业政策的稳定性和连续性，我国的《公司法》又规定，有关中外合资经营企业、中外合作经营企业、外资企业的法律另有规定的，适用其规定。这些有关的法律是指：《中外合资经营企业法》《中外合作经营企业法》和《外资企业法》。

第二节 有限责任公司

一、有限责任公司的设立

（一）有限责任公司概念

有限责任公司，是依照公司法在中国境内设立的，股东以其出资额为限对公司承担责任，公司以其全部资产对公司的债务承担有限责任的企业法人。有限责任公司是公司的一种重要形式，特别是中小企业的重要组织形式。

（二）有限责任公司设立条件

1. 股东符合法定人数

有限责任公司股东人数不得超过50人。

2. 有符合公司章程规定的全体股东认缴的出资额

2014年2月18日国务院印发了注册资本登记制度改革方案，取消了有限责任公司最低注册资本3万元的限责。

有限责任公司的股东可以用货币出资，也可以用实物、知识产权、土地使用权等可以用货币估价并可以依法转让的非货币财产作价出资；对作为出资的非货币财产应当评估作价，核实财产，不得高估或者低估作价。股东以货币出资的，应当将货币出资足额存入有限责任公司在银行开设的账户；以非货币财产出资的，应当依法办理其财产权的转移手续。股东不按规定缴纳出资的，除应当向公司足额缴纳外，还应当向已按期足额缴纳出资的股东承担违约责任。公司成立后，股东不得抽逃出资。

3. 股东共同制定公司章程

公司章程由全体股东共同制定，公司章程应当载明下列事项：

（1）公司名称和住所；

（2）公司经营范围；

（3）公司注册资本；

（4）股东的姓名或者名称；

（5）股东的出资方式、出资额和出资时间；

（6）公司的机构及其产生办法、职权、议事规则；

（7）公司法定代表人；

（8）股东会会议认为需要规定的其他事项。主要内容包括公司的基本事项。

4. 有公司名称，建立符合有限责任公司要求的组织机构

公司只能使用一个名称，且须在名称中标明有限责任公司或有限公司字样。

5. 有公司住所

公司以其主要办事机构所在地为住所。

 **想一想**

请同学们想一想：2014年国务院印发的注册资本登记制度改革方案，在有限公司设立的条件中取消了对股东的货币出资最低限度的规定有什么积极意义？

（三）有限责任公司的设立程序

股东认缴公司章程规定的出资后，由全体股东指定的代表或者共同委托的代理人向公司登记机关报送公司登记申请书、公司章程等文件，申请设立登记。

二、有限责任公司的组织机构

（一）股东和股东会

有限责任公司的出资人为有限责任公司的股东，有限责任公司股东会由全体股东组成。股东会是公司的权力机构，依照公司法行使职权。

股东向股东以外的人转让股权，应当经其他股东过半数同意。股东应就其股权转让事项书面通知其他股东征求同意，其他股东自接到书面通知之日起满30日未答复的，视为同意转让。其他股东半数以上不同意转让的，不同意的股东应当购买该转让的股权；不购买的，视为同意转让。经股东同意转让的股权，在同等条件下，其他股东有优先购买权。两个以上股东主张行使优先购买权的，协商确定各自的购买比例；协商不成的，按照转让时各自的出资比例行使优先购买权。

股东会会议分为定期会议和临时会议。定期会议应当依照公司章程的规定按时召开。代表1/10以上表决权的股东，1/3以上的董事，监事会或者不设监事会的公司的监事提议召开临时会议的，应当召开临时会议。

（二）董事会

有限责任公司设立董事会；股东人数较少或者规模较小的有限责任公司，也可以不设立董事会只设一名执行董事。有限责任公司设立董事会的，股东会会议由董事会召集，董事长主持有限责任公司不设董事会的，股东会会议由执行董事召集和主持。

董事会是公司法定的经营决策和业务执行机构，其成员为3至13人。董事会设董事长一人。董事长或执行董事为公司法定代表人。董事会会议由董事长召集和主持，议事方式和表决程度依公司章程及法律规定。董事任期由公司章程规定，每届任期不得超过3年，但连选可以连任。

（三）经理

有限责任公司的经理是负责公司日常管理的高级职员，由董事会聘任或解聘，对董事会负责，并可列席董事会会议。只设执行董事的公司，执行董事可以兼任公司经理。

（四）监事会

有限责任公司应设立监事会，监事会负责监察公司内部事务。其成员不得少于3人，监事会设主席一人，由全体监事过半数选举产生。

监事会成员由股东代表和适当比例的公司职工代表组成，其中职工代表的比例不得低于1/3，董事、经理及财务负责人不得兼任监事。监事的任期每届为3年。监事任期届满，连选可以连任。股东人数较少和规模较小的，可设1至2名监事。监事会依法对公司的经营活动进行监督。

这样从企业管理层面看，公司的管理主体有四个：股东会、董事会、经理班子和监事会。在这四个机构中，股东会作为出资人，拥有最高表决权，但不能直接决策；董事会拥有最高决策权，但不可经营；经理具有最高执行权，但必须秉承董事会决策；监事会具有最高监督权，但既不能参与表决也不能参与决策和经营。公司的管理权力这样分置后，形成了四方各自有权，各自用权，而又不能越权的相互制衡的管理局势。

三、一人有限公司

（一）一人有限责任公司的概念

一人有限责任公司，是指只有一个自然人股东或者一个法人股东的有限责任公司。"一人"并非单指一个自然人，而是说公司是只有一位股东的独资公司。"一人有限公司"虽然只有一位股东，却又不是个人独资企业，它除了股东人数为一人之外，符合公司的一切特征。

（二）对一人有限责任公司的特别规定

（1）2014年2月18日国务院印发了注册资本登记制度改革方案，取消了一人有限责任公司最低注册资本10万元的限制，即对一人有限责任公司无最低注册资本的限制。

（2）一个自然人只能投资设立一个一人有限责任公司。该一人有限责任公司不能再投资设立新的一人有限责任公司。

（3）一人有限责任公司应当在公司登记中注明自然人独资或者法人独资，并在公司营业执照中载明。

（4）一人有限责任公司的其他规定：①一人有限责任公司也必须制定公司章程。②一人有限责任公司应当在每一会计年度终了时编制财务会计报告，并经会计师事务所审计。③一人有限责任公司的股东不能证明公司财产独立于股东自己的财产的，应当对公司债务承担连带责任。

（三）一人有限责任公司与个人独资企业的区别

从公司的性质来看，一人有限责任公司应当以出资额为限负有限责任，而个人独资企业负无限责任。但如果一人有限责任公司的股东将个人的私有财产和公司法人财产混淆不清，不能证明公司财产独立于股东自己的财产的，应当对公司债务承担连带责任。

在经营管理中，一人有限责任公司的管制更加严格，需要设立公司章程，提供独立的财务报表并接受每年度的财务审计。在税收上，个人独资企业只需要缴纳个人所得税，而一人有限责任公司则需要缴纳公司所得税和股东的个人所得税。

第三节　股份有限公司

一、股份有限公司的设立

（一）股份有限公司的概念

股份有限公司，是指依照公司法设立的，其全部资本分为等额股份，股东以其所持股份为限对公司承担责任，公司以其全部资本对公司的债务承担责任的企业法人。

（二）股份有限公司的设立条件

（1）发起人符合法定人数。设立股份有限公司，应当有2人以上200人以下为发起人，其中须有半数以上的发起人在中国境内有住所。

（2）有符合公司章程规定的全体发起人认购的股本总额或者募集的实收股本总额。

（3）股份发行、筹办事项符合法律规定。

（4）发起人制定公司章程，并经公司创立大会通过。

（5）有公司名称，建立符合股份有限公司要求的组织机构。

（6）有公司住所。

（三）设立方式

股份有限公司的设立方式有发起设立和募集设立两种方式：

发起设立是指由发起人认购公司应发行的全部股份而设立的公司。股份有限公司采取发起设立方式设立的，注册资本为在公司登记机关登记的全体发起人认购的股本总额。在发起人认购的股份缴足前，不得向他人募集股份。

募集设立是指由发起人认购公司应发行股份的一部分（发起人认购的股份不得少于公司股份总数的35%），其余股份向社会公开募集或者向特定对象募集而设立公司。股份有限公司采取募集方式设立的，注册资本为在公司登记机关登记的实收股本总额。

二、股份有限公司的组织机构

（一）股东大会

股东大会是由股东组成的公司权力机构，依《公司法》可决定公司的重大事项。

股东大会分为定期和临时会议两种。定期股东大会每年召开一次，又称股东年会。遇有

《公司法》第一百条规定的情形时，应当在两个月内召开临时股东大会。

股东大会会议由董事会负责召集，董事长为主持人。普通股股东一般都有表决权，依所持股份确定表决权的大小。股东可委托代理人出席股东大会，代理人在授权范围内行使表决权。股东还依法享有《公司法》规定的其他权利。

股东大会作出决议，必须经出席会议的股东所持表决权过半数通过。但是，股东大会作出修改公司章程、增加或者减少注册资本的决议，以及公司合并、分立、解散或者变更公司形式的决议，必须经出席会议的股东所持表决权的2/3以上通过。

（二）董事会

董事会对股东大会负责，依法行使经营管理的职权。其成员为5至19人。董事会设董事长1人，可以设副董事长，董事长为公司的法定代表人。

董事长有下列职权：主持股东大会和召集、主持董事会会议；检查董事会决议的实施情况；签署公司股票、公司债券。董事任期由公司章程规定，每届任期不得超过3年。董事任期届满，连选可以连任。董事会每年度至少召开两次会议，但应有1/2以上董事出席方可举行。董事会所作决议须经董事过半数同意才能成立。

（三）经理

公司经理由董事会聘任或者解聘，对董事会负责。经理主持公司日常经营管理工作并可列席董事会会议。

（四）监事会

监事会是对公司业务活动实行监督的机构，其成员不得少于3人。监事会设主席一人，可以设副主席。

> **小资料**
>
> **监事会的组成及职权**
>
> 监事会应当包括股东代表和适当比例的公司职工代表，其中职工代表的比例不得低于1/3。董事、高级管理人员不得兼任监事。有限责任公司监事任期的规定，适用于股份有限公司监事。监事会主要行使下列职权：检查公司的财务；对董事、经理执行公司职务时违反法律、法规或公司章程的行为进行监督；当董事和经理的行为损害公司的利益时，要求董事和经理予以纠正；提议召开临时股东大会；公司章程规定的其他职权。

三、股份有限公司的股份发行与转让

（一）股份发行、股份和股票

股份是公司资本的单位成分，每一股份代表一定的金额。股份的发行实行公开、公平、公正的原则，必须同股同权，同股同利。

股票是股份的表现形式，以便于持有和转让。同次发行的股票，每股的发行条件和价格应当相同。股票发行价格可以按票面金额，也可以超过票面金额，但不得低于票面金额。如超过票面金额发行，所得溢价款须列入公司资本公积金。

股票种类：《公司法》规定，股票分为记名股票和无记名股票。凡向发起人、法人发行

的股票，应当为记名股票。对社会公众发行的股票，可以为记名股票，也可以为无记名股票。公司如需发行新股，必须具备《公司法》规定的条件，其经营状况应当良好。经有关部门批准，依法由证券经营机构承销，在新股募足股款后，向公司登记机关办理登记，并公告。

（二）股份转让

股东可依法转让其持有的股份，但须在依法设立的证券交易场所进行。记名股票由股东以背书方式或者法律、行政法规规定的其他方式转让。无记名股票的转让，由股东在依法设立的证券交易场所将该股票交付给受让人后即发生效力。公司有关人员持有本公司股份的转让，应依法进行。

公司董事、监事、高级管理人员应当向公司报告本人所持有的本公司的股份及其变动情况，在任职期间或在《公司法》规定的离职期间内，对本人所持有的股票要遵守《公司法》的规定。公司章程还可以对公司董事、监事、高级管理人员转让其所持有的本公司股份作出其他限制性规定。

公司不得收购本公司的股票或把本公司股票作为抵押权的标的而接受，《公司法》允许的特殊情况除外。

四、上市公司

上市公司是指所发行的股票经国务院或者国务院授权证券管理部门批准在证券交易所上市交易的股份有限公司。股份有限公司在符合股票上市法定条件后，即可申请上市交易，经批准后，须公告其股票上市报告书，才可依法上市交易。上市公司必须按照法律、法规的规定，定期公开其财务状况和经营情况，在每一会计年度内半年公布一次财务会计报告。

第四节 公司股票和债券

一、公司股票

（一）股份与股票

股份是投资者在公司中依其投资所占有的份额，股票则是记载所占股份的证明。

股票是一种有价证券，是股份公司在筹集资本时向出资人发行的、用以证明出资人的股本身份和权利，并根据持有人所持有的股份数享有权益和承担义务的凭证。股票可以公开上市，也可以不上市。

（二）股票的特点

1. 不可偿还性

股票是一种无偿还期限的有价证券，投资者认购了股票后，就不能再要求退股，只能到二级市场卖给第三者。股票的转让只意味着公司股东的改变，并不减少公司资本。股票的时限等同于公司，只要公司存在，它所发行的股票就存在。

2. 参与性

股东有权出席股东大会，参与选举公司董事会和公司重大决策。股东参与公司决策的权利大小，取决于其所持有的股份份额的多少，在实际管理中，只要股东持有的股票数量达到左右决策结果所需的多数时，就能掌握公司的决策控制权。

3. 收益性

股东凭其持有的股票，有权从公司领取股息或红利，获取投资的收益。股息或红利的大小，取决于公司的盈利水平和公司的盈利分配政策。

4. 流通性

股票的流通性，是指股票在不同投资者之间，可以在法律的规定下进行流通、交易。经营效果优良的公司，其股价会不停上涨。这样的公司，可以通过增发股票，进一步吸收大量资本进入生产经营活动。增强其流通性，从而达到了优化资源配置的效果。

5. 价格波动性和风险性

股票在交易市场上作为交易对象，同商品一样，有自己的市场行情和市场价格。由于股票价格要受到公司经营状况、供求关系、金融行情、大众心理等多种因素的影响，有很大的波动性和不确定性。因此，股票是一种高风险的金融产品。

二、公司债券

（一）公司债券的概念

公司债券是指公司依照法定条件和程序发行的、约定在一定期限还本付息的有价证券。

（二）公司债券的种类

依照不同的标准，对公司债券可作不同的分类。

1. 记名债券和无记名债券

记名债券是指在公司债券及公司债券存根簿上记载债权人姓名或者名称的债券。无记名债券是指不记载债权人姓名或者名称的债券。

2. 可转换债券与非转换债券

可转换债券是指可以转换成公司股票的公司债券。这种公司债券在发行时规定了转换为公司股票的条件与办法。当条件成熟时，债券持有人拥有将债券转换为公司股份的选择权。非转换债券是指不能转换为公司股票的债券。凡在发行债券时未作出转换约定的，均为非转换债券。

另外，还有按公司债券是否提供偿还本息的担保为标准，可分为有担保公司债券和无担保公司债券等。

> **小资料**
> **公司债券与股票的区别**
>
> 公司债券与公司股票有不同的法律特征：第一，公司债券表示发行者与投资者之间的债权、债务关系；公司股票表示投资者对发行股票的公司拥有股东的一系列权利。第二，公司债券的本金到期退还；公司股票所表示的股金则不允许退还。第三，公司债券的利息是固定的；而公司股票的收益可能较高或者较低或者没有或者是负收益（亏损），风险比债券大。第四，公司债券持有人在公司解散或者破产的情况下，优先于公司股东得到债务清偿。

（三）公司债券的发行

1. 公司债券发行的条件

公司发行公司债券应当符合《中华人民共和国证券法》的规定条件：

（1）股份有限公司的净资产额不低于人民币3000万元，有限责任公司的净资产额不低于人民币6000万元。

（2）累计债券总额不超过公司净资产额的40%。累计债券总额是指公司成立以来，发行的所有债券尚未偿还的部分。

（3）最近3年平均可分配利润足以支付公司债券1年的利息。

（4）筹集的资金投向符合国家产业政策。

（5）债券的利率不得超过国务院限定的利率水平。

（6）国务院规定的其他条件。

发行可转换为股票的公司债券的，除具备公司债券的条件外，还应当符合股票发行的条件。发行公司债券筹集的资金，必须用于审批机关批准的用途，不得用于弥补亏损和非生产性支出。

此外，我国《证券法》还就公司再次发行债券的条件作了限制性规定：①前一次公开发行的公司债券尚未募足；②对已公开发行的公司债券或者其他债务有违约或者延迟支付本息的事实，仍处于继续状态；③违反法律规定，改变公开发行公司债券所募资金的用途。

2. 公司债券发行的程序

（1）做出决议或决定。股份有限公司、有限责任公司发行公司债券，由董事会制订方案，股东大会或者股东会作出决议。

（2）提出申请。公司应当向国务院证券管理部门提出发行公司债券的申请，并提交相关文件。

（3）经主管部门核准。国务院证券管理部门对公司提交的发行公司债券的申请进行审查，符合《公司法》规定的，予以核准；不符合规定的不予核准。

（4）与证券商签订承销协议。

（5）公告公司债券募集办法。公司债券募集办法应当载明法定事项，包括：公司名称；债券总额和债券的票面金额；债券的利率；还本付息的期限和方式；债券发行的起止日期；公司净资产额；已发行的尚未到期的公司债券总额；公司债券的承销机构。

（6）认购公司债券。社会公众认购公司债券的行为称为应募，应募的方式可以是先填写应募书，而后履行按期缴清价款的义务，也可以是当场以现金支付购买。应募人缴纳债款后，公司即应发给债券。

（四）公司债券的转让

根据《公司法》的规定，公司债券可以转让，但必须依法进行。

（1）公司债券的转让应当在依法设立的证券交易所进行，不得私下进行。

（2）公司债券的转让价格由转让人与受让人自己约定。

（3）公司债券的转让方式。依据公司债券的种类不同有两种不同的方式：记名公司债券由债券持有人以背书方式转让或者法律、行政法规规定的其他方式转让，并由公司将受让人的姓名或者名称及住所记载于公司债券存根簿上，以备公司存查。无记名公司债券的转让手续较为简单，只需由债券持有人在依法设立的证券交易所，将要转让的债券交付给受让人即发生转让效力。受让人一经持有该债券，即成为公司的债权人。

第五节　公司的财务、会计管理

有限责任公司和股份有限公司应当根据国家法律、行政法规和国务院财政主管部门的规定，建立本公司的财务、会计制度。公司应当单独设置会计机构，配备会计人员。公司进行的经济业务活动应当按照规定填制会计凭证、登记会计账簿、编制会计报表。公司应当按照国务院财政主管部门的规定按期编制财务会计报告，并经依法通过审查验证。

一、公司的会计账册

根据《公司法》的规定，公司除法定的会计账册外，不得另设会计账册。这一规定，有两个目的：一是公司必须依据《会计法》和国家统一的会计制度的规定设置会计账册，进行会计核算；二是禁止在法定的会计账册之外另设会计账册，以保证会计信息的合法、真实、完整。

二、公司的财务会计报告

财务会计报告是反映公司一定期间财务状况和经营成果的总结性文件。根据《公司法》规定，有限责任公司和股份有限公司除每月应向当地财税部门等相关机关提交会计报表之外还应当在每一会计年度终了时制作财务会计报告，并依法经审查验证。

（一）公司财务会计报告的构成

根据《公司法》的规定，公司的财务会计报告主要包括：资产负债表；损益表（利润表）；财务状况变动表（现金流量表）；财务情况说明书；利润分配表。

（二）公司财务会计报告的验证和公开

根据《公司法》《会计法》等法律、行政法规的规定，公司对外提供的年度财务会计报告必须依法经注册会计师验证，并应当由公司法定代表人、总会计师、会计机构负责人和主管会计人员签署。

有限责任公司应当按照公司章程规定的期限，将公司财务会计报告及时送交公司的各个股东。股份有限公司的财务会计报告应当在召开股东大会年会之前20日置备于本公司，供股东查阅。以募集设立方式成立的股份有限公司必须公告其财务会计报告。根据《证券法》规定，上市公司还应当在每一会计年度的上半年结束之日起2个月内制作并公告中期财务会计报告。

三、公司的利润分配

（一）利润分配的顺序

公司利润是指公司在一定时期内从事经营活动的财务成果，包括营业利润、投资净收益以及营业外收支净额。

根据《公司法》和税法的规定，公司利润必须完成以下规定程序才能进行分配：

（1）弥补以前年度的亏损。根据我国企业所得税法规定，纳税人发生年度亏损的，可以用下一年度的所得弥补；下一年度的所得不足以弥补的，可以逐年延续弥补，但是弥补期限最长不得超过5年。

（2）缴纳所得税。

（3）法定公积金不足弥补以前年度亏损的，弥补亏损。

（4）依法提取法定公积金和公益金。《公司法》规定，公司分配当年税后利润时，应当提取利润的10%列入公司法定公积金，并提取利润的5%至10%列入公司法定公益金。当公司法定公积金累计额为公司注册资本的50%以上的，可不再提取。

（5）提取任意公积金。《公司法》规定，公司在从税后利润中提取法定公积金后，经股东大会决议，可以提取任意公积金。任意公积金虽然不受法律的强制限制，但由于任意公积金的提取势必影响股东的利润分配，所以，非经股东大会会议决定，不能提取任意公积金。

（6）向股东分配利润。有限责任公司依照股东出资比例进行利润分配。股份有限公司依照股东持有的股份比例进行分配。

股东会或者董事会违反规定，在弥补亏损和提取法定公积金、法定公益金之前向股东分配利润的，必须将违反规定分配的利润退还公司。

（二）公积金、公益金的提取和使用

1. 公积金的提取和使用

公积金，也称储备金、准备金，是公司为预防亏损和增加财力、扩大营业规模的目的，依照法律和公司章程的规定或股东大会决议，从公司盈余或公司资本收益中提取或取得的，不作为股利分配而暂存于公司内部的特定用途的基金。公积金属于股东权益。

公司的公积金应当按照规定的用途使用。根据《公司法》的规定，公司公积金主要有两方面用途：

（1）弥补亏损。公司的亏损根据国家税法规定可以用缴纳所得税前的利润弥补，超过用所得税前利润弥补期限仍未补足的亏损，可以用公司税后利润抵补；发生特大亏损，税后利润仍不足抵补的，可以用公司的公积金抵补。

（2）转增资本。公司为了实现增加资本的目的，可以将公积金的一部分转为资本。对用任意公积金转增资本的，法律没有限制，但用法定公积金转增资本时，法律规定公司所留存该项公积金不得少于注册资本的25%。

 想一想

请同学们想一想：在将法定公积金转增资本时，为什么公司法规定要留存不少于注册资本25%的公积金？目的是什么？

2. 公益金的提取和使用

公益金是公司从税后利润中提取的用于集体福利的资金。公司依法提取的法定公益金应当按照国家有关规定用于本公司的集体福利，如修建医疗保健设施、生活服务设施、职工宿舍等。

（三）股利的分配

股利是按股份支付给持股人的公司盈余。我国分配股利的方式一般有以下两种：一是用

现金支付，这是股利分配的主要形式，称为现金股利；二是用增发的股票分发或配售给股东作为股利，称为股票股利。

一般来说，公司在纳税、弥补亏损和提取法定公积金、公益金前，不得分配股利。公司当年无利润时也不得分配股利。

 复习思考题

1. 什么是公司？公司有哪些特征？
2. 公司的税后利润应如何分配？
3. 公司债券发行的条件是什么？
4. 有限责任公司设立有哪些条件？
5. 有限责任公司有哪些管理机构？它们之间的关系如何？
6. 什么是股份有限公司？股份有限公司设立有哪些条件？
7. 股票和债券有哪些异同？

第九章

市场管理法律制度

 学习目标

通过本章学习,要求了解《反不正当竞争法》的概念;了解对不正当竞争行为的监督与检查;了解消费者权益的保护方式及违反《消费者权益保护法》的法律责任;了解《产品质量法》概念。明确对不正当竞争行为的制裁办法;明确《消费者权益保护法》的概念;明确产品质量监督管理体制、监督形式。掌握不正当竞争的概念、特征和表现形式;掌握消费者的权利和经营者的义务;掌握商品生产者、销售者的质量义务和法律责任。针对具体案例掌握不正当竞争的表现;能够正确运用法律保护消费者权益。

 本章重点

不正当竞争的概念、及其特征,对不正当竞争行为的判断依据;消费者的权利与生产、经营者的义务,对消费者权益受到侵犯时采取的措施及应追究的法律责任;以及我国现行法规对产品质量监督的手段,产品缺陷责任等问题的规定;并能运用这些法律规定去分析解决社会生活中的实际问题。

第一节 《产品质量法》

一、《产品质量法》的概念、制度

(一)产品质量法的概念、调整范围

《产品质量法》是指调整产品的生产和销售以及对产品质量的监督管理等活动中所发生的社会关系的法律规范的总称。《中华人民共和国产品质量法》于1993年颁布,并于2000年和2009年曾进行了两次修订,2018年12月29日第十三届全国人民代表大会常务委员会第七次会议上又进行了第三次修订。《产品质量法》的颁布,对于增强全民族的产品质量意识，提高我国产品质量的总体水平，明确产品质量责任，保护消费者的合法权益，维护社会主义市场经济秩序，发挥了积极的作用。尤其是修订后的《产品质量法》对产品质量违法行为，生产、销售伪劣产品的行为，加大了处罚力度，明确了地方政府在产品质量工作中的责任，并要求企业建立健全并严格实施产品质量监督管理制度，进一步补充、完善了行政执法机关实施产品质量监督管理的执法手段。

《产品质量法》调整范围所指向的产品，是指经过加工、制作、用于销售的产品。也就是说是指以销售为目的，通过工业加工、手工制作等生产方式所获得的具有特定使用性能的物品。

下列产品不属于《产品质量法》的调整范围：

（1）未经加工的天然形成的产品，如原矿、原煤、石油、天然气等，以及初级农产品，如农、林、牧、渔等产品。

（2）虽经过加工、制作，但只为自己使用，不销售的产品。

（3）建设工程如房屋、道路、桥梁等不动产性质的产品。但建设工程使用的建筑材料、建筑构配件和设备适用本法。

（4）军工产品质量监督管理办法，由国务院、中央军事委员会另行制定。

此外，从根本上言另一些专业性很强的商品，如房屋建筑、工程、药品、食品、化妆品、种子、烟草等出现质量问题，虽然也都应当受《产品质量法》调整，但鉴于这些产品的特殊性，国家还分别出台了一些特定的法律、法规，如《建筑法》《食品卫生法》《药品管理法》《种子法》《化妆品卫生监督条例》等，这些法律作为质量法体系里的特定性法律，与《产品质量法》的普遍性结合起来，共同适用，从而构成解决质量纠纷的完整质量法律体系。

（二）产品质量的概念及特征

产品质量是指产品在正常使用的条件下，满足合理使用要求所必须的特征和特性的总和。评价产品质量的优劣可以从以下特征把握：

（1）适用性。指产品在不同目的、不同条件下使用时，其技术特性的适合程度，以及适应外界环境变化的能力。

（2）安全性。指产品在操作或合作过程中保证安全的程度。

（3）可用性。指产品应当具备的使用性能。

（4）可靠性。指产品在规定的条件和时间内，完成规定功能的能力。

（5）维修性。指产品在规定的条件和时间内，按规定的程序或方法进行维修时，保持或恢复到规定状态的能力。

（6）经济性。指产品的结构、用料、用工等费用以及它在使用中动力、燃料的消耗等运转维持费用。

> **小资料**
>
> 产品质量监督部门包括：各级质量技术监督部门、工商行政管理部门、食品卫生检验部门、卫生防疫部门等。

二、产品质量的监督管理体制和监管形式

（一）产品质量监督管理体制

我国产品质量的监督管理体制，从法律规定来看，分为产品质量的国家监督和行业

监督。

国家监督是指国务院市场监督管理部门和县级以上地方市场监督管理部门代表国家行使产品质量的监督权，主管全国和县级以上行政区域内的产品质量监督工作。其独立行使的监督权，不受部门、行业、地区的限制。

行业监督是指产业的主管部门和企业主管部门，对本行业、本系统产品质量的监督。也就是产品质量法中所列的国务院有关部门和县级以上地方人民政府有关部门，对产品质量的监督。这些部门对于产品质量的监督，依其职权范围划定，其主要职责是按照同级人民政府赋予的职权，负责本行业，本行政区域内关于产品质量的行业监督。

（二）产品质量监督的形式

（1）建立健全产品质量检验制度。

（2）实行严格的强制监督管理制度。

（3）推行企业质量体系认证和产品质量认证制度。

（4）实行产品质量监督检查并对检查结果予以公告的制度。

（5）采用县级以上相关行政部门有权查封或扣押有质量问题产品的强制措施的制度。

三、生产者、销售者的产品质量义务

（一）产品质量义务的概念

产品质量义务是产品质量法律关系的内容之一，与产品质量责任相对应。产品质量义务，是指法律规定的产品质量法律关系中的主体必须为保证产品质量作出一定行为或者不得作出一定的行为。产品质量法律关系的主体不履行产品质量义务，将产生不履行产品质量义务的法律后果。这种法律后果就表现为承担产品质量责任。

（二）生产者的产品质量义务

1. 对产品质量承担明示和默示担保义务

明示担保是生产者履行合同义务的一种表示，当生产者履行合同不符合其明示担保义务时，产品的购买者可以根据合同的约定，追究生产者的违约责任。产品质量默示担保义务，是指国家法律、法规对产品质量规定的必须满足的要求。

2. 产品或者其包装上的标识应当符合要求的义务

根据不同产品的特点和使用要求，产品或者其包装上的标识应当符合以下要求：

（1）有产品质量检验合格证明。

（2）有中文标明的产品名称、生产厂厂名和厂址。

（3）有根据产品的特点和使用要求标注产品的标记。

（4）有限期使用产品的标识要求。

（5）有涉及使用安全的标识要求。

3. 特殊产品包装要满足警示性的义务

危险物品、储运中不能倒置和其他有特殊要求的产品属于特殊产品。包括易碎品、易燃易爆品、剧毒品、储运中不能倒置的产品和有其他特殊要求的产品，包装必须符合相应的要求，并依照国家有关规定做出警示标志或者中文警示说明，标明储运注意事项。

4. 生产者禁止发生不得从事行为的义务

生产者不得生产国家明令淘汰的产品，不得伪造产地、不得伪造或者冒用他人的厂名、

厂址；不得伪造或者冒用认证标志等质量标志；生产者在生产中，不得掺杂、掺假、不得以假充真、以次充好、不得以不合格产品冒充合格产品。

5. 生产者所生产的产品，要保证不存在危及人身、财产安全的不合理的危险有保障人体健康和人身、财产安全的国家标准、行业标准的，应当符合该标准。

（三）销售者的产品质量义务

销售者应当建立并执行进货检查验收制度，并应当采取措施，保持销售产品的质量。

销售者不得伪造产地、不得伪造或者冒用他人的厂名、厂址；不得伪造或者冒用认证标志等质量标志；不得掺杂、掺假，不得以假充真、以次充好，不得以不合格产品冒充合格产品。

 **想一想**

有人说：产品质量责任应该由产品的生产者负责，与销售者无关。请同学们想一想这种说法对吗？为什么？

四、违反产品质量义务的法律责任

违反产品质量义务的法律责任即产品质量责任，是指产品的生产者、销售者及其他有关主体，违反法律规定，不履行或者不完全履行法定的产品质量义务，所应依法承担的法律后果。产品质量责任是一种综合责任。包括承担相应的行政责任、民事责任和刑事责任。

（一）民事责任

产品生产者、销售者依法应承担的民事责任分为两类：

1. 一般产品质量责任，也称为合同责任或瑕疵担保责任

瑕疵是指产品不符合质量标准，或者不符合合同对质量的约定，存在质量问题。担保责任，就是产品必须达到的质量要求，或者说是责任人必须保证产品符合某种标准的责任。产品瑕疵担保责任的承担方式包括：修理、更换、退货赔偿。当销售者首先承担了瑕疵担保责任后，如属于生产者的责任或者供货者的责任，销售者有权向生产者、供货者追偿。

2. 产品质量侵权的损害赔偿责任

指生产者、销售者因产品存在缺陷而造成他人人身、缺陷产品以外的其他财产损害时，应当承担的赔偿责任。售出的产品有下列情形之一的，销售者应当负责修理、更换、退货；给购买产品的消费者造成损失的，销售者应当赔偿损失：

（1）不具备产品应当具备的使用性能而事先未作说明的；

（2）不符合在产品或者其包装上注明采用的产品标准的；

（3）不符合以产品说明、实物样品等方式表明的质量状况的。

产品质量侵权的损害赔偿的赔偿范围：①造成受害人财产损失的，应当恢复原状或折价赔偿。②造成受害人人身伤害的，侵害人应当赔偿医疗费、治疗期间的护理费、因误工减少的收入，造成残疾的，还应当支付残疾者生活自助具费（例如，轮椅、双拐）、生活补助费、残疾赔偿金以及抚养的人所必需的生活费。③造成受害人死亡的，并应当支付丧葬费、死亡赔偿金以及死者生前抚养人所必需的生活费等费用。

(二) 行政责任

行政责任，是指生产者、销售者因为实施产品质量法所禁止的行为而引起的行政上必须承担的法律后果。也就是要受到法律规定的有关行政主管部门的行政处罚。其方式有：责令停止生产、销售，没收违法生产、销售的产品，没收违法所得，罚款、吊销营业执照等。

(三) 刑事责任

刑事责任是指生产者、销售者违反法律规定的产品质量义务，并触犯刑律构成犯罪时，由司法机关按照《刑法》的规定强制其承担的法律后果。关于刑事责任，我国《刑法》专门规定了"生产、销售伪劣产品罪"。

对产品质量检验机构、认证机构伪造检验后果或者出具虚假证明的构成犯罪的，追究刑事责任。对市场监督管理部门的工作人员滥用职权、玩忽职守、徇私舞弊，构成犯罪的，依法追究刑事责任。

第二节 《反不正当竞争法》

一、什么是《反不正当竞争法》

(一)《反不正当竞争法》的概念

竞争是市场经济的基本运行机制，是保持市场活力、推动经济发展的重要因素。竞争是市场主体在市场中为谋取利益最大化而进行的较量。但竞争必须是在法律允许的范围内，采用合法的手段进行，才能使竞争得到健康发展。

《反不正当竞争法》是调整企业竞争行为的规范。它最早产生于19世纪末、20世纪初西欧资本主义国家，它已在资本主义国家发展成经济法的核心。在一些国家里，《反不正当竞争法》及其辅助性法和法规在维护国家的经济秩序和保护市场的公平竞争方面发挥了极其重要的作用。

《反不正当竞争法》是调整在制止不正当竞争行为过程中所发生的社会关系的法律规范的总称。

我国于1993年9月2日第八届全国人民代表大会常务委员会第三次会议通过了《中华人民共和国反不正当竞争法》（以下简称《反不正当竞争法》），该法共有5章33条，从1993年12月1日起施行。为了满足市场经济发展的需要，为保障社会主义市场经济健康发展，鼓励和保护公平竞争，制止不正当竞争行为，近年来在2017年和2019年的不到两年时间里，连续两次对该法进行了修改。

(二)《反不正当竞争法》的立法目的和不正当竞争的概念

1.《反不正当竞争法》的立法目的

促进社会主义市场经济健康发展。党的十八届三中全会决定指出，"市场决定资源配置是市场经济的一般规律"，而"建设统一开放、竞争有序的市场体系，是使市场在资源配置中起决定性作用的基础"。竞争是市场经济最基本的运行机制，是市场经济活力的源泉。经营者实施不正当竞争行为，不当地夺取交易机会或者破坏其他经营者的竞争优势，往往会阻碍甚至扭曲市场配置资源作用的发挥，影响市场经济的健康发展。反不正当竞争法立法的首要目的，就是通过对不正当竞争行为的规制，来保障市场机制正常有效运行，促进社会主义市场经济长期健康发展。

2. 不正当竞争的概念和特征

不正当竞争，是指经营者违反《反不正当竞争法》的规定，损害其他经营者的合法权益，扰乱社会经济秩序的行为。

不正当竞争有如下特征：

（1）不正当竞争行为的主体是经营者。经营者，是指从事商品经营或营利性服务的法人、其他经济组织或个人，经营包括生产和流通两个领域的经济活动。但是，《反不正当竞争法》把政府及其所属部门滥用行政权力妨害经营者的正当竞争行为也规定为不正当竞争行为。

（2）不正当竞争行为是违法行为。不正当竞争行为的违法性主要表现在违反了《反不正当竞争法》中关于禁止不正当竞争行为的各种具体规定，也包括违反该法的原则规定，即违反了自愿、平等、公平、诚实信用原则或公认的商业道德。

（3）不正当竞争行为侵害的客体是其他经营者的合法权益和正常的社会秩序。不正当竞争行为有以下几个方面的危害性：破坏公平竞争的市场秩序；阻碍技术进步和社会生产力的发展；损害其他经营者的正常经营和合法权益，是守法经营者蒙受物质上和精神上的双重损害等。

二、不正当竞争行为的种类

（一）混淆行为

经营者不得实施下列混淆行为，引人误认为是他人商品或者与他人存在特定联系：

（1）擅自使用与他人有一定影响的商品名称、包装、装潢等相同或者近似的标识；

（2）擅自使用他人有一定影响的企业名称（包括简称、字号等）、社会组织名称（包括简称等）、姓名（包括笔名、艺名、译名等）；

（3）擅自使用他人有一定影响的域名主体部分、网站名称、网页等；

（4）其他足以引人误认为是他人商品或者与他人存在特定联系的混淆行为。

（二）虚假宣传行为

经营者不得对其商品的性能、功能、质量、销售状况、用户评价、曾获荣誉等作虚假或者引人误解的商业宣传，欺骗、误导消费者。经营者不得通过组织虚假交易等方式，帮助其他经营者进行虚假或者引人误解的商业宣传。

（三）不当有奖销售行为

反不正当竞争法并不完全禁止有奖销售，只有带有欺骗性的有奖销售才被该法所禁止，因为此种有奖销售不仅损害购买者利益，而且影响社会经济秩序。此种不正当竞争行为包括：

（1）所设奖的种类、兑奖条件、奖金金额或者奖品等有奖销售信息不明确，影响兑奖；

（2）采用谎称有奖或者故意让内定人员中奖的欺骗方式进行有奖销售；

（3）抽奖式的有奖销售，最高奖的金额超过5万元。

（四）侵犯商业秘密行为

商业秘密是指不为公众所知悉、能为权利人带来经济利益，具有实用性并经权利人采取保密措施的技术信息和经营信息。商业秘密不是专利，但只要符合法定条件，也可受法律的保护。

商业秘密的要件是：①秘密性：不为公众所知悉。②利益性：能为权利人带来经济利益。③实用性：有实用价值，能够实际运用。④保密性：权利人对之采取保密措施。

侵犯商业秘密行为表现为：

（1）以盗窃、利诱、胁迫或者教唆、引诱、帮助他人违反保密义务或者违反权利人有关保守商业秘密的要求，获取、披露、使用或者允许他人使用权利人的商业秘密。

（2）披露使用或者允许他人使用以前项手段获取的权利人的商业秘密。

（3）违反约定或者违反权利人有关保守商业秘密的要求，披露、使用或者允许他人使用其所掌握的商业秘密（于前款不同在于其通过合同合法占有，但违约披露、使用或允许他人使用）。

（4）第三人若明知或应知前款所列违法行为，仍获取、使用披露他人的商业秘密。

（五）商业贿赂行为

经营者不得采用财物或者其他手段贿赂下列单位或者个人，以谋取交易机会或者竞争优势：

（1）交易相对方的工作人员；

（2）受交易相对方委托办理相关事务的单位或者个人；

（3）利用职权或者影响力影响交易的单位或者个人。

经营者在交易活动中，可以以明示方式向交易相对方支付折扣，或者向中间人支付佣金，但应当如实入账。

（六）毁誉行为

经营者利用网络从事生产经营活动，应当遵守本法的各项规定。经营者不得利用技术手段，通过影响用户选择或者其他方式，实施下列妨碍、破坏其他经营者合法提供的网络产品或者服务正常运行的行为：

（1）未经其他经营者同意，在其合法提供的网络产品或者服务中，插入链接、强制进行目标跳转；

（2）误导、欺骗、强迫用户修改、关闭、卸载其他经营者合法提供的网络产品或者服务；

（3）恶意对其他经营者合法提供的网络产品或者服务实施不兼容；

（4）其他妨碍、破坏其他经营者合法提供的网络产品或者服务正常运行的行为。

三、对涉嫌不正当竞争行为的调查

（一）监督检查部门的执调查措施

监督检查部门调查涉嫌不正当竞争行为，可以采取下列措施：

（1）进入涉嫌不正当竞争行为的经营场所进行检查；

（2）询问被调查的经营者、利害关系人及其他有关单位、个人，要求其说明有关情况或者提供与被调查行为有关的其他资料；

（3）查询、复制与涉嫌不正当竞争行为有关的协议、账簿、单据、文件、记录、业务函电和其他资料；

(4) 查封、扣押与涉嫌不正当竞争行为有关的财物;

(5) 查询涉嫌不正当竞争行为的经营者的银行账户。

采取前款规定的措施,应当向监督检查部门主要负责人书面报告,并经批准。采取前款第四项、第五项规定的措施,应当向设区的市级以上人民政府监督检查部门主要负责人书面报告,并经批准。监督检查部门调查涉嫌不正当竞争行为,应当遵守《中华人民共和国行政强制法》和其他有关法律、行政法规的规定,并应当将查处结果及时向社会公开。

(二) 监督检查部门的职权

(1) 监督检查部门调查涉嫌不正当竞争行为,被调查的经营者、利害关系人及其他有关单位、个人应当如实提供有关资料或者情况。

(2) 监督检查部门及其工作人员对调查过程中知悉的商业秘密负有保密义务。

(3) 对涉嫌不正当竞争行为,任何单位和个人有权向监督检查部门举报,监督检查部门接到举报后应当依法及时处理。监督检查部门应当向社会公开受理举报的电话、信箱或者电子邮件地址,并为举报人保密。对实名举报并提供相关事实和证据的,监督检查部门应当将处理结果告知举报人。

四、违反《反不正当竞争法》的法律责任

法律责任是指由于行为人的违法行为而应当承担的法律后果。根据我国《反不正当竞争法》的规定,不正当竞争行为应承担的法律责任包括经济、民事责任、行政责任和刑事责任等责任形式。

(一) 不正当竞争行为的经济、民事责任

《反不正当竞争法》规定经济、民事责任的意义在于保护合法经营者的合法权益不受侵害,以及受到实际损害时得以补偿。

(二) 不正当竞争行为的行政责任

《反不正当竞争法》规定的行政责任,要通过不正当竞争行为的监督检查部门对不正当竞争行为的查处来实现。《反不正当竞争法》规定的行政责任形式主要包括责令停止违法行为、责令改正、消除影响以及吊销营业执照等形式。此外,还规定了与不正当竞争行为有关的国家机关工作人员违法的行政处分。

(三) 不正当竞争行为的刑事责任

刑事责任是对违法行为进行的最为严厉的法律制裁,使用与那些对其他经营者、消费者和社会经济秩序损害严重、情节恶劣的不正当竞争行为。对于刑事责任,《反不正当竞争法》只是作了原则规定,确定具体的刑事责任要使用我国《刑法》的相应规定。

小资料

修订后的《反不正当竞争法》所规定的行政处罚(节选)供参考。

第二十一条

经营者以及其他自然人、法人和非法人组织违反本法第九条规定侵犯商业秘密的,由监督检查部门责令停止违法行为,没收违法所得,处10万元以上100万元以下的罚

款；情节严重的，处 50 万元以上 500 万元以下的罚款。

第二十二条

经营者违反本法第十条规定进行有奖销售的，由监督检查部门责令停止违法行为，处 5 万元以上 50 万元以下的罚款。

第二十三条

经营者违反本法第十一条规定损害竞争对手商业信誉、商品声誉的，由监督检查部门责令停止违法行为、消除影响，处 10 万元以上 50 万元以下的罚款；情节严重的，处 50 万元以上 300 万元以下的罚款。

第二十四条

经营者违反本法第十二条规定妨碍、破坏其他经营者合法提供的网络产品或者服务正常运行的，由监督检查部门责令停止违法行为，处 10 万元以上 50 万元以下的罚款；情节严重的，处 50 万元以上 300 万元以下的罚款。

第三节 《反垄断法》

一、垄断的概念和《反垄断法》

（一）什么是垄断行为

1. 垄断行为

什么是垄断？垄断的原意是独占，即一个市场上只有一个经营者。从字面意义上说，是指在交易中操纵贸易，泛指对市场的把持和独占。我国的《反垄断法》明确规定了三种垄断行为，即：经营者达成垄断协议；经营者滥用市场支配地位；具有或者可能具有排除、限制竞争效果的经营者集中。

根据法律规定，垄断协议是指排除、限制竞争的协议、决定或者其他协同行为。

法律所称市场支配地位，是指经营者在相关市场内具有能够控制商品价格、数量或者其他交易条件，或者能够阻碍、影响其他经营者进入相关市场能力的市场地位。

经营者集中是指以下三种情形：经营者合并；经营者通过取得股权或者资产的方式取得对其他经营者的控制权；经营者通过合同等方式取得对其他经营者的控制权或者能够对其他经营者施加决定性影响。

> **链接**
>
> 垄断就其实质来讲，也是一种"不正当竞争行为"。请同学们注意区别"垄断"与《反不正当竞争法》中所列的"不正当竞争行为"的表现相区别。

2. 垄断的危害

没有竞争就没有垄断，但垄断最终却会阻碍竞争。为了说明垄断的危害，我们把垄断分为两大类：经济性垄断和行政性垄断。

（1）经济性垄断是指经营者以独占或有组织的联合行动等方式，凭借经济优势操纵或支配市场，限制和排斥竞争的行为。经济性垄断在我国主要表现为联合竞争行为、搭售和附加条件交易行为、价格歧视行为、强迫交易行为等。日常生活中常见的打压价格、排挤竞争对手、欺行霸市、强买强卖等现象都是经济性垄断的表现。经济性垄断极大地削弱市场自身的调控能力，削弱了竞争活力和效率，加剧了社会财富和收入分配的不平等，妨碍了资源的优化配置，阻碍了社会主义市场经济的正常发展，具有严重的社会危害性。

（2）行政性垄断是指政府及其经济行政主管部门或其他政府职能部门以及被政府部门授予行政管理权的企业凭借行政权力排斥、限制或妨碍市场竞争的行为。主要表现为：①行政性垄断的特征是条块分割，从而阻碍了全国统一市场的形成；②行政性垄断由于公权力的介入，公平的竞争秩序被破坏；③行政性垄断获得垄断利润，必然损害其他合法经营者和消费者的权益；④行政性垄断成为官商勾结、权钱交易的"合法外衣"，容易导致政治腐败。

（二）我国的《反垄断立法》

1. 我国《反垄断法》的发展历程

我国的《反垄断法》经历了漫长的发展历程，早在1980年10月，国务院就在所发布的《关于开展和保护社会主义竞争的暂行规定》中首次提出了反垄断，特别是反对行政垄断的任务。1987年8月，原国务院法制局成立了《反垄断法》起草小组；1994年起《反垄断法》曾先后列入第八届、第九届、第十届全国人大常委会的立法规划，但由于争议太大，一直没有出台。直至2006年6月24日，历经12年之久的起草阶段，《反垄断法（草案）》才终于正式走进第十届全国人大常委会第二十二次会议议程。

2. 《反垄断法》的诞生

此后又经历了一年余的反复讨论，至2007年8月30日第十届全国人大第二十九次会议通过《中华人民共和国反垄断法》，2008年8月1日起正式施行。2012年5月8日，最高人民法院又出台了《关于审理因垄断行为引发的民事纠纷案件应用法律若干问题的规定》，该规定自2012年6月1日起实行。

二、《反垄断法》的基本内容

（一）《反垄断法》的立法目的和适用范围

为了预防和制止垄断行为，保护市场公平竞争，提高经济运行效率，维护消费者利益和社会公共利益，促进社会主义市场经济健康发展，制定了《反垄断法》。

中国境内经济活动中的垄断行为，适用该法；中国境外的垄断行为，对境内市场竞争产生排除、限制影响的，也适用该法。

（二）禁止垄断协议

垄断协议是指两个或者两个以上的经营者（包括行业协会等经营者团体），通过协议或者其他协同一致的行为，实施固定价格、划分市场、限制产量、排挤其他竞争对手等排除、限制竞争的行为。《反垄断法》规定：

1. 禁止具有竞争关系的经营者达成下列垄断协议

（1）固定或者变更商品价格；

（2）限制商品的生产数量或者销售数量；

（3）分割销售市场或者原材料采购市场；
（4）限制购买新技术、新设备或者限制开发新技术、新产品；
（5）联合抵制交易；
（6）国务院反垄断执法机构认定的其他垄断协议。

2. 禁止经营者与交易相对人达成下列垄断协议
（1）固定向第三人转售商品的价格；
（2）限定向第三人转售商品的最低价格；
（3）国务院反垄断执法机构认定的其他垄断协议。

3. 行业协会不得组织本行业的经营者从事《反垄断法》所禁止的垄断行为

（三）禁止经营者滥用市场支配地位

《反垄断法》所称市场支配地位，是指经营者在相关市场内具有能够控制商品价格、数量或者其他交易条件，或者能够阻碍、影响其他经营者进入相关市场能力的市场地位。

为了促进市场经济的健康发展，国家禁止具有市场支配地位的经营者，从事滥用市场支配地位的垄断行为。

《反垄断法》第十七条，规定了七种属经营者滥用市场支配地位的行为：
（1）以不公平的高价销售商品或者以不公平的低价购买商品；
（2）没有正当理由，以低于成本的价格销售商品；
（3）没有正当理由，拒绝与交易相对人进行交易；
（4）没有正当理由，限定交易相对人只能与其进行交易或者只能与其指定的经营者进行交易；
（5）没有正当理由搭售商品，或者在交易时附加其他不合理的交易条件；
（6）没有正当理由，对条件相同的交易相对人在交易价格等交易条件上实行差别待遇；
（7）国务院反垄断执法机构认定的其他滥用市场支配地位的行为。

（四）禁止利用"经营者集中"限制竞争

经营者集中是指下列情形：
（1）经营者合并；
（2）经营者通过取得股权或者资产的方式取得对其他经营者的控制权；
（3）经营者通过合同等方式取得对其他经营者的控制权或者能够对其他经营者施加决定性影响。

经营者集中具有或者可能具有排除、限制竞争效果的，国务院反垄断执法机构应当作出禁止经营者集中的决定。但是，经营者能够证明该集中对竞争产生的有利影响明显大于不利影响，或者符合社会公共利益的，国务院反垄断执法机构可以作出对经营者集中不予禁止的决定。

 想一想

参照前边的内容，想一想：
"经营者集中"在什么情况下会造成垄断行为？

（五）禁止滥用行政权力限制竞争

《反垄断法》规定，行政机关和法律、法规授权的具有管理公共事务职能的组织不得滥

用行政权力，限定或者变相限定单位或者个人经营、购买、使用其指定的经营者提供的商品；不得滥用行政权力，以设定歧视性资质要求、评审标准或者不依法发布信息等方式，排斥或者限制外地经营者参加本地的招标投标活动；不得滥用行政权力，采取与本地经营者不平等待遇等方式，排斥或者限制外地经营者在本地投资或者设立分支机构；不得滥用行政权力，强制经营者从事本法规定的垄断行为。

三、违反《反垄断法》的法律责任

1. 经营者违反《反垄断法》的法律责任

（1）经营者违反规定，达成并实施垄断协议的，由反垄断执法机构责令停止违法行为，没收违法所得，并处上一年度销售额1%以上10%以下的罚款；尚未实施所达成的垄断协议的，可以处50万元以下的罚款。

（2）经营者滥用市场支配地位的，由反垄断执法机构责令停止违法行为，没收违法所得，并处上一年度销售额1%以上10%以下的罚款。

（3）经营者实施垄断行为，给他人造成损失的，依法承担民事责任。

2. 行业协会违反《反垄断法》的法律责任

组织本行业的经营者达成垄断协议的，反垄断执法机构可以处50万元以下的罚款；情节严重的，社会团体登记管理机关可以依法撤销登记。

3. 行政机关违反《反垄断法》的法律责任

行政机关和法律、法规授权的具有管理公共事务职能的组织滥用行政权力，实施排除、限制竞争行为的，由上级机关责令改正；对直接负责的主管人员和其他直接责任人员依法给予处分。反垄断执法机构可以向有关上级机关提出依法处理的建议。

法律、行政法规对行政机关和法律、法规授权的具有管理公共事务职能的组织滥用行政权力实施排除、限制竞争行为的处理另有规定的，依照其规定。

4. 对反垄断执法机构依法实施的审查和调查，拒绝提供有关材料、信息，或者提供虚假材料、信息，或者隐匿、销毁、转移证据，或者有其他拒绝、阻碍调查行为的，由反垄断执法机构责令改正，对个人可以处2万元以下的罚款，对单位可以处20万元以下的罚款；情节严重的，对个人处2万元以上10万元以下的罚款，对单位处20万元以上100万元以下的罚款；构成犯罪的，依法追究刑事责任。

5. 反垄断执法机构工作人员滥用职权、玩忽职守、徇私舞弊或者泄露执法过程中知悉的商业秘密，构成犯罪的，依法追究刑事责任；尚不构成犯罪的，依法给予处分。

四、《反垄断法》与《反不正当竞争法》的联系与区别

《反垄断法》与《反不正当竞争法》的联系：《反不正当竞争法》与《反垄断法》都属于竞争法的范畴，二者有许多相似之处，相互交叉，互为补充。

《反垄断法》与《反不正当竞争法》的区别：

1. 二者的立法目的不同

一个法说的是竞争要公平，另一个法说的是对竞争的鼓励。

《反不正当竞争法》所追求的价值理念是公平竞争；而《反垄断法》所追求的价值理念是自由竞争，目的是保障企业有自由参与市场竞争的权利。

2. 二者的规制对象不同

《反不正当竞争法》主要是关注市场上企业间的相互竞争行为，目的是制止不正当竞争行为；《反垄断法》关注的则是竞争者之间的协调行为，目的是防止市场上形成排除竞争或者严重限制竞争的局面。

第四节 《消费者权益保护法》

一、消费者和《消费者权益保护法》的概念

消费者是指为了满足个人生活消费的需要而购买、使用商品或者接受服务的居民。

《消费者权益保护法》是指调整在保护消费者权益过程中发生的社会关系的法律规范的总称。在保护消费者权益过程中会发生多种社会关系，包括：经营者与消费者的关系；国家行政机关对经营者的管理监督关系；司法机关对侵害消费者利益的个人、法人的法律制裁；国家在保护消费者权益过程中与消费者的关系。我国于1993年10月31日第八届全国人民代表大会第四次会议通过了《消费者权益保护法》这是我国制定的第一部专门保护消费者权益的法律。该法于2009年全国人大常委会第十一届十次会议进行了第一次修订，于2013年10月全国人大常委会第十二届五次会议又进行了第二次修订，自2014年3月15日起施行修订后的《消费者权益保护法》。

二、消费者权益保护法的立法宗旨和适用范围

（一）消费者权益保护法的立法宗旨

《消费者权益保护法》作为一部重要的经济法律，它有自己直接、具体的立法宗旨。我国《消费者权益保护法》第一条开宗明义，明确地规定了该法的立法宗旨是保护消费者的合法权益，维护社会经济秩序，以促进社会主义市场经济的健康发展。

（二）消费者权益保护法的适用范围

《消费者权益保护法》的适用范围是指该法效力所及的时间、空间和主体的范围。该法在时间上适用于其施行之日起发生的与消费者权益保护相关的行为，空间上适用于中华人民共和国主权所及的全部领域，主体上，为生活消费需要购买、使用商品或者接受服务的消费者，其权益受该法保护，经营者为消费者提供生产、销售的商品或者提供服务，也应当遵守该法。

此外，农民购买、适用直接用于农业生产的生产资料，也参照《消费者权益保护法》执行，这是对农民利益的一种特殊的保护。

 想一想

某饭店在市场上购买原料食品，因商家在计量上缺斤短两，双方造成纠纷。请同学们想一想，这种纠纷是不是《消费者权益保护法》所保护的范围？

三、消费者的权利

消费者的权利作为一种基本人权，是生存权的重要组成部分，是消费者权益保护法的核心。我国《消费者权益保护法》专门规定了消费者的九项权利。

（一）保障安全权

安全权是消费者人权的基本内容，它是指消费者在购买、适用商品和接受服务时享有保障人身、财产安全不受损害的权利。消费者取得某种商品或服务，目的在于生活消费，因此，商品和服务必须安全可靠。消费者有权要求经营者提供符合保障人身、财产安全要求的商品和服务。

（二）知悉真情权

知悉真情权是指消费者享有知悉其购买、使用的商品或接受的服务的真实情况的权利。消费者有权根据商品或者服务的不同情况，要求经营者提供商品的价格、产地、生产者、用途、性能、规格、等级、主要成分、生产日期、有效期限、检验合格证明、使用说明书、售后服务等有关情况。

（三）自主选择权

自主选择权包括：
(1) 自主选择提供商品或者服务的经营者的权利；
(2) 自主选择商品或者服务的品种、方式的权利；
(3) 自主选择购买或不购买任何一种商品、接受或不接受任何一项服务的权利；
(4) 在自主选择商品或者服务是享有进行比较、鉴别和挑选的权利。

（四）公平交易权

公平交易是市场经济的基本原则，消费者依法享有公平交易权。公平交易权是指消费者在购买商品或接受服务是享有获得质量保障、价格合理和计量正确等公平交易条件的权利。此外，消费者还有权拒绝经营者的强制交易行为。

（五）依法求偿权

依法求偿权是指消费者在因购买、使用商品或接受服务受到人身、财产损害时享有依法获得赔偿的权利。它是一项救济性权利。

（六）依法结社权

结社权是指消费者享有依法成立维护自身合法权益的社会团体的权利。处于分散状态的个体消费者在经济地位上与经营者很难抗衡，消费者依法结社则可以利诱组织的权威和能力保护自己的权益。政府对合法的消费者社团组织应当予以支持和帮助，保障消费者的结社权。

（七）求教获知权

获知权，又称求教获知权、受教育权，是指消费者享有获得有关消费和消费者权益保护方面的知识的权利。消费者的获知权和知悉权不同，获知权的实现有助于帮助消费者所需商品或者服务的知识和使用技能，正确使用商品，提高自我保护意识。

（八）人格受尊重权

这是保障和尊重人权的重要体现。消费者在购买、使用商品和接受服务时，享有人格尊严、民族风俗习惯得到尊重的权利，享有个人信息依法得到保护的权利。

（九）监督批评权

监督批评权是指消费者享有对商品和服务以及保护消费者权益工作进行监督批评的权利，这是社会监督的重要内容。消费者有权检举、控告侵害消费者权益的行为和国家级工作人员在保护消费者权益工作中的违法渎职行为，有权对消费者权益保护工作提出批评、建议。

四、经营者的义务

（一）依法定或约定履行义务

经营者向消费者提供商品，必须履行《产品质量法》和其他有关法律、法规规定的一切义务。经营者和消费者有约定的，应当按照约定履行义务，但双方的约定不得违背法律、法规的规定。

（二）听取意见和接受监督

经营者应当听取消费者对其提供的商品或者服务的意见，接受消费者的监督。

（三）保障人身和财产安全

经营者应当保证其提供的商品或服务将会保障人身、财产安全的要求。对可能危及人身、财产安全的商品和服务，应当向消费者做出真实的说明和明确的警示，并说明和表明正确使用商品或者接受服务的方法以及防止危害发生的方法。

宾馆、商场、餐馆、银行、机场、车站、港口、影剧院等经营场所的经营者，应当对消费者尽到安全保障义务。

（四）严格诚信经营、不作虚假宣传

经营者向消费者提供商品或者服务，应当恪守社会公德，诚信经营，保障消费者的合法权益；不得设定不公平、不合理的交易条件，不得强制交易。

在经营中应当向消费者提供有关商品或者服务的真实信息，不得作引人误解的虚假宣传。否则即构成不正当竞争行为和侵犯消费者权益行为。

（五）出具相应的凭证和单据

经营者提供商品或服务，应当按照国家有关规定或者商业惯例向消费者出具发票等购货凭证或者服务单据；消费者索要发票等购货凭证或者服务单据的，经营者必须出具。

（六）提供符合要求的商品或服务

经营者提供的商品或者服务不符合质量要求的，消费者可以依照国家规定、当事人约定退货，或者要求经营者履行更换、修理等义务。没有国家规定和当事人约定的，消费者可以自收到商品之日起7日内退货；7日后符合法定解除合同条件的，消费者可以及时退货，不符合法定解除合同条件的，可以要求经营者履行更换、修理等义务。

依照前款规定进行退货、更换、修理的，经营者应当承担运输等必要费用。

经营者采用网络、电视、电话、邮购等方式销售商品，消费者有权自收到商品之日起7日内退货，且无需说明理由。但另有规定的商品除外。

（七）不得从事不公平、不合理的交易

经营者在经营活动中使用格式条款的，应当以显著方式提请消费者注意商品或者服务的数量和质量、价款或者费用、履行期限和方式、安全注意事项和风险警示、售后服务、民事责任等与消费者有重大利害关系的内容，并按照消费者的要求予以说明。

经营者不得以格式条款、通知、声明、店堂告示等方式，作出排除或者限制消费者权利、减轻或者免除经营者责任、加重消费者责任等对消费者不公平、不合理的规定，不得利用格式条款并借助技术手段强制交易。

格式条款、通知、声明、店堂告示等含有前款所列内容的，其内容无效。

（八）不得侵犯消费者的人身权

消费者的人身权是其基本人权，消费者的人身自由、人格尊严不受侵犯。经营者不得对消费者进行侮辱、诽谤，不得搜查消费者的身体及其携带的物品，不得侵犯消费者的人身自由。

五、对消费者合法权益的保护

（一）国家对消费者合法权益的保护

1. 立法机关的保护

国家在制定有关消费者权益的法律、法规时，应认真听取消费者的意见和要求。这是立法的程序之一，只有认真听取消费者的意见和要求，制定的法律才能切实有效地保护消费者的权益。

2. 各级政府的保护

各级人民政府应当加强领导，组织、协调、督促有关行政部门做好保护消费者合法权益的工作，对消费者协会履行职责应当予以必要的经费等支持。各级人民政府应当加强监督，预防、制止危害消费者人身、财产安全行为的发生。各级人民政府工商行政管理部门和其他有关行政部门应当依照法律、法规的规定，在各自的职责范围内，采取措施，保护消费者的合法权益。

3. 司法机关的保护

有权行使国家强制力的有关国家机关应当依照法律、法规的规定，惩处经营者在提供商品和服务中侵害消费者合法权益的违法犯罪行为。人民法院应当采取措施，方便消费者提起诉讼。

（二）社会对消费者合法权益的保护

保护消费者的合法权益是全社会的共同责任，国家鼓励、支持一切组织和个人对损害消费者合法权益的行为进行社会监督。大众传播媒介应当做好维护消费者合法权益的宣传工作，对损害消费者合法权益的行为进行舆论监督。

此外，消费者应依法成立维护自身合法权益的消费者协会。消费者协会应当认真履行保护消费者合法权益的职责，听取消费者的意见和建议，接受社会监督。依法成立的其他消费者组织应依照法律、法规及其章程的规定，开展保护消费者合法权益的活动。

六、侵犯消费者权益产生争议的解决途径与法律责任

（一）争议解决解决途径

（1）与经营者自行协商解决。

（2）请求消费者协会调解。

（3）向有关行政部门申诉。

（4）根据与经营者达成的仲裁协议，提请仲裁机构仲裁。

（5）提起诉讼。

（二）法律责任

（1）民事责任。承担民事责任的方式有：赔偿损失、停止侵害、恢复名誉、消除影响、赔礼道歉、修理、重作更换、退货、支付违约金等。

（2）行政责任。承当责任的方式有：改正、警告、没收违法所得、罚款、停业整顿、吊销营业执照。

（3）刑事责任。经营者提供商品或者服务造成消费者或者他人人身伤亡，构成犯罪的，应承担刑事责任。以暴力、威胁等方法阻碍有关行政部门工作人员依法执行公务的，依法承当刑事责任。

复习思考题

1. 产品质量责任的构成要件有哪些？
2. 简述生产者、销售者的产品质量责任和义务。
3. 不正当竞争行为的表现形式有哪些？
4. 垄断有哪些类型？各有哪些危害？
5. 什么是经营者滥用市场支配地位而形成的垄断？这种垄断有哪些表现？
6. 消费者权益保护法的适用范围。
7. 消费者的权利和经营者的义务。
8. 国家与社会对消费者的合法权益如何进行保护？
9. 消费者与经营者发生争议如何处理？

第十章 合同法律制度

学习目标

通过本章学习,要求了解《合同法》的概念和沿革情况;了解《担保法》;了解合同的变更、转让与终止的含义及具体情况;了解免除违约责任的条件。理解什么是无效合同,可撤销合同,效力待定合同;理解缔约过失责任。明确合同法的调整范围;明确合同订立的形式和合同成立的时间、地点;明确抗辩权的行使和保全措施。掌握合同的概念和分类;掌握合同的履行和履行规则;掌握合同订立活动中"要约"与"承诺"两个过程中的具体要求;熟练掌握合同的主要条款;能起草合同文本。掌握保证、抵押、质押、留置、定金等担保方式,能根据具体合同确定合适的担保方式;掌握合同解除条件以及合同解除后的财产债务责任;掌握违约责任的含义,能根据违约案例判明违约责任。

本章重点

合同订立过程、合同主要条款、合同的担保方式以及承担违约责任的条件和方式等。

第一节 合同与《合同法》概述

一、合同的概念和法律特征

(一) 合同的概念

合同又称契约,是指平等主体的自然人、法人,其他组织之间设立、变更、终止民事权利义务关系的协议。

(二) 合同的法律特征

(1) 合同是当事人之间自愿达成的协议,是双方或多方的民事法律行为。

（2）合同当事人的法律地位平等。
（3）合同以确立民事上的权利义务关系为目的。

二、合同的分类

合同按照不同的标准，可作如下分类：

1. 有名合同与无名合同

法律、法规规定了具体名称和调整规范的合同是有名合同；无名合同是指法律、法规尚未规定其名称和相应的调整规范的合同。《中华人民共和国合同法》规定了15种有名合同，它们是：①买卖合同；②供用电、水、气、热力合同；③赠与合同；④借款合同；⑤租赁合同；⑥融资租赁合同；⑦承揽合同；⑧建设工程合同；⑨运输合同；⑩技术合同；⑪保管合同；⑫仓储合同；⑬委托合同；⑭行纪合同；⑮居间合同。

2. 诺成合同与实践合同

诺成合同是指双方当事人意思表示一致即告成立的合同，如买卖合同、借款合同等。除双方当事人意思表示一致的，还须交付标的物才能成立的合同，为实践合同，如保管合同、运输合同等。

3. 有偿合同与无偿合同

这是按照当事人权利的获得是否支付代价为标准进行的分类。有偿合同是必须偿付代价才能享有权利的合同，如买卖合同、承揽合同等；无偿合同是不必偿付代价而享有权利的合同，如赠与合同。委托合同、保管合同、借款合同是否属于有偿合同，取决于当事人是否约定了代价，约定了代价为有偿合同，没有约定代价的则为无偿合同。

4. 要式合同与不要式合同

法律、法规要求或当事人约定必须具备特定形式和手续才能成立的合同为要式合同，如房地产买卖合同等。不要式合同是不以特定形式为成立要件的合同。

5. 双务合同与单务合同

双务合同是当事人双方都享有权利并承担义务的合同，如买卖合同、运输合同等；单务合同是指当事人一方只享有权利不承担义务，而另一方只承担义务不享有权利的合同，如赠予合同。

6. 主合同与从合同

这是彼此相对而言的，不需要依赖其他合同而能独立存在的合同为主合同，如承揽合同；需要依赖其他合同（主合同）才能成立的合同为从合同，如保证合同。

三、《合同法》概述

（一）《合同法》的概念及沿革

《合同法》是调整平等主体之间当事人的合同权利义务关系的法律规范的总称。《合同法》是市场经济的基本法律制度。我国实行改革开放以来，先后制定了《经济合同法》《涉外经济合同法》《技术合同法》等三部相关合同的法律。实践证明，这三部合同法针对不同的调整范围，对保护合同当事人的合法权益，维护社会经济秩序，促进国内经济、技术和对外贸易的发展，保障社会主义建设事业的顺利进行，发挥了重要作用。但是随着改革开放的不断深入，经济贸易的不断发展，这三部合同法的一些规定已不能完全适应形势的需要。有些原则性规定不尽一致，某些共性问题不统一。为了解决这些问题，调整在社会主义市场经济中出现的一些新的合同关系，防止在市场交易中利用合同形式搞欺诈，损害国家、集体和他人利益等现象，保障市场经济统一、有序、健康运行。从1993年起，国家立法机关即着手制定一部统一的合同法，经过多方努力工作，终于在1999年3月15日九届全国人大第二次会议通过了《中华人民共和国合同法》（以下简称《合同法》），该法自1999年10月1日起施行，原来的《经济合同法》《涉外经济合同法》《技术合同法》同时废止。

本教材依据《中华人民共和国合同法》《中华人民共和国合同法司法解释（一）》和2009年2月9日通过的《中华人民共和国合同法司法解释（二）》编写而成。

(二)《合同法》的调整范围

(1)《合同法》调整的是平等主体之间的民事权利义务关系。政府的经济管理活动，属于行政管理关系，不是民事关系，不适用《合同法》；企业、单位内部的管理关系，不是平等主体之间的民事权利义务关系，也不适用《合同法》。

(2)《合同法》主要调整企业以及各社会组织之间的经济关系，同时还包括自然人之间的买卖、租赁、借贷、赠与等合同关系。合同法不仅调整国内的合同关系，还调整具有涉外因素的合同关系。

(3) 有关婚姻、收养、监护等身份关系的协议，不适用《合同法》的规定，由其他法律调整。

(4) 对无名合同，也就是《合同法》或其他法律没有明文规定的合同，适用《合同法》总则的规定。

(5) 其他法律对合同另有规定的，依照其规定，但仍适用《合同法》总则的规定。如商标法、专利法、著作权法、保险法、担保法等法律对有关合同的特殊性问题，作了具体规定。

(三)《合同法》的基本原则

《合同法》的基本原则是合同当事人在合同活动中应当遵守的基本准则，也是人民法院、仲裁机构在审理、仲裁纠纷时应当遵循的原则。《合同法》关于合同的订立、效力、履行、违约责任等以及各个分则的内容，都是根据这些基本原则规定的。

1. 平等、自愿原则

合同当事人的法律地位平等，一方不得将自己的意志强加给另一方。

《合同法》规定，平等原则贯穿于合同的全过程，不论订立合同，还是履行合同或承担合同责任时，双方当事人法律地位都是平等的。

自愿原则是指当事人依法享有自愿订立合同的权利，任何单位和个人不得非法干预。

自愿原则也是贯穿合同活动全过程的，包括：是否订立合同自愿；与谁订合同自愿；合同内容由当事人在法律允许的范围内自愿约定；在合同履行过程中，当事人可以协议补充、协议变更有关内容；双方也可以协议解除合同；在发生争议时，当事人可以自愿选择解决争议的方式等。

平等是自愿的前提。如果当事人的法律地位不平等，就谈不上协商一致，更谈不上自愿。当然在自愿的原则下，当事人订立、履行合同，也必须遵守法律、行政法规，尊重社会公德，不得扰乱社会经济秩序，损害社会公共利益。

2. 公平、诚实信用原则

公平、诚实信用原则，要求当事人在订立、履行合同，以及合同终止后的全过程中，都必须心怀善意，要诚实、讲信用，相互协作，不得滥用权利。具体包括：

（1）在订立合同时，应当遵循公平原则确立双方权利和义务，不得欺诈，不得假借订立合同恶意进行磋商或有其他违背诚实信用原则的行为。

（2）在履行合同义务时，当事人应当遵循诚实信用的原则，根据合同的性质提供必要的条件、防止损失扩大和保密等义务。

（3）合同终止后，当事人也应当遵循诚实信用的原则，根据交易习惯履行通知、协助、保密等义务（称为后契约义务）。

（4）根据公平原则确定违约责任。

3. 守法，不得损害社会公共利益原则

合同的订立、履行都必须在法律规定的范围内进行，并不得有损于社会公共利益。合同的订立和履行，属于合同当事人之间的民事权利义务关系，主要涉及当事人的利益，所以，国家一般不干预，由当事人自主约定，采取自愿的原则。但是，合同绝不仅仅只是简单的当事人之间的关系，有时可能涉及社会公共利益，涉及维护经济秩序。因此，自愿原则也不是绝对的，合同当事人必须遵守法律、行政法规，不得损害社会公共利益。

4. 依法成立的合同对当事人具有法律约束力的原则

当事人依法订立合同之后，就应当按照合同的约定履行自己的义务，非依法律规定或者取得对方同意，不得擅自变更或解除；如果不履行合同义务或履行合同义务不符合约定，就要承担违约责任。

第二节 合同的订立

合同的订立是双方当事人依法就和合同的主要条款达成协议的法律行为。

一、订立合同的主体及其资格

依照《合同法》第二条规定，自然人、法人、其他组织都可以成为合同的主体，但是必须具备合同主体资格。《合同法》第九条规定："当事人订立合同，应当具有相应的民事权利能力和民事行为能力。""当事人依法可以委托代理人订立合同。"

（一）自然人

自然人是经济法律关系的主体之一，作为合同主体的自然人，必须具有相应的民事权利能力和民事行为能力。依《合同法》规定，完全民事行为能力人可独立订立合同，限制民事行为能力人可订立与其年龄、智力状况相适应的合同，无民事行为能力人不具备订立合同的主体资格，但可以订立纯获利益的合同。

> **小资料**
>
> 我国《民法通则》将自然人分为三类：一是完全民事行为能力人，一般指18周岁以上的公民是为成年人，16周岁以上不满18周岁的公民，以自己的劳动收入为主要生活来源的，也视为完全民事行为能力人。二是限制民事行为能力人，10周岁以上的未

成年人是限制民事行为能力人,可以进行与他的年龄、智力相适应的民事活动;三是无民事行为能力人,不满10周岁的未成年人和不能辨认自己行为的精神病人是无民事行为能力人。

(二) 法人

法人是指依法成立的,具有民事权利能力和民事行为能力,独立享有民事权利和承担民事义务组织。法人自成立之日起即具有订立合同的主体资格。但法人的工作或经营范围有所不同,其权利能力的具体内容也会有所区别,因此,要求法人应在工作或经营业务允许的范围内订立合同。

(三) 其他组织

其他组织的范围很广,是指除了自然人和法人以外的,具有订立合同主体资格的单位或组织,如个体经营户、个人独资企业、合伙企业等,一经取得营业执照就享有订立合同的资格,可以成为合同的主体。

(四) 委托代理人

由于社会经济生活的复杂和交往的频繁,当事人往往不能或不便亲自订立每一项合同,在此情况下,当事人和受委托人之间即产生一种委托代理关系。

代理人为被代理人订立合同,必须具备以下条件:①必须取得授权委托书;②必须依据授权范围订立;③必须以被代理人名义订立。

> **链接**
>
> 关于"法人和法人制度"请同学们复习第二章《经济法律关系》第一节的相关内容。
>
> 关于"委托代理人"请同学们复习第二章第四节《经济代理行为》。

二、合同的形式

合同的形式是指订立合同的当事人所达成的协议的表现形式。《合同法》规定,当事人订立合同可以有三种形式:书面形式、口头形式和其他形式。

(一) 书面形式

书面形式是指合同书、信件和数据电文(包括电报、电传、传真、电子数据交换和电子邮件)等可以有形地表现所载内容的形式。

《合同法》规定,法律、行政法规规定采用书面形式的,应当采用书面形式。当事人约定采用书面形式的,应当采用书面形式。书面形式虽没有口头形式迅速、简便,但由于有据可查,有利于保障交易安全、减少纠纷,发生纠纷时也易于分清责任。实践中,书面形式是当事人最为普遍采用的一种合同约定形式。

(二) 口头形式

口头形式的合同,是指当事人各方就合同内容达成一致的口头协议。口头合同比较简便、迅速,缺点是发生纠纷时难以取证和举证,不易分清责任。所以对于不能即时清结的和较重要的合同不宜采用口头形式。

（三）其他形式

除了书面和口头形式，合同还可以其他形式成立，如推定形式，即当事人不直接用书面或口头方式进行意识表示，而是通过实施某种行为进行意识表示。例如房屋租赁合同期满后，承租人未表示退房而继续交房租，出租人仍接受租金，根据双方当事人的行为可推定租赁合同继续有效。

三、合同的内容

合同的内容就是当事人之间就设立、变更或者终止权利、义务关系所表示一致的意思，通常称为合同的条款。合同条款直接明确了当事人双方的合同权利和合同义务。依照《合同法》第十二条的规定，当事人约定的合同的内容，一般包括以下条款：

（一）当事人的名称或姓名和住所

这是每一个合同必须具备的条款、当事人是合同法律关系的主体，合同中如果不写明当事人，就无法确定权利的享受者和义务的承担者，因此，订立合同，不仅要把应当规定的当事人都规定到合同中去，而且要把各方当事人名称或姓名和住所都记载准确、清楚。

（二）标的

标的是合同当事人双方权利和义务所共同指向的对象。标的是合同成立的必要条件，是一切合同的必备条款。没有标的，合同关系无法建立。

标的种类有物和行为两大类。所谓物，是指为人类所能控制并能满足人们一定需要、有一定经济价值的物质客体。所谓行为，是指人的活动。具体说，合同标的可分为四种：

（1）有形财产，指具有价值和使用价值并且法律允许流通的有形物，如生产资料与生活资料、货币与有价证券等。

（2）无形财产，指具有价值和使用价值并且法律允许流通的不以实物形态存在的智力成果，如商标、专利、著作权、技术秘密等。

（3）劳务，指不以有形财产体现其成果的劳动与服务，如运输、保管、行纪、居间等行为。

（4）工作成果，指在合同履行过程中产生的；体现履约行为的有形物质或无形物，如承揽合同中承揽人完成的工作成果、建设工程合同中承包人完成的建设工程、技术合同中研究开发人完成的研究开发成果等。

合同对标的的规定应当清楚明白、准确无误。对于名称、型号、规格、品种、等级、花色等都应规定得细致、准确、清楚、防止差错。特别对于不易确定的无形财产、劳务、工作成果等更要尽可能地描述准确，明白。

（三）数量

数量是衡量合同当事人权利大小的尺度，是标的在量上的限度，是以数字和计量单位来衡量的。以物为标的的合同，其数量主要表现为一定的长度、体积或重量；以行为为标的的合同，其数量主要表现为一定的工作量；以智力成果为标的的合同，其数量主要表现为智力成果的多少和价值。

（四）质量

质量是标的的具体特征，是标的的内在素质和外观形态的综合，如商品的品种，型号，规格、等级和工程项目的标准等。合同中必须对质量明确加以规定。国家有强制性标准规定的，必须按照规定的标准执行。如有多种质量标准的，应尽可能约定其适用的标准。当事人可以约定质量检验的方法、质量责任的期限和条件、对质量提出异议的条件与期限等。

（五）价款或报酬

价款或报酬，是指一方当事人向对方当事人所付代价的货币表现。价款一般指对提供财产的当事人支付的货币，如买卖合同的货款、租赁合同的租金、借款合同中借款人向贷款人支付的本金和利息等。报酬一般指对提供劳务或工作成果的当事人支付的货币。如保管合同中的保管费，仓储合同中的仓储费，运输合同中的票款或运费，建设工程合同中的勘察费、设计费和工程款等。作为主要条款，在合同中应当明确规定价款或报酬的数额，计算标准等。

（六）履行期限，地点和方式

履行期限，是指合同中规定的一方当事人向对方当事人履行义务的时间界限。它是衡量合同能否按时履行的标准。

履行地点，是指合同规定的当事人履行合同义务和对方当事人接受履行的地点。履行地点关系到履行合同的费用，风险由谁来承担，有时还是确定所有权是否转移，何时转移的依据。

履行方式，是指合同当事人履行合同义务的具体做法。不同种类的合同，有着不同的履行方式。有的需要以转移一定财产的方式履行，如买卖合同；有的需要以提供某种的方式履行，如运输合同，有的需要以交付一定工作成果的方式履行，如承揽合同等。履行方式还包括价款或报酬的支付方式，结算方式等。

（七）违约责任

违约责任，是指合同当事人一方或者双方不履行合同义务或者履行合同义务不符合约定的，按照法律或合同的规定应当承担的法律责任。违约责任是合同具有的法律约束力的重要体现，在合同中非常重要，一般有关合同的法律对于违约责任都尽量作出较多详尽的规定。但法律的规定是原则性的，不可能面面俱到，因此，当事人为了保证合同义务严格按照约定履行，及时地解决合同纠纷，可以在合同中明确规定违约责任条款，如约定定金或违约金，约定赔偿金额以及赔偿的计算方法等。

（八）解决争议的方法

解决争议的方法指合同当事人对合同的履行发生争议时解决的途径和方式。可以选择的解决争议的方法主要有：当事人协商和解；第三人调解；仲裁，诉讼。解决争议的方法的选择对于纠纷发生后当事人利益的保护是非常重要的，应慎重对待。如果想通过诉讼解决争议，可以不进行约定，但要通过其他途径解决则要经过事先或事后约定。若选择使用仲裁解决，还要明确选择的是哪一个仲裁机构，否则将无法确定仲裁条款的效力。

四、合同订立的程序

《合同法》第十三条规定，"当事人订立合同，采取要约，承诺方式"。依照这一规定，当事人订立合同要经过要约和承诺这一过程。

（一）要约

1. 要约的概念

要约是希望和他人订立合同的意思表示。发出要约的当事人称为要约人，要约所指向的对方当事人则称为受要约人。要约在不同情况下又可称为发盘、出盘、发价、出价或报价等。

2. 要约应具备以下条件

（1）内容具体确定。要约作为希望与他人订立合同的意思表示，其目的在于唤起受要约人对要约作出承诺，从而双方签订合同。因此要约的内容必须具体明确，要包含要约人所希望订立合同的基本条款。

（2）表明经受要约人承诺，要约人受该意思表示约束。

要约是一种法律行为，要约人受到要约的约束，当要约已达受要约人后，在要约的有效期限内，要约人不得擅自撤回要约或变更要约内容，也就是说，如对方接受要约，合同即告成立。

3. 要约邀请

要约邀请是希望他人向自己发出要约的意思表示。要约邀请与要约不同，实践中要注意区别。要约是以订立合同为目的的法律行为，一经发出就会产生一定的法律效果；要约邀请的目的则是让他人向自己发出要约，本身不具有意义，不受所发邀请的约束。要约内容要明确具体，要约邀请的内容则不受此约束。寄送的价目表、拍卖公告、招标公告、招股说明书等都是要约邀请。商业广告，视其内容确定是要约还是要约邀请，若内容符合要约规定条件的，则视为要约，否则为要约邀请。

4. 要约的生效时间

要约到达受要约人时生效。口头形式的要约，应自受要约人了解要约时开始生效；一般书面形式的要约则自该书面形式的要约文件到达受要约人处生效；采用数据电文形式订立合同，收件人指定特定系统接收数据电文的，该数据电文进入该特定系统的时间，视为到达时间，未指定特定系统的，该数据电文进入收件人的任何系统的首次时间，视为到达时间。要求注意的是，要约到达受要约人，并不是指要约一定实际达到受要约人或其代理人手中，要约只要送达到受要约人通常的地址、住所或能控制的地方（如信箱等）即为送达。

5. 要约的撤回和撤销

要约撤回是指要约人在要约生效前取消要约的行为；要约的撤销是指要约人在要约生效后取消要约的行为。法律规定要约可以撤回，但撤回要约的通知应当在要约到达受要约人之前或与要约同时到达受要约人。要约可以撤销要约。但撤销要约的通知应当在受要约人发出承诺通知之前到达受要约人。由于撤销要约可能会给受要约人带来不利的影响，损害受要约人的利益，法律规定了两种不得撤销要约的情形：

（1）要约人确定了承诺期限或者以其他形式明示要约不可撤销。

（2）受要约人有理由认为要约是不可撤销的，并已经为履行合同作了准备工作。

6. 要约失效

要约的失效是指生效的要约，因出现法定事由而丧失法律效力的情况。有下列情形之一的要约失效：

（1）拒绝要约的通知到达要约人。拒绝要约只能由特定的受要约人作出，而对于受要约人不特定的要约，如构成要约的商业广告，就不因某个人的拒绝而失效。

（2）要约人依法撤销要约。

（3）承诺期限届满，受要约人未作出承诺。

（4）受要约人对要约的内容作出实质性变更。

 **想一想**

想一想两对相关概念的区别：
"要约"与"要约邀请"；
"要约撤回"与"要约撤销"。

（二）承诺

1. 承诺的概念

承诺是受要约人同意要约的意思表示。承诺生效时合同成立。

2. 承诺的条件

承诺应当具备以下条件：第一，必须由受要约人作出。如由代理人作出承诺，则代理人须有合法的委托手续。第二，必须向要约人作出。第三，承诺的内容应当和要约的内容一致。第四，必须在规定的期限内作出。不符合上述条件的，不能认为是承诺。

3. 承诺的方式

承诺的方式是指受要约人将其承诺的意思表示传达给要约人所采用的方式。《合同法》规定，承诺应当以通知的方式作出，但根据交易习惯或要约表明可以通过行为作出承诺的除外。依此规定，承诺既可以通知的方式作出，也可以行为作出。需要指出的是：此行为应当是积极的作为行为，而不包括消极不作为行为。

4. 承诺的法律效力

承诺的法律效力表现在承诺生效合同成立。承诺通知到达要约人时生效。承诺不需要通知的，根据交易习惯或要约的要求作出承诺的行为时生效。受要约人超过承诺期限发出承诺的，除要约人及时通知该承诺有效的以外，为新要约。受要约人在承诺期限内发出承诺，按照通常情形能够及时到达要约人，但因其他原因承诺到达要约人时超过承诺期限的，除要约人及时通知受要约人因承诺超过期限不接受该承诺的以外，该承诺有效。

承诺也可以撤回。撤回承诺的通知应当在通知到达要约人之前或与承诺通知同时到达要约人。

五、合同成立的时间，地点

一般合同谈判的过程，就是要约、新要约、更新的要约，再要约直到承诺的过程。承诺生效时合同成立，但当事人采用合同书面形式订立合同的，自双方当事人签字或盖章时合同成立。当事人采用信件，数据电文等形式订立合同的，可以在合同成立之前要求签订确认书，签订确认书时合同成立。法律、行政法规规定或当事人约定采用书面形式订立合同，当事人未采用书面形式但一方已经履行主要义务，对方接受时，该合同成立。

承诺生效的地点为合同成立的地点。采用数据电文形式订立合同的，收件人的主营业地合同成立的地点，没有主营业地的，其经常居住地为合同成立的地点，当事人另有约定的，按照其约定。当事人采用合同书形式订立合同的，双方当事人签字或盖章的地点为合同成立的地点。

六、缔约过失责任

缔约过失责任，是指当事人在订立合同过程中，因违背诚实信用原则给对方造成损失时所应承担的法律责任。一般情况下，当事人根据自愿和诚实信用原则进行协商，决定是否订立合同。协商不成，也无需承担责任。但是如果当事人违背了诚实信用原则，给对方造成损失，就应当承担损害赔偿责任。

合同法对缔约过失规定了三种情况：
（1）假借订立合同，恶意进行磋商；
（2）故意隐瞒与订立合同有关的重要事实或提供虚假情况；
（3）有其他违背诚实信用原则的行为。

合同法还对当事人保密义务作出规定：当事人在订立合同过程中知悉的商业秘密，无论合同是否成立，不得泄露或者不正当地使用。泄露或者不正当地使用秘密，不仅仅是《合同法》的要求，其他法律如《反不正当竞争法》等也有规定。违反法律规定泄露或不正当使用商业秘密，不仅仅限于承担民事赔偿责任，还有可能承担行政责任甚至刑事责任。

第三节 合同的效力

合同的效力是指合同是否有效。有效合同对当事人具有法律约束力，国家法律予以保护；无效合同不具有法律约束力。《合同法》对合同的效力规定了四种情况：

一、有效合同

依法成立的合同，自成立时生效。但法律法规规定应当办理批准或登记手续的，只有在批准或登记手续办理完毕时，该合同生效。

当事人对合同的效力可以约定附条件。附生效条件的合同，自条件成就时生效。附解除条件的合同，自条件成就时失效。当事人为自己的利益不正当地阻止条件成就的，视为条件已成就，不正当地促成条件成就的，视为条件不成就。

当事人在订立合同时约定了合同生效期限的，自期限届至时生效。附终止期限的合同，自期限届满时失效。

二、无效合同

（一）无效合同的概念和特征

无效合同，是指因违反法律，法规要求，国家不予承认和保护的，不发生法律效力的合同。无效合同自始无效。无效合同具有以下特征：

（1）违法性。凡无效合同都具有违法性，即违反法律的强制性规定和社会公共利益。
（2）履行的非必要性。无效合同由于具有违法性、当事人不得依据合同实际履行，也不承担不履行合同的违约责任。如果允许履行，则意味着允许当事人实施不法行为。
（3）无效合同自始无效。无效合同因违反法律，国家不予承认和保护。合同一经确认无效，即产生溯及力，使合同从订立之时起就没有法律约束力。已经履行的应当通过返还财产、赔偿损失等方式，使当事人的财产恢复到合同订立前的状态。

（二）无效合同的种类

根据《合同法》第五十二条规定，下列合同无效：

（1）一方以欺诈，胁迫的手段订立合同，损害国家利益；

（2）恶意串通，损害国家，集体或第三人利益；

（3）以合法形式掩盖非法目的；

（4）损害社会公共利益；

（5）违反法律，行政法规的强制性规定。

（三）合同中免责条款的无效

在当事人所订立的合同中，常常会出现一些约定的免责条款。对于这类条款，我国《合同法》作了限制性的规定，合同中的下列条款无效：

（1）造成对方人身伤害的；

（2）因故意或重大过失造成对方财产损失的。

三、可撤销合同

可撤销合同，是指因合同当事人订立合同时意思表示不真实，通过有撤销权的当事人行使撤销权，可使已经生效的合同变更或归于无效的合同。

有撤销权的当事人是指有权请求人民法院或仲裁机构变更或撤销合同的当事人。对于因重大误解订立的合同和在订立时显失公平的合同，当事人任何一方均有权请求变更或者撤销合同，主要是误解方或受害方行使请求权，对于一方以欺诈、胁迫的手段或乘人之危，使对方在违背真实意思的情况下订立的合同，则只有受损害方当事人才可以行使请求权。

当事人请求变更合同的，人民法院或仲裁机构不得撤销。

但撤销权的行使是有时间限制的。有下列情形之一的，撤销权消灭：一是具有撤销权的当事人自知道或应当知道撤销事由之日起一年内没有行使撤销权；二是具有撤销权的当事人知道撤销事由后明确表示或以自己的行为放弃撤销权。

被撤销的合同，同无效合同一样，自始没有法律约束力。对因该合同取得的财产，当事人应承担三种形式的民事责任：

（1）返还财产，合同被撤销，就意味着双方当事人之间没有任何合同关系存在，那么就应该让双方当事人的财产状况恢复到没订立合同时的状态，取得财产的一方应当将财产返还对方。

（2）折价补偿是在财产不能返还或者没有必要返还的情况下对对方当事人的经济补偿办法。

（3）赔偿损失。有过错的一方应当赔偿对方因此所受到的损失，双方都有过错的，应当各自承担相应的责任。承担相应的责任的含义是，当事人各方按责任主次、轻重，分别承担经济损失中与其责任相应的份额；不是各自承担自己的损失，也不是平均分担损失。

当事人恶意串通，利用合同形式损害国家、集体或者第三人利益的，应追缴当事人已经取得或约定取得的财产，收归国家所有或返还第三人情节严重的，追究有关人员的刑事责任。

四、效力待定合同

(一) 效力待定合同的概念和特征

效力待定合同,是指已经成立的合同,因不符合有关生效要件的规定,其效力是否发生尚未确定,而有待于其他行为使之确定的合同。效力待定合同具有以下特征:

(1) 效力待定的合同,其效力处于未确定状态。不确定的原因在于该合同基本符合合同生效要件的规定,但因应有一些欠缺,所以既不属于无效合同,也不属于可撤销的合同。其效力处于有效和无效之间。

(2) 效力待定的合同,其结果取决于合同当事人及第三人的补正行为。承认该合同,合同即为有效;拒绝承认,合同则归于无效。从而有利于促成更多的交易和维护相对人的利益。

想一想

根据所学过的知识,请同学们举一个实际例子来说明什么样的合同是"效力待定合同"?

(二) 效力待定合同的种类

1. 限制民事行为能力人订立的合同

限制民事行为能力人订立的合同,经法定代理人追认后,该合同有效,但如果是获纯利益的合同或者是与其年龄、智力、精神健康相适应而订立的合同,不必经法定代理人追认,合同当然有效。相对人也可以催告法定代理人在 1 个月内予以追认。法定代理人未作表示的,视为拒绝追认。合同被追认之前;善意相对人有撤销的权利。撤销应当以通知的方式作出。所谓"善意",这里是指合同的相对人在签订合同时并不知道或也不可能知道对方当事人是限制民事行为能力人。

2. 因无权代理订立的合同

行为人没有代理权,超越代理权或代理权终止后以被代理人名义订立的合同,未经被代理人追认,对被代理人不发生效力,由行为人承担责任。相对人可以催告被代理人在一个月内予以追认。被代理人未作表示的,视为拒绝追认。合同被追认之前,善意相对人有撤销的权利。撤销应当以通知的方式作出。行为人没有代理权,超越代理权或代理权终止后以被代理人名义订立合同,相对人有理由相信行为人有代理权的,该代理行为有效。法人或其他组织的法定代表人,负责人超越权限订立的合同,除相对人知道或应当知道其超越权限的以外,该代理行为有效。

3. 无处分权人订立的合同

无处分权人处分他人财产的,经权利人追认或者无处分权的人订立合同后取得处分权的,该合同有效。

第四节 合同的履行

合同的履行是指合同的双方当事人正确、适当地完成合同中规定的双方应当承担的义务的行为。合同履行的前提必须是在合同有效成立并生效的情况下，当事人才应当履行合同。

一、合同履行的原则

合同履行的原则是当事人在履行合同过程中应当遵循的基本准则，包括：

1. 实际履行原则

实际履行原则是指当事人要按照合同规定的标的来履行义务，不能用其他标的代替；一方违约时也不能向对方偿付违约金，赔偿金代替其履行，对方要求继续履行时，应继续履行。

2. 适当履行原则

适当履行原则又称为全面履行原则或正确履行原则，是指合同当事人按照合同约定的标的以及质量、数量，由适当的主体在适当的履行期限、地点，以适当的方式全面完成合同中约定的义务。

3. 协作履行的原则

协作履行是指合同当事人履行合同义务时应给予对方必要的履行协作。主要包括以下内容：

（1）债务人履行债务，债权人应及时适当地受领。

（2）合同一方当事人因故不能履行合同时，应当及时通知对方，采取积极的措施，以避免损失的产生和扩大。对方也应及时采取措施避免和减少自己的损失，否则应对扩大的损失自行承担责任。

（3）在履行过程中发生争议，应及时协商解决，主动承担责任。

二、合同履行的规则

（一）当事人就有关合同内容约定不明确时的确定规则

合同生效后，当事人就质量、价款或报酬、履行地点等内容没有约定或约定不明确的，可以协议补充，不能达成补充协议时，按照合同有关条款或者交易习惯确定。仍不能确定的，适用下列规定：

（1）质量要求不明确的，按照国家标准、行业标准履行；没有国家标准、行业标准的，按照通常标准或者符合合同目的的特定标准履行。

（2）价款或者报酬不明确的，按照订立合同时履行地的市场价格履行；依法应当执行政府定价或者政府指导价的，按照规定履行。

（3）履行地点不明确，给付货币的，在接受货币一方所在地履行；交付不动产的，在不动产所在地履行，其他标的，在履行义务一方所在地履行。

（4）履行期限不明确，债务人可以随时履行，债权人也可以随时要求履行，但应当给对方必要的准备时间。

（5）履行方式不明确的，按照有利于实现合同目的的方式履行。

（6）履行费用的负担不明确的，由履行义务一方负担。

（二）执行政府定价或者政府指导价的合同的价格履行规则

执行政府定价或政府指导价的，在合同约定的交付期限内政府价格调整时，按照交付时的价格计价。逾期交付标的物的，遇价格上涨时，按照原价格执行，价格下降时，按照新价格执行。逾期提取标的物或逾期付款的，遇价格上涨时，按照新价格执行，价格下降时，按照原价格执行。

 想一想

请同学们考虑：《合同法》的上述规定具有什么意义？这项规定保护了哪一方的利益？

三、双务合同履行中的抗辩权

双务合同履行中的抗辩权，是指一方当事人依法具有的对抗对方当事人的履行请求，暂时拒绝履行其合同债务的权利。根据《合同法》的规定，双务合同的当事人依法享有以下抗辩权：

（一）同时履行抗辩权

同时履行抗辩权是指当事人互负债务，没有先后履行顺序，应当同时履行，一方在对方履行之前有权拒绝其履行要求；一方在对方履行债务不符合的约定时，有权拒绝其相应的履行要求。同时履行抗辩权的行使，需具备以下条件：

（1）需基于同一双务合同。双方当事人因同一合同互负债务，在履行上存在关联性，形成对价关系。这是同时履行抗辩权成立的前提条件，单务合同只有一方履行义务，无法发生抗辩权。

（2）根据合同约定或合同性质要求当事人同时履行合同义务。同时履行，是指合同订立后，在合同期限内，双方当事人应不分先后地履行各自的义务。

（3）双方债务已届清偿期。当事人行使抗辩权必须双方债务都已到清偿期限，否则不能行使抗辩权。

（4）一方当事人有证据证明应同时履行义务的对方当事人未履行或未适当履行合同。同时履行抗辩权只是暂时阻止对方当事人请求权的行使，非永久的抗辩权，当对方当事人履行了合同义务，同时履行抗辩权即消灭，主张抗辩权的当事人就应当履行自己的义务。

（二）后履行抗辩权

后履行抗辩权是指，合同当事人互负债务，有先后履行顺序，先履行一方未履行的，后履行一方有权拒绝其履行要求。先履行一方履行债务不符合约定的，后履行一方有权拒绝其相应的履行要求。后履行抗辩权的行使须有四个条件：

（1）需基于同一双务合同。

（2）该合同需由一方当事人先履行。

(3) 应当先履行的当事人不履行合同或不适当履行合同。
(4) 后履行抗辩权的行使人是履行义务顺序在后的一方当事人。

（三）不安抗辩权

不安抗辩权，又称先履行抗辩权，是指双务合同成立后，应当先履行债务的当事人，有确切证据证明对方不履行债务或者不能履行债务的可能时，在对方没有履行或没有提供担保之前，有权中止履行合同义务。

所以称为"不安抗辩"，其意思很明确，作为当先履行债务的当事人，如果有确切证据证明对方存在不履行债务或者不能履行债务的可能，而自己按合同的规定又必须先履行债务，则履行人必定内心忐忑不安，因而把这种抗辩称为不安抗辩。

不安抗辩权行使的条件也需基于同一双务合同，但它是由应先履行债务一方的当事人行使，规定不安抗辩权是为了切实保护当事人的合法权益，防止借合同进行欺诈，促使对方履行义务。但是对不安抗辩权要严格加以限制，必须依法行使，不能滥用。《合同法》规定，应当先履行债务的当事人，有确切证据证明对方有下列情形之一的，可以中止履行：

(1) 经营状况严重恶化；
(2) 转移财产，抽逃资金，以逃避债务；
(3) 丧失商业信誉；
(4) 有丧失或者可能丧失履行债务能力的其他情形；

从上述规定可以看出，行使不安抗辩权的对方将要发生的不是一般违约，而是丧失或者可能丧失履行债务的能力，也就是可能发生根本违约，而且必须有确切证据才能行使不安抗辩权。当事人没有确切证据中止履行的，应当承担违约责任。行使不安抗辩权要及时通知对方。当对方提供适当担保时，应当恢复履行。对方在合理期限内未恢复履行能力并且提供适当担保时，中止履行的一方可以解除合同。

四、合同的保全措施

为防止因债务人的财产不当减少而给债权人的债权带来危害，法律允许债权人为保全其债权的实现而采取的法律措施，称为合同的保全措施。保全措施包括代位权和撤销权两种。

（一）代位权

代位权是指因债务人怠于行使其到期债权，对债权人造成损害，债权人可以向人民法院请求以自己的名义代位行使债务人的债权。代位权的行使须有四个条件：

(1) 债务人与债权人的合同关系已到期，债务人已陷于迟延履行；
(2) 债务人对第三人有到期债权，并且是非专属于债务人自身的权利；
(3) 债务人怠于行使其债权；
(4) 因债务人怠于行使自己的债权，损害到对债权人履行债务。

代位权的行使范围以债权人的债权为限。债权人行使代位权的必要费用，由债务人负担。

（二）撤销权

撤销权是指债权人对于债务人所为的危害债权人的行为，请求人民法院予以撤销的权利。引起撤销权发生的要件是债务人有损害债权人的行为发生，包括放弃到期债权、无偿转让财产或者以明显不合理的低价转让财产。无偿行为不论第三人善意、恶意取得，均可撤销；有偿转让行为，以第三人的恶意取得为要件，若第三人主观上无恶意，则不能撤销其善意取得的行为。

撤销权的时效。撤销权自债权人知道或应当知道撤销事由之日起1年内行使,自债务人的行为发生之日起5年内没有行使撤销权的,该撤销权消灭。

第五节　合同的担保

一、合同担保的概念与特征

合同的担保是促使债务人履行其债务,保障债权人的债权得以实现的法律措施。1995年6月30日第八届全国人民代表大会常务委员会第十四次会议通过了《担保法》,规定在借贷、买卖、货物运输、加工承揽等经济活动中,债权人需要以担保方式保障其债权实现的,可以设定保证、抵押、质押、留置和定金5种方式的担保。担保具有以下特征:

1. 从属性

合同担保的从属性是指担保合同是从属于被担保的合同的,被担保的合同是主合同,担保合同是从合同。主合同无效,担保合同无效;主合同变更、消灭,担保合同随之变更、消灭。

2. 自愿性

除了留置等法律特别规定的担保方式外,担保是由当事人以合同形式自愿设立的。是否设立担保,采用什么形式担保,由当事人按照《担保法》的规定协商,他人不加干涉。

3. 条件性

在一般情况下,担保义务的履行要以债务人没有履行或者没有适当履行主债务为前提,即只有在主债务没有履行或没能适当履行的条件下,担保人才开始履行担保义务。

二、担保的主要方式

(一) 保证

1. 保证和保证人

保证是指第三人为债务人的债务履行作担保,由保证人和债权人约定,当债务人不履行债务时,保证人按照约定履行债务或者承担责任的行为。按照《担保法》的规定,具有代为清偿债务能力的法人,其他组织或公民,可以作为保证人。国家机关、学校、幼儿园、医院等以公益为目的的事业单位,社会团体、企业法人的分支机构、职能部门,不得作保证人。但是,在经国务院批准为使用外国政府或者国际经济组织贷款进行转贷的情况下,国家机关可以作保证人,企业法人的分支机构有法人书面授权的,可以在授权范围内提供保证。

2. 保证方式

保证有一般保证和连带责任保证两种方式。

一般保证是指当事人在保证合同中约定,债务人不能履行债务时,由保证人承担保证责任。一般保证中的保证人享有先诉抗辩权,即当债权人向保证人请求履行保证债务时,保证人在主合同纠纷未经审判或者仲裁,并就债务人财产依法强制执行仍不能履行债务前,对债权人享有拒绝承担保证责任的权利。连带责任保证是指当事人在保证合同中约定保证人与债务人对债务承担连带责任的保证。连带责任保证的债务人在主合同规定的债务履行期届满没有履行债务的，债权人既可以要求债务人履行债务，也可以要求保证人在保证范围内承担保证责任。可见，连带责任保证之保证人不享有先诉抗辩权。

如果当事人在保证合同中对保证方式没有约定或约定不明确的，按照连带责任保证承担保证责任。

> **链接**
> 关于"连带责任"请同学们结合第五章中的《合伙企业法》中合伙人的连带责任去理解。

3. 保证责任

保证责任是指当债务人（即被保证人）届期不履行债务时，保证人依合同的约定或法律规定所承担的代为履行或代为赔偿损失的义务。保证责任的范围包括主债权和利息、违约金、损害赔偿金和实现债权的费用。保证人承担保证责任后，有权向债务人追偿。

（二）抵押

1. 抵押的概念

抵押是指债务人或者第三者不转移对其确定的财产的占有，而将该财产作为债权的担保，债务人不履行债务时，债权人有权依照法律规定，以该财产折价或拍卖、变卖该财产的价款优先受偿。在抵押法律关系中，提供特定担保财产的债务人或第三人称抵押人，接受抵押担保财产的债权人为抵押权人，提供担保的财产为抵押物。

2. 抵押物

抵押物是指用于抵押的财产。作为抵押的财产，它必须具备以下条件：第一，抵押财产应具有流通性；第二，抵押财产必须是抵押人有权处分的财产；第三，抵押财产的价值应大于或等于其所担保的债权。

根据《担保法》的规定，可以用于抵押的财产有：

（1）抵押人所有的房屋和其他地上定着物；

（2）抵押人所有的机器、交通运输工具和其他财产；

（3）抵押人依法有权处分的国有土地使用权、房屋和其他地上定着物；

（4）抵押人依法有权处分的国有的机器、交通运输工具和其他财产；

（5）抵押人依法承包并经发包方同意抵押的荒山、荒沟、荒丘、荒滩等荒地的土地使用权；

（6）依法可以抵押的其他财产。

但是，下列财产不得抵押：①土地所有权；②耕地、宅基地、自留地、自留山等集体所有的土地使用权；③学校、幼儿园、医院等公益为目的事业单位、社会团体的教育设施、医疗卫生设施和其他社会公益设施；④所有权，使用权不明或者有争议的财产；⑤依法被查封、扣押、监管的财产；⑥依法不得抵押的其他财产。

3. 抵押的设立

设立抵押担保应以书面形式订立抵押合同，并依法办理抵押物登记手续，抵押合同自抵押物登记之日起生效。

(三) 质押

1. 质押的概念

质押是指债务人或者第三人将财产或权利移交给债权人占有,当债务人不履行债务时,债权人有权依法以该财产折价或者以拍卖、变卖该财产的价款优先受偿。

2. 质押的形式

质押包括动产质押和权利质押。动产质押是指债务人或者第三人将其动产移交债权人占有,将该动产作为债权的担保。当债务人不履行债务时,债权人有权依照法律规定,以该动产折价或以拍卖、变卖该动产的价款优先受偿。该债务人或者第三人为出质人,债权人为质权人,移交的动产为质物。权利质押是以汇票、支票、本票、债券、存款单、仓单、提单、依法可以转让的股份、股票、依法可以转让的商标专用权、专利权、著作权中的财产权,依法可以质押的其他权利等作为质权标的担保。

3. 质押担保的设立

主要有以下两种情况:

(1) 动产质押的设立。首先应该以书面形式订立质押合同。其次应将质物移交给债权人占有。动产质押合同自质物移交给债权人时生效。

(2) 权利质押的设立。首先应订立书面质押合同。其次应移交权利凭证或者办理登记手续。以票据质押的,应按约定将权利凭证交付给债权人,质押合同自权利凭证交付之日起生效;以依法可转让的股票质押的,应向证券登记机构办理出质登记,质押合同自登记之日起生效。

(四) 留置

留置是指依照法律规定,债权人按照合同约定占有债务人的动产,债务人不按照合同约定的期限履行债务的,债权人有权依照法律规定留置该财产,以该财产折价或者以拍卖、变卖该财产的价款优先受偿。因保管合同、运输合同、承揽合同以及法律规定可以留置的其他合同发生的债务人不履行债务的,债权人有留置权。留置担保的范围包括主债权及利息、违约金、损害赔偿金、留置物保管费用和实现留置权的费用。

(五) 定金

定金是指合同当事人约定一方向对方给付一定数额的作为债权的担保。债务人履行债务后,定金抵作价款或收回。给付定金的一方不履行约定的债务的,无权要求返还定金;收受定金的一方不履行约定的债务的,应当双倍返还定金。定金应当以书面形式约定。当事人在定金合同中应当约定交付定金的期限。定金合同从实际支付定金之日起生效。定金的数额,由当事人约定,但不得超过主合同标的额的20%。

第六节 合同的变更与转让

一、合同的变更

(一) 合同变更的概念与形式

合同的变更是指合同成立后、履行完毕之前,当事人依法对合同内容所作的修改。合同的变更有协议变更和依法变更两种。协议变更，是指在合同当事人协商一致基础上对原合同的内容所进行的修改。《合同法》第七十七条规定，当事人协商一致，可以变更合同。法律，行政法规规定变更合同应当办理批准、登记手续的，应当依照规定办理有手续。依法变更，是指依法律规定，当出现某些情形时，当事人有权请求人民法院或仲裁机构变更合同。根据《合同法》第五十四条规定，下列合同当事人一方有权请求人民法院或仲裁机构变更合同：

（1）因重大误解订立的合同；

（2）在订立合同时显失公平；

（3）一方以欺诈、胁迫的手段或者乘人之危，使对方在违背真实意思的情况下订立的合同。

（二）对合同变更的内容约定不明确的处理

在合同当事人以协商的形式变更合同的情况下，如果对合同变更的内容约定不明确的，则推定为合同未变更，当事人仍应当依照原合同的约定履行各自的义务。

二、合同的转让

合同的转让，是指合同当事人一方将其合同的权利和义务全部或部分转让给第三人的法律行为。合同的转让，可以分为：权利的转让、义务的转让和权利义务全部转让三种。

（一）合同权利的转让

合同权利的转让，是指不改变合同的内容，由债权人将合同权利的全部或者部分转让给第三人的行为。债权人转让权利，不需要经债务人同意，但应当通知债务人，未经通知，该转让对债务人不发生效力。

（二）合同义务的转让

合同义务的转让，是指经债权人同意，债务人将合同的义务全部或部分转让给第三人的行为。正如债权人可以全部或部分转让权利一样，债务人也可以将合同的义务全部或部分转让给第三人。转让合同义务也是法律赋予债务人的一项权利，但是，债权人和债务人的合同关系是建立在相互了解的基础上，在订立合同同时，债权人一般要对债务人的资信情况和偿还能力进行调查了解，而对于取代债务人或加入到债务人中的第三人的资信情况及履行债务的能力，债权人不可能完全清楚。这样，如果债务人不经债权人的同意就将债务转让给了第三人，对于债权人显然是不公平的，不利于保障债权人合法利益的实现。所以《合同法》规定，债务人将合同的义务全部或部分转让给第三人的，应当经债权人的同意。

（三）合同权利义务的全部转让

合同权利义务的全部转让，是指当事人一方，将自己在合同中的权利和义务全部转让给第三人的行为。但是，根据合同性质，按照当事人约定或依照法律规定不得转让的除外。

对于当事人订立合同后发生合并、分立的情况，法律规定，当事人订立合同后合并的，由合并后的法人或者其他组织行使合同权利，履行合同义务。当事人订立合同后分立的，除债权人和债务人另有约定之外，由分立的法人或其他组织对合同的权利和义务享有连带债权，承担连带债务。

第七节 合同的权利义务终止

一、合同的权利义务终止的概念

合同的权利义务终止是指合同当事人双方终止合同关系,合同所确立的权利、义务关系随之消灭。

二、合同权利义务终止的原因

根据《合同法》第九十一条规定,合同的权利义务可以因以下法定原因而终止:

(1) 债务已经按照约定履行。合同当事人各自依约定履行了自己的合同债务,双方订立合同的目的已经实现,合同也就自然消灭。

(2) 合同解除,依照《合同法》第九十三条至九十八条的规定解除合同。

(3) 债务相互抵销。依照《合同法》规定,当事人互负到期债务并且债务的标的物种类、性质相同的,除非法律规定或合同性质决定不得抵销外,当事人可以相互抵销债务。

(4) 债务人依法将标的物提存。依照《合同法》第一百零一条规定,当出现债权人无正当理由拒绝受领,债权人下落不明,债权人死亡未确定继承人或者丧失民事行为能力未确定监护人,以及法律规定的其他情形,导致债务人难以履行债务时,债务人可以将标的物提存。

(5) 债权人免除债务。即债权人自动放弃债权,则合同权利与义务终止。

(6) 债权债务同归于一人。关于债务混同《合同法》第一百零六条规定:债权和债务同归于一人的,合同的权利义务终止。但涉及第三人利益的除外,即涉及第三人的义务并不因混同而终止,仍应当履行。

(7) 法律规定或者当事人约定终止的其他情形。

三、合同的解除

在合同权利义务终止的上述原因中,只有合同解除是合同订立之后没有履行合同义务而使合同的权利义务归于消灭的唯一情况。

合同解除是指合同依法成立后,因当事人一方或双方的意思表示,使基于合同而生的权利义务关系终止的行为。合同解除有两种情况,一是协议解除,二是法定解除。协议解除是指当事人双方在合同成立后,未履行或未完全履行之前,通过协商一致解除合同或者在订立合同时就约定了解除合同的条件,当条件成就时合同自然被解除。法定解除是指在合同成立后,没有履行或没有完全履行之前,由于出现了法定解除情形,当事人一方行使法定解除权而使合同终止。一般来说,合同生效后,当事人是不能擅自解除合同的,但在履行过程中,有时会产生特定的情形,使合同的解除成为必要,如因不可抗力无法履行合同或者由于一方当事人违约,为了维护相对方的合法权益,应当允许其解除合同。对在什么情况下允许当事人一方行使法定解除权,《合同法》规定了十分严格的条件和程序。

《合同法》规定，有下列情形之一的，当事人可以解除合同：

（1）因不可控力致使不能实现合同目的；

（2）在履行期限届满之前，当事人一方明确表示或者以自己的行为表明不履行主要债务；

（3）当事人一方迟延履行主要债务，经催告后在合理期限内仍未履行；

（4）当事人一方迟延履行债务或者有其他违约行为致使不能实现合同目的；

（5）法律规定的其他情形。

当事人一方主张解除合同时，应当通知对方。合同自通知到达对方时解除。对方有异议的，可以请求人民法院或者仲裁机构确认解除合同的效力。法律，行政法规规定解除合同应当办理批准，登记等手续的，依照其规定。

合同解除后，尚未履行的，终止履行；已经履行的，根据履行情况和合同性质，当事人可以要求恢复原状、采取其他补救措施，并有权要求赔偿损失。合同的权利义务终止，不影响合同中结算和清理条款的效力。

第八节　违约责任

一、违约责任的概念

违约责任，是指合同当事人一方不履行合同义务或者履行合同义务不符合约定时，依照法律规定或者合同约定所承担的法律责任。当事人双方都违反合同的，应当各自承担相应的责任。

依法订立的有效合同，对当事人双方来说，都具有法律约束力。如果不履行或履行义务不符合约定，就要承担违约责任。只有这样，才能促使当事人双方及时全面地履行合同，保护当事人的合法权益。否则，合同就可能成为一纸空文。规定合同违约责任制度是保证当事人履行合同义务的重要措施，有利于促进合同的履行和弥补违约造成的损失，对合同当事人和整个社会都是有益的。

一般来说，违约责任的追究，要在合同履行期限届满时才能行使。因为只有在履行期限届满时才能确定债务人是否履行了合同或履行义务是否符合约定，但在合同生效后，履行期限届满前，当事人一方明确表示或者以自己的行为表明不履行合同义务的，对方可以在履行期限届满之前要求其承担违约责任。这样可以保证当事人及时保护自己的权利。

二、承担违约责任的构成条件

《合同法》规定，当事人不履行合同义务或者履行合同义务不符合约定的，应当承担违约责任。

一般来讲，构成法律责任的要件包括两个方面，即主观要件和客观要件，构成犯罪的要件是，客观上有违反刑法规定的具有社会危害性的行为，主观上是故意的，过失犯罪只有法律有规定的才负刑事责任。如果主观上不是故意或过失，即使行为有危害性也不能给予刑事处分。构成行政责任的要件是，客观上有违反行政法律的行为，主观上是故意或过失。而违约责任的构成要件，根据我国《合同法》规定，只要"不履行合同义务或者履行合同义务不符合约定"就要承担违约责任。也就是说，对于合同的履行，不管主观上是否有过错，除不可抗力可以免责外，都要承担违约责任。这就是所谓"无过错责任原则"，或称严格责任原则。

三、承担违约责任的主要形式

根据《合同法》的规定，承担违约责任的主要形式有：继续履行，采取补救措施，赔偿损失，支付违约金或定金等。具体适用哪种违约责任，由当事人根据自己的要求来加以选择。

（一）继续履行

订立合同的目的是为了实现合同的约定，即实际履行合同。继续履行合同，既是为了实现合同目的，又是一种违约责任。当事人一方违反合同约定，不履行或者履行不符合约定，对方当事人有权要求其继续履行，以维护自己的合法权益。

《合同法》规定，当事人一方未支付价款或者报酬的，对方可以要求其支付价款或报酬。当事人一方不履行非金钱债务或者履行非金钱债务不符合约定的，对方可以要求继续履行，但有下列情形之一的除外：①法律上或事实上不能履行；②债务的标的不适于强制履行或者履行费用过高；③债权人在合理期限内未要求履行。

（二）采取补救措施

《合同法》规定，质量不符合约定的，应当按照当事人的约定承担违约责任。对违约责任没有约定或者约定不明确的，当事人可以协议补充或按照合同有关条款或交易习惯确定；仍不能确定的，受损害方根据标的性质及损失的大小，可以合理选择要求对方承担修理、更换、重作、退货、减少价款或者报酬等违约责任。

（三）赔偿损失

当事人一方不履行合同义务或者履行合同义务不符合约定的，在履行义务或者采取补救措施后，对方还有其他损失的，应当赔偿损失。

支付赔偿金也是承担违约责任的一种主要形式。它虽然是对违约方的一种经济制裁，但不具有惩罚性，主要目的在于弥补损失，具有补偿性质。

当事人一方不履行合同义务或者履行合同义务不符合约定，给对方造成损失的，损失赔偿额应当相当于因违约所造成的损失，包括合同履行后可以获得的利益。违约者赔偿的损失应当包括直接损失和间接损失，但不得超过违反合同的一方在订立合同时预见或者应当预见的因违反合同可能造成的损失。

当事人一方违约后，对方应采取适当措施防止损失扩大的，没有采取措施致使损失扩大的，不得就扩大的损失要求赔偿。当事人因防止损失扩大而支出的合理费用，由违约方承担。

（四）支付违约金

违约金，是指合同当事人一方由于不履行合同或者履行合同不符合约定时，按照合同约定，向对方支付的一定数额的货币。违约金是对不能履行或者不能完全履行合同行为的一种带有惩罚性质的经济补偿手段，不论违约的当事人一方是否已给对方造成损失，都应当支付。

约定的违约金低于造成的损失的，当事人可以请求人民法院或者仲裁机构予以增加，约定的违约金过分高于造成的损失的，当事人可以请求人民法院或仲裁机构予以适当减少。这是为了体现公平原则，但如果不是"过分"高于，则不能要求减少，这体现了一定的惩罚性，有利于对违约者制约。

依据《合同法》规定，债权人请求债务人支付违约金的，不得同时请求其履行合同，即违约金与实际履行不能并用，但当事人就延迟履行约定违约金的，违约方支付违约金后，还应当履行债务。

（五）给付或者双倍返还定金

当事人可以依照《担保法》约定一方向对方给付定金作为债权的担保。债务人履行债务后，定金应当抵作价款或者收回。给付定金的一方不履行约定的债务的，无权要求返还定金；收受定金的一方不履行约定的债务的，应当双倍返还定金。

当事人既约定违约金，又约定定金的，一方违约时，对方可以选择适用违约金与定金条款。现实中，有些当事人在合同中既约定违约金，也约定定金，在一方违约时，对方要求违约金与定金条款并用。能否并用？原有的立法中规定是可以并用的，这样会造成违约方承担过重的责任，与合同的公平原则也相悖。因此，新合同法规定了当违约金与定金同时存在时，二者不能并用，只能选择其中的一种责任形式。即一方违约时，守约方可以在违约金条款和定金条款中选择对自己最有利的条款。赋予守约方选择适用权，能够起到保障其合同利益；补救其违约损失的作用。如果违约金过分高于或低于因违约所造成的损失，前面讲当事人可以请求人民法院或仲裁机构予以适当减少或增加。

四、违约责任的免除

一般情况下，当事人只要有违约行为，就应承担违约责任。但如果违约是由于以下情形造成的，可以免责：

1. 违约是由于不可抗力造成的

不可抗力是指不能预见，不能避免并不能克服的客观情况。不可抗力包括：①自然灾害，如洪水、大火、暴风地震等；②政府行为，如国家大政方针调整等；③社会异常事件，如暴动、罢工、战争。当事人因不可抗力不能履行合同的，应当及时通知对方，以减轻可能给对方造成的损失，并应当在合理期限内提供证明；否则要承担相应的责任。

2. 法律特别规定或合同特别约定的其他责任原因

例如按照货物运输合同的规定，因货物本身自然性质和合理损耗造成货物损失的，承运方不承担违约责任。按照《合同法》第一百一十九条的规定，当事人一方违约后，对方应当采取适当的措施防止损失的扩大；没有采取适当的措施致使损失扩大的，不得就扩大的损失要求赔偿，即违约方对于未采取措施而扩大的损失免则。

复习思考题

1. 简述我国《合同法》的基本原则。
2. 合同有哪些主要条款？

3. 说明要约与承诺的概念及有效条件。
4. 说明无效合同的种类及其法律后果。
5. 可撤销合同有哪些种类？如何处理？
6. 合同抗辩权的行使方式？
7. 说明合同权利、义务终止的法定原因。
8. 承担违约责任有哪些主要形式？

第十一章 知识产权法律制度

 学习目标

通过本章学习,要求了解什么是知识产权;了解商标的构成和为什么商标要注册,以及哪些行为是侵犯商标法的行为;还需了解什么叫专利,专利权的主体和客体;掌握知识产权的特征;掌握商标注册的程序以及应该注意的问题;掌握授予专利的条件以及取得专利权的法定程序。最后要求明白违反商标法和专利法应该承担哪些责任。

 本章重点

知识产权的概念和特征;商标法的概念和注商标的程序;专利法的概念和作用;授予专利的条件和取得专利权的法定程序。

第一节 《知识产权法》概述

知识产权从本质上说是一种无形财产权,他的客体是智力劳动成果,智力是看不到,摸不着的,是没有形体的,智力劳动的成果同样也是没有形体的。虽然它们没有形体,但要得到它们却要花费智力劳动者们大量的精力,这种精力的消耗甚至会大于体力劳动的几倍、几十倍甚至上百倍。

日常生活中人们往往尊重有形的财产,以不劳而获为耻,都会对盗窃行为嗤之以鼻。但是对智力劳动的成果却常常失去了应有的道德观念。满街泛滥的仿冒名牌、地下工厂仿造的"专利"产品、印刷劣质的盗版书籍和光盘,这些行为都是无耻的盗窃,都是极不道德的违法甚至犯罪行为。今天我们学习《知识产权法》,就是要了解国家对知识产权的保护,尊重知识产权。

一、知识产权的概念和特征

知识产权,是指公民或法人对其在科学、技术、文化、艺术等领域的发明、成果和作品依法享有的专有权，也就是人们对自己通过脑力活动创造出来的智力成果所依法享有的权利。在知识经济时代，加强对知识产权的保护尤为重要和迫切。世界贸易组织中的《与贸易有关的知识产权协定》明确规定：知识产权属于私权。我国民法总则规定，知识产权包括：①作品；②发明、实用新型、外观设计；③商标；④地理标志；⑤商业秘密；⑥集成电路布图设计；⑦植物新品种；⑧法律规定的其他客体。

知识产权具有如下特征：

（一）无形性

知识产权是不具有物质形态的智力成果，这是知识产权的本质特征。智力成果是指人们通过智力劳动创造的精神财富或精神产品，本身凝结了人类的一般劳动，具有财产价值，这是与民法意义上的"物"相并存的民事权利。

（二）专有性

知识产权的专有性也叫独立性、排他性或垄断性。主要表现在两个方面：第一，知识产权为权利人所独占，权利人垄断这种专有权利并受到严格保护，没有法律规定或未经权利人许可，任何人不得使用权利人的知识产权，否则即构成侵权。第二，对同一智力成果，不允许有两个或两个以上同一属性的知识产权并存。例如，两个相同的发明物，根据法律程序只能将专利权授予其中的一个，其他人就不能再成为该项知识产权的权利人了，所以任何一项知识产权在一定的区域内总是唯一的。

（三）地域性

知识产权作为一种专有权在空间上的效力并不是无限的，而是受到地域的限制，其效力只限于本国境内。知识产权的这一特点与有形财产权是相互区别的。一般来说，对所有权的保护没有地域性的限制，无论是公民从一国移居另一国的财产，还是法人因投资、贸易从一国转入另一国的财产，都照样归权利人所有，不会发生财产所有权失去法律效力的问题。而无形财产权则不同，按照一国法律获得承认和保护的工业产权只能在该国发生法律效力。一国的知识产权要获得他国的法律保护，必须依照有关国际条约、双边协议或按互惠原则办理。

（四）时间性

知识产权不是没有时间限制的永恒权利。其时间性的特点是：知识产权仅在法律规定的期限内受到保护，一旦超过法律规定的有限期限，这一权利就自行消灭，相关的智力成果即成为整个社会的共同财富，为全人类所共同使用。这一特点是与有形财产权的又一区别，有形财产权不受时间限制，只要其客体物没有灭失，其权利即受法律保护。

二、《知识产权法》的概念

《知识产权法》是调整在确认、保护转让和使用知识产权过程中所发生的各种社会关系的法律规范的总称。我国先后颁布和修改了一系列知识产权方面的法律和法规。主要包括，1982年8月23日全国人大常委会审议通过的《中华人民共和国商标法》（2019年4月第四次修正）；1984年8月23日全国人大常委会审议通过的《中华人民共和国专利法》（2008年12月第三次修正）；以及相关的条例、实施细则等。

小案例

你怎样看待知识产权

2006年6月中旬,中央电视台第12套节目《大家看法》专栏播出专题讨论"为什么有这么多人宽容抄袭?"事情发生在2006年5月,起因却在两年前。

2006年5月,四川省某报记者曾颖在网上看到自己在2003年发表的散文《桃花源祭》被某高考指导书收录,并注明是"江西省2004年高考满分作文"。曾颖对这种抄袭行为很气愤,认为这绝不是当代一名大学生应有的行为,于是在网上发出帖子,表示要对这种公开的抄袭行为追查到底。帖子发出后,许多网友对曾颖"追查到底"的态度发表了看法。令人奇怪的是,竟然有许多网友认为曾颖"不够宽容",甚至公开谴责曾颖的做法。

抄袭从道德的角度看是一种丧失公共道德的行为,而从知识产权的角度,你认为这又是一种什么行为呢?当今的网友为什么会认为曾颖"不够宽容"呢?你认为这种行为应当宽容吗?

三、知识产权的国际保护

知识产权的国际保护是指各国依照互惠原则,依照互相订立的协议或共同参加的国际条约对知识产权所实行的保护,主要是通过缔结国际条约的途径来实现的。知识产权具有严格的地域性,但随着国际交往日益频繁,各国之间的科学技术和合作不断扩大和深入,知识产权的地域性限制已不能适应科技成果的迅猛发展。于是各国为增强国际市场的竞争能力,谋求更多的经济利益,其知识产权不仅在本国得到法律保护,而且要在国外得到承认,因而产生知识产权的国际保护问题。国际条约成为知识产权国际保护的主要法律依据。知识产权国际保护的世界性和地区性的国际公约主要有:《保护工业产权巴黎公约》《商标国际注册马德里协定》世界贸易组织中的《与贸易有关的知识产权协定》等。

(一)《保护工业产权巴黎公约》

该公约是1883年比利时、美、英、法等11个国家在巴黎签订的,并经过多次修改,它是保护知识产权方面影响最大的国际公约。100年以后的1984年11月14日,我国第六届人大常委会第八次会议决定加入《巴黎公约》,自1985年3月19日起该公约对我国生效,该公约主要规定了三项原则。

1. 国民待遇原则

每一缔约国必须将其本国国民的待遇同等地给予其他缔约国国民;非缔约国国民如在缔约国国内有住所或营业场所,也应得到同样的保护。

2. 优先原则

凡缔约国国民第一次向一个缔约国提出专利和商标注册申请后,又在一定期限内(发明和实用新型为12个月,工业外观设计和商标为6个月)就同一发明创造或商标向另一缔约国申请时,其第二次的申请日应视同第一次申请日。在优先权期限内,即使有任何第三人就相同的发明创造或商标提出申请或已实施了该发明创造和使用了商标,申请人仍因享有优先权而获得专利权或商标使用权。

3. 独立原则

各缔约国独立地按本国的法律规定是否给予专利权或商标专用权，不受该专利权或商标专用权在其他缔约国决定的影响。这就是说，同一发明创造和商标在一个缔约国取得专利权或商标专用权，并不意味着在其他缔约国也一定可以取得专利权或商标专用权；专利权或商标专用权在一个缔约国被撤销或终止，也不意味着在其他缔约国一定要被撤销或终止。

（二）《与贸易有关的知识产权协定》

《与贸易有关的知识产权协定》是世界贸易组织管辖的一项多边贸易协定，是1994年与世界贸易组织所有其他协议一并缔结的，它是迄今为止对各国知识产权法律和制度影响最大的国际条约。该协议具有三个突出特点：第一，它是第一个涵盖了绝大多数类型知识产权类型的多边条约，既包括实体性规定，也包括程序性规定。第二，它是第一个对知识产权执法标准及执法程序作出规范的条约，对侵犯知识产权行为的民事责任、刑事责任以及保护知识产权的边境措施、临时措施等都作了明确规定。第三，它引入了世界贸易组织的争端解决机制，用于解决各成员之间产生的知识产权纠纷。

第二节　商标法律制度

一、《商标法》的概念

（一）商标的概念及分类

1. 商标及其特征

商标是商品生产者或销售者在生产、制造、加工、拣送或经销的商品上使用的，用于区别其他商品生产者或销售者商品的一种具有显著特征的标志，俗称"牌子"。

商标的特征主要有以下几点：

（1）商标是用于商品或服务上的标记。

（2）商标是区别商品和服务来源的标记。商标的使用目的是区别商品的不同生产者、销售者，有了商标这种标志，就容易判明商品的不同来源以至其质量、性能或特点。

（3）商标可以在长期的市场经济活动中树立信誉，反映其商品和服务质量。

2. 商标的构成和分类

商标是区别商品的可视性标志，它包括文字、图形、字母、数字、三维标志和颜色组合，以及上述要素的组合，均可以作为商标申请注册。

（1）商标依其构成的不同，可分为文字商标、图形商标和组合商标。

文字商标：它是以文字构成的商标。除法律禁止使用的文字外，企业可以自由选择文字作为商标，包括企业名称或其缩写，如全聚德、六必居、SONY、雪碧等。我国文字商标一般使用中国文字，但出口商品商标、外国商品商标以及特殊需要的商品商标，可以使用外国文字。以汉字作为商标的必须尽可能加注汉语拼音字母。

图形商标：它是以平面图形构成的商标。如以飞禽走兽、花草鱼虫、名胜古迹、亭台楼阁等具体形象图形或者是某种记号、符号等抽象的图形。由于图形商标不便称呼，目前单纯以图形作为商标使用的情形比较少。

组合商标：它是由文字和图形组合而成的商标。这种商标图文并茂，既生动形象，又便于识别。在我国及国际上，组合商标的使用最为普遍。

（2）依其用途不同，可分为商品商标和服务商标。商品商标，如电视商品的商标"长虹""康佳"等；服务商标，如中国工商银行的ICBC标志，中国人民财产保险公司的PICC标志等。

（二）《商标法》的概念及作用

1. 《商标法》的概念

《商标法》就是规定商标的组成、注册、使用、管理和商标专用权的保护等的法律规范的总称。1982年8月23日，第五届全国人大常委会第二十四次会议通过了《中华人民共和国商标法》，于1983年3月1日起施行，并于1993年2月、2001年10月、2013年8月和2019年4月进行了四次修订。

2. 《商标法》的作用

我国现行的商标法适应社会主义市场经济需要，并采用国际上通用惯例，形成了具有中国特色的商标法律制度，它的作用主要是：

（1）有利于确认和保护商标注册人的专用权，维护生产者、销售者的合法权益。

（2）有利于商标管理机关加强对注册商标的管理，监督生产者保证生产质量，维护消费者的合法权益。

（3）有利于保障我国注册商标专用权在国际市场上的合法权益，发展对外经济贸易。

（三）注册商标和商标权的概念

商标权是指商标所有人对其注册商标所享有的专用权，包括商标的续展权、商标的转让权、商标许可权等。注册商标是指经国家商标主管机关核准注册而使用的商标。我国《商标法》明确规定："经商标局核准注册的商标为注册商标，包括商品商标、服务商标和集体商标、证明商标；商标注册人享有商标专用权，受法律保护。"所以，在我国商标权实际上是指注册商标专用权。商标注册人是指依法向商标局申请商标注册并获得商标专用权的人。商标权人是指经过申请商标注册或以其他方式取得商标权的人。在这里其他方式包括转让商标权和继承商标权。

二、商标注册

（一）商标注册概念及商标注册的申请

商标注册是指商标使用人为了取得商标的专用权，将其使用的商标，依照法定的程序向国家商标主管机关申请，经主管机关审核予以注册的制度。只有注册商标才能由商标注册人专门使用，享有专用权，具有排他性。使用注册商标应当标注"注册商标"字样，或者标明注册标记"注"或®。这样规定，使消费者易于区分有注册商标专用权的商品和未注册商标的商品，并对商品质量做出判断。

商标注册的申请是取得注册商标专用权的前提，我国商标法对商标注册的申请作了原则性规定：

（1）商标注册的申请人：可以是自然人，也可以是法人或其他组织，以及符合在我国申请商标注册的外国人或外国企业。

（2）商标注册申请的代理：目前，我国国内商标注册实行商标代理与当事人自己直接办理两种。外国人在中国申请商标注册或办理其他商标事宜，可在中国委托任意一家有条件从事涉外代理业务的中国商标代理组织办理商标事务。

（3）商标注册文件：申请人申请注册商标，应向商标局报送申请书，商标图样，附送有关证明文件，缴纳申请费用。

（二）商标的注册原则

1. 先申请原则

两个或两个以上的，在同一种商品或类似商品上以相同或近似的商标申请注册时，适用申请在先的原则，即商标专用权属于最先提出申请的人。若申请人又是同一天申请的，则适用使用在先原则，即商标专用权属于最先使用该商标的申请人。若申请人又是同日使用或者均未使用的，应由申请人协商或由商标局裁定。

2. 自愿原则

为了维护消费者利益，保护人民群众生命健康，我国商标法对极少数商品，如人用药品，烟草制品包括卷烟、雪茄烟和有包装的烟丝等，规定必须使用注册商标，否则不得在市场销售。其他商品使用商标是否注册，由商标使用人自己决定。未注册商标，不享有商标专用权，不受法律保护。

（三）商标注册的条件

根据商标法的规定，并非所有的商标都可获得注册，能够获得注册的商标必须符合一定的条件：

1. 商标的必备条件

商标必须具备法定的构成要素，任何能够将自然人、法人或者其他组织的商品与他人的商品区别开的标志，包括文字、图形、字母、数字、三维标志、颜色组合和声音等，以及上述要素的组合，均可以作为商标申请注册。商标应当具有显著特征，如立意新颖，独具特色，使消费者能将商标与商品服务本身区别开来，又能通过商标区别商品的不同来源；另外，用于商标的文字、图形或其组合应具一定特色，便于消费者辨认、识记。

2. 商标的禁止条件

我国《商标法》规定下列标志不得作为商标使用：同中华人民共和国的国家名称、国旗、国徽、国歌、军旗、军徽、军歌、勋章等相同或者近似的，以及同中央国家机关的名称、标志、所在地特定地点的名称或者标志性建筑物的名称、图形相同的；同外国的国家名称、国旗、国徽、军旗等相同或者近似的，但经该国政府同意的除外；同政府间国际组织的名称、旗帜、徽记等相同或者近似的，但经该组织同意或者不易误导公众的除外；与表明实施控制、予以保证的官方标志、检验印记相同或者近似的，但经授权的除外；同"红十字""红新月"的名称、标志相同或者近似的；带有民族歧视性的；带有欺骗性，容易使公众对商品的质量等特点或者产地产生误认的；有害于社会主义道德风尚或者有其他不良影响的。县级以上行政区划的地名或者公众知晓的外国地名，不得作为商标。但是，地名具有其他含义或者作为集体商标、证明商标组成部分的除外；《商标法》实施前已经注册的使用地名的商标继续有效。此外，《商标法》还规定了申请注册的商标是复制、摹仿或者翻译他人未在中国注册的驰名商标，容易导致混淆的，不予注册并禁止使用；不以使用为目的的恶意商标注册申请，应当予以驳回。

相同商标，是指用于同一种或类似商品上的两个商标的文字、图形相同。商标的文字、图形完全一样属于商标相同，商标的读音相同也属相同商标。例如："三九"与"999""小雁"与"小燕"均属相同商标。近似商标，是指在同一种或类似商品上用作商标的文字、图形、读音或含义等要素大体相同的商标。如"天山"与"矢山"在外观上相似；"莲花"与"菱花"在读音上相近等。同一种商品，是指商品的性能、用途和原料等都相同的商品。类似商品，是指在商品生产工艺、主要原料或者商品的功能用途及销售渠道、方式等某一方面有相同之处，消费者可能会认为它们是相同的来源，如冰柜和冰箱、运动服与旅游鞋、照相机与摄像机等为类似商品。

（四）商标注册申请的审批

申请注册的商标，凡符合商标法有关规定的，由商标局初步审定，予以公告。对驳回申请、不予公告的商标，商标局应当书面通知商标注册申请人。商标注册申请人不服的，和对初步审定、予以公告的商标提出异议的，可以自收到通知之日起15日内向商标评审委员会申请复审，由商标评审委员会做出决定，并书面通知申请人。当事人对商标评审委员会的决定不服，可以自收到通知之日起30日内向人民法院起诉。

当事人在法定期限内对商标局做出的裁定不申请复审或者对商标评审委员会做出的裁定不向人民法院起诉的，裁定生效。

对初步审定提出异议，经裁定异议不能成立的，予以核准注册，发给商标注册证，并予公告；经裁定异议成立的，不予核准注册。经裁定异议不能成立而核准注册的，商标注册申请人取得商标专用权的时间自初审公告3个月期满之日起计算。

三、商标权的续展、转让

（一）注册商标的续展

1. 注册商标的保护期限

注册商标的保护期限是指商标注册人享有的商标专用权的有效期限。在有效期限内商标权受到法律保护，超过期限未申请续展的，即丧失该注册商标的专用权。根据《商标法》的规定，注册商标的有效期限为10年，自核准之日起计算。

2. 注册商标的续展

注册商标的续展是商标注册人在注册商标有效期届满前后的一定时间内，依法办理一定的手续，延长其注册商标有效期的制度。注册商标的有效期届满，需要继续使用的，应当在期满前6个月内申请续展注册，在此期间未能提出申请的，可以给予6个月的宽展期。宽展期满仍未提出申请的，注销其注册商标。每次续展注册的有效期为10年。商标权的续展没有次数限制。

（二）注册商标的转让

注册商标的转让，是指商标注册人将其所有的注册商标的专用权，依照法定程序转让给他人的法律行为。转让注册商标的，转让人和受转让人应当向商标局提交转让注册商标申请书。转让注册商标申请手续由受让人办理。商标局核准转让注册商标申请后，发给受让人相应证明，并予以公告。

（三）注册商标因转让以外的其他事由发生转移

注册商标专用权因转让以外的其他事由发生转移的，接受该注册商标专用权转移的当事人应当凭有关证明文件或者法律文书到商标局办理注册商标专用权移转手续。

四、商标的使用管理

商标管理是指国家商标管理部门根据商标法，对注册商标和未注册商标的使用进行监督、检查，对商标侵权活动进行制裁的行政活动。国务院工商行政管理部门商标局主管全国商标注册和管理工作，各级工商行政机关负责本行政区域内的商标使用管理。

（一）注册商标使用中的禁止性规定

使用注册商标有下列行为之一的，由由商标局责令限期改正或者撤销其注册商标：自行改变注册商标、注册人名义、地址或者其他注册事项的。注册商标成为其核定使用的商品的通用名称或者没有正当理由连续3年不使用的，任何单位或者个人可以向商标局申请撤销该注册商标。

（二）注册商标使用的管理

将未注册商标冒充注册商标使用的，或者使用未注册商标的，由地方工商行政管理部门予以制止，限期改正，并可以予以通报，违法经营额5万元以上的，可以处违法经营额20％以下的罚款，没有违法经营额或者违法经营额不足5万元的，可以处1万元以下的罚款。

五、注册商标专用权的保护

保护商标专用权，是指以法律手段制裁侵犯他人注册商标专用权的行为，以保护商标权人对其注册商标所享有的专有权利。

（一）侵犯商标权的行为

商标侵权行为，是指违反商标法规定，侵犯他人注册商标专用权的行为。商标侵权行为主要表现在以下几种形式：

（1）未经商标注册人的许可，在同一种商品上使用与其注册商标相同或者近似的商标的；或者在类似商品上使用与其注册商标相同或者近似的商标，容易导致混淆的。

（2）销售明知是假冒注册商标的商品的。

（3）伪造、擅自制造他人注册商标标识或者销售伪造、擅自制造的注册商标标识的。商标标识是指附有文字、图形、或其组合构成的图样的物质实体，如商标牌、商标纸、商标塑料袋等。

（4）未经商标注册人同意，更换其注册商标并将该更换商标的商品又投入市场的。

（5）故意为侵犯他人商标专用权行为提供便利条件，帮助他人实施侵犯商标专用权行为的。如为侵犯他人商标专用权提供仓储、运输、邮寄、印制、隐匿、经营仓所、网络商品交易平台等。

（6）给他人的注册商标专用权造成其他损害的行为，包括：①在同一种或者类似商品上，将与他人注册商标相同或者近似的标志作为商品名称或者商品装潢使用，误导公众的；②复制、摹仿或者翻译他人注册的驰名商标或其主要部分在不同或者不相类似商品上作为商标使用，误导公众的；③将与他人注册商标相同或者相近的文字注册为域名，并通过该域名进行相关商品交易的电子商务,误导公众的。

> **小案例**
>
> 2005年2月10日,商标局核准康宝电器公司在其生产的家用电器上使用"康宝"注册商标,以后没有办理继续使用的手续。2013年,通业机电公司在其生产的电饭锅上使用"康宝"商标,后来逐渐扩大到其他家用电器上。对此,康宝电器公司未提出疑义。2015年11月20日,通业机电公司向商标局提出了在家用电器上使用"康宝"商标的注册申请。
>
> 请同学们思考:通业机电公司的行为是否构成侵权?商标局审核后,通业机电公司的注册申请能否获准?为什么?
>
> 提示:本题主要考查商标的侵权行为和注册商标的续展。
>
> 通业机电公司2013年使用"康宝"商标的行为已构成侵权。商标侵权行为的表现之一就是未经注册商标所有人的许可,在同一商品或者类似商品上使用与其注册商标相同或者近似的商标。商标侵权行为不以商标权人是否提出异议为前提条件,所以,本案中通业机电公司的行为已构成侵权。
>
> 通业机电公司的注册申请可以获准。按照《商标法》的规定注册商标使用期限为10年,自核准之日起计算。注册商标的有效期限届满,需要继续使用的,应当在期满前12个月内申请续展注册,在此期间未能提出申请的,可以给予6个月的宽展期。宽展期满仍未提出申请的,注销其注册商标。康宝电器公司的"康宝"商标是2005年2月10日获准注册的,2015年2月10日到期,再加上6个月的宽展期,到2015年8月10日(至此,康宝公司不再享有"康宝"注册商标的专有权)。在此期间内康宝电器公司的"康宝"商标没有申请续展,商标局应该注销该商标,所以通业机电公司的注册申请可以获准。

(二)对商标侵权行为的制裁

1. 民事责任

对商标侵权行为,引起纠纷的,由当事人协商解决;不愿协商或者协商不成的,商标注册人或者利害关系人可以向人民法院起诉,也可以请求工商行政管理部门处理。工商行政管理部门处理时,认定侵权行为成立的,责令立即停止侵权行为,没收、销毁侵权商品和主要用于制造侵权商品、伪造注册商标标识的工具。侵犯商标专用权的赔偿数额,按照权利人因被侵权所受到的实际损失确定;实际损失难以确定的,可以按照侵权人因侵权所获得的利益确定;权利人的损失或者侵权人获得的利益难以确定的,参照该商标许可使用费的倍数合理确定。对恶意侵犯商标专用权,情节严重的,可以在按照上述方法确定数额的一倍以上五倍以下确定赔偿数额。赔偿数额应当包括权利人为制止侵权行为所支付的合理开支。

2. 行政责任

工商行政管理部门对商标侵权人的侵权行为采取的行政措施有:责令立即停止侵权行为,没收、销毁侵权商品和主要用于制造侵权商品、伪造注册商标标识的工具,违法经营额5万元以上的,可以处违法经营额五倍以下的罚款,没有违法经营额或者违法经营额不足5万元的,可以处25万元以下的罚款。

3. 刑事责任

侵犯注册商标专用权的犯罪：假冒注册商标罪；销售假冒注册商标商品罪；非法制造，销售非法制造的注册商标标识罪。处3年以下有期徒刑或拘役，并处或单处罚金；情节特别严重的，处3年以上7年以下有期徒刑，并处罚金。如果单位犯以上罪，对单位判处罚金，对其直接负责的主管人员和其他直接责任人员，依照上述规定处罚。

第三节 《专利法》

一、《专利法》的概念和作用

（一）专利和专利权的概念

1. 专利

专利是指一项发明创造的首创者所拥有的受保护的独享权益。在这里，专利实际上是专利权的简称。

2. 专利权

专利权是指一项发明创造向国家审批机关提出专利申请，经依法审查合格后向专利申请人授予的在规定的时间内对该项发明创造享有的专有权。

（二）专利法的概念和作用

专利法是调整因发明创造的开发、利用及其保护等产生的各种社会关系的法律规范的总和。我国现行的专利法包括《中华人民共和国专利法》（以下简称《专利法》）和《中华人民共和国专利法实施细则》（以下简称《实施细则》）。《专利法》是1984年3月12日由第六届全国人大第四次常务委员通过的，于1985年4月1日起实施。《专利法》发布以来，已于1992年9月、2000年8月、2008年12月进行了三次修正。

专利制度是指利用法律和经济的手段保护和鼓励发明创造，推动技术进步的管理制度。这个制度的核心是《专利法》，即根据《专利法》，对申请专利的发明创造，经过审查和批准，授予专利权，同时把申请专利的发明创造的内容向社会公开，以便进行发明创造的信息交流和有偿转让。我国专利制度对鼓励发明创造，促进我国科技进步和创新，以及对外科技交流和经贸往来，发挥了积极重要的作用，主要表现在以下几方面：

1. 保护和鼓励发明创造

以法律手段保护符合专利条件的发明创造，通过《专利法》规定授予发明人发明创造专利权。专利权人对其发明创造依法享有制造、使用、许诺销售、销售、进口其专利产品或者使用其专利方法以及使用、许诺销售、销售、进口依照该专利方法直接获得的产品的权利。在许可他人实施或转让他人使用时，有权获得报酬。即使发明创造的专利权归单位所有，发明人的人身权也受到法律保护，在专利文件和专利证书上写明发明人姓名，以确认其身份。这就意味着发明创造人的智力成果得到了社会肯定和法律的保护，从而调动了个人和单位从事发明创造的积极性。

2. 促进发明创造的推广应用

国家授予发明创造人专利权的最终目的，一是保护发明创造，二是促进科学技术成果的应用，使发明创造尽快转化为生产力，取得巨大的经济效益。专利制度规定的技术"早期公开"和"强制实施"有利于打破技术封锁。另外，专利年费缴纳制度，也会促使专利权人积极实施其发明创造。

3. 促进科学技术进步和创新

我国已步入社会主义市场经济建立健全完善的专利制度，不仅为所有单位和个人及时了解国内外科学技术发展的信息，有利于进一步进行科学技术研究和创新，而且为将来争得更大的市场份额，拥有高科技及其产业竞争中的主动性，所以从当前科技迅猛发展情况看，专利法保护在未来世纪科技经济发展的作用将越来越重要。

二、专利权的主体和客体

（一）专利权的主体

专利权的主体即专利权人，是指依法享有专利权并承担相应义务的人。依我国《专利法》之规定，专利权主体包括：①职务发明创造单位；②非职务发明创造的发明人、设计人；③共同发明人或共同完成发明创造的单位；④外国人、外国企业、外国其他组织等。

1. 职务发明人

职务发明创造是指发明人或设计人为执行单位的任务或者主要是利用本单位的物质技术条件所完成的发明创造。职务发明创造申请专利的权利属于该单位，申请被批准后，该单位为专利权人。被授予专利权的单位应当对职务发明创造的发明人或者设计人给予奖励；发明创造专利实施后根据其推广应用的范围和取得的经济效益，对发明人、设计人给予合理的报酬。可见，在职务发明中发明人不能成为专利申请人。

2. 发明人或设计人

非职务发明创造，是发明人或者设计人利用自己的时间、资金、设备等物质技术条件完成的发明创造，其专利申请权归发明人或设计人所有。

3. 依合同约定

对于利用本单位的物质技术条件所完成的发明创造，在单位与发明人或者设计人订有合同，并对申请专利的权利和专利权的归属做出约定的，按合同约定。

4. 共同完成的发明创造

两个以上单位或者个人合作完成的发明创造，除另有协议以外，申请专利的权利属于共同完成的单位或者个人，申请被批准后，申请的单位或者个人为专利权人。

5. 委托完成的发明创造

一个单位或者个人接受其他单位或者个人委托所完成的发明创造，除另有协议以外，申请专利的权利属于共同完成的单位或者个人，申请被批准后，申请的单位或者个人为专利权人。

6. 外国个人、企业和其他组织

在中国没有经常居所或者营业所的外国人、外国企业或者外国其他组织在中国申请专利的，依照其所属国同中国签订的协议或者共同参加的国际条约，或者依照互惠原则，根据《专利法》办理。

（二）专利权的客体

专利权的客体是指专利法所保护的对象，即依法授予专利权的发明创造，包括发明、实用新型、外观设计。

1. 发明

发明是指对产品、方法或者改进所提出的新的技术方案。

发明按其表现形式可分为三类：第一类是产品发明，是人们通过研究开发出来的关于各种新产品、新材料、新物质等技术方案，通俗地说，是前所未有的创造成果。如超导材料、人造卫星、人造金刚石、电子计算机等。第二类是方法发明，是人们为制造产品或者解决某个技术课题而研究开发出来的操作方法、制造方法以及工艺流程等技术方案，如文字输入法、无铅汽油的提炼方法等。第三类是改进发明，是人们对已有的产品、方法提出实质性改革的新的技术方案。改进发明不是新产品和新方法的创制，而是对已有的产品和方法的重大改善，使其具有新的技术特性，例如，爱迪生发明白炽灯，而美国通用电气公司发明了给白炽灯充惰性气体改革了白炽灯生产的方法，从而使白炽灯的质量得到改进，使用效益大大提高。尽管白炽灯仍然是白炽灯，但它的质量和寿命都有了明显的改进，这就是改进发明。

2. 实用新型

实用新型是指对产品的形状、构造或者其结合所提出的适于实用的新的技术方案。与发明不同，它必须表现为一种具有一定形状和构造的产品，其技术上的创新水平比发明也低，所以它又被称为"小发明"。

3. 外观设计

外观设计是指对产品的形状、图案、色彩或者其结合所作出的富有美感并适于工业上应用的新设计。外观设计是以产品通过形状、图案、色彩或者其结合而创作出来的被用以装饰物品，能够使人产生美感，并且能够适合于工业上应用，即可以通过工业手段大量复制。外观设计只涉及美化产品的外表和形状，不涉及产品的制造和设计技术。

（三）对专利权客体的限制

根据《专利法》的规定，只有符合法定条件的发明创造，才可能被授予专利权，不属于《专利法》规定的保护对象或者不符合《专利法》规定条件的对象，就不能被授予专利权。

对违反法律、社会公德或者妨碍公共利益的发明创造，不予授予专利权。对违反法律、行政法规规定获取或者利用遗传资源，并依赖该遗传资源完成的发明创造，不予授予专利。例如赌博的设备、机器和工具，吸毒的器具等不能被授予专利权。

《专利法》不适用的对象，包括：

（1）以科学发现，即人们通过自己的智力劳动对客观世界已经存在的但未被揭示的规律、性质和现象等认识。它不是对产品、方法及其改进所提出的一种新的技术方案，因此不能被授予专利权。

（2）智力活动的规则和方法。它是人们进行推理、分析、判断、运算、处理、记忆等思维活动的规则和方法，直接作用于人的思维，而与产业上的技术活动不发生直接关系。如竞赛规则、分类方法、计算方法、解谜方法等，因此不能被授予专利权，但进行智力活动的设备、装置或者根据智力活动的规则和方法而设计制造的仪器、用具等，可以获得专利保护。

（3）疾病的诊断和治疗方案。因其实施的对象为有生命的人或动物，无法在工业上利用，不具备实用性，如诊脉法、针灸、麻醉、刮痧等方法，不能取得专利权，但对诊断和治疗疾病所使用的物质和设备，以及脱离人体的物质，如血液、毛发等进行处理和检验的方法可以获得专利保护。

（4）动物和植物品种。但对培育动植物新品种的生产方法，可以授予专利权。

（5）用原子核变换方法获得的物质。这是指使一个或几个原子核经分裂或者聚合，形成一个或几个新原子核的过程。无论原子核裂变或聚变均会产生巨大的能量，可以用于军事目的，出于对国家安全和公众利益及本国核工业保护方法的考虑，不授予专利权。

（6）对平面印刷品的图案、色彩或者二者的结合作出的主要起标识作用的设计，不授予专利权。

> **动脑筋**
>
> 刘先生是闻名中外的肾病治疗专家，根据自己多年的临床经验和潜心研究，于2006年2月研制出一种肾炎尿液自我快速检测方法。此方法不仅方便快捷，而且费用低廉，检测者无痛苦。此方法的应用会大大有利于肾炎的早期发现和治疗，减少病人的痛苦，降低医疗费用。多年来，刘先生在临床上经过857次病体验证，差错率仅为0.11%。2006年5月，刘先生向中国专利局提出了该方法发明专利的申请。请同学思考：经专利局审核后，能否授予刘先生该项发明专利？为什么？

三、授予专利权的条件

（一）授予发明和实用新型专利的条件

我国《专利法》规定，授予专利权的发明和实用新型，应当具备新颖性、创造性和实用性。

1. 新颖性

指该发明或者实用新型不属于现有技术；也没有任何单位或者个人就同样的发明或者实用新型在申请日以前向国务院专利行政部门提出过申请，并记载在申请日以后公布的专利申请文件或者公告的专利文件中。申请日是指专利申请的具体日期，对于申请日的确定，法律规定国务院专利行政部门收到专利申请文件之日为申请日。如果申请文件是邮寄的，以寄出的邮戳为申请日。

新颖性的时间标准是以申请日划分的，凡是在申请日以前已公开的技术即为现有技术，不具备新颖性，凡是在申请日以前未公开的技术，则具备新颖性。公开的方式有三类：一是以出版方式公开。也就是说一项技术只要在申请日以前不论世界各地何处的出版物上刊载过，就不具备新颖性。二是以使用公开。即在国内外通过使用或实施方式公开技术内容。三是其他方式公开。即在国内外以出版物和使用以外的方式公开，如通过口头公开、科研总结等。如果在申请日前已有同样的发明或实用新型由他人提出过申请并记载在申请日以后公布的专利文献中，这种情况被称作抵触申请，故后一申请不具备新颖性。

一般情况下，发明创造在申请日前被公开就丧失了新颖性。但是这一规定并不是绝对的，我国《专利法》规定，申请专利的发明创造在申请日前6个月内，在中国政府主办或者承认的国际展览会上首次展出的；在规定的学术会议或者技术会议上首次发表的；他人未经申请人同意而泄露其内容的，不丧失新颖性。

2. 创造性

指与现有技术相比，该发明有突出的实质性特点和显著的进步，该实用新型有实质性特点和进步。所谓突出的实质性特点，是指该发明技术要在本质上大大超过现有的技术，并且该技术不是本专业普遍技术人员通过逻辑分析、推理或者试验可以得到的，他不能直接从现有技术中得出构成该发明全部必要的技术特征的，都被认为是具有突出的实质性特点。显著进步，是指该项技术在实践中的经济和社会效益明显地优于现有技术。对实用新型的创造性要求低于发明，只要求有实质性特点和进步。

3. 实用性

指该发明或者实用新型能够制造或者使用，并且能够产生积极效果。能够制造或者使用，是指申请专利的发明或者实用新型是一种产品的，该产品必须能够在产业中重复制造，申请专利的是一种方法，该方法必须能够在产业中反复使用。专利法所指的产业包括工业、农业、林业、水产业、畜牧业、交通运输业以及文化、体育和医疗器械行业等。能够产生积极效果，是指能够产生积极的社会效益、技术效益、经济效益。其表现为有利于提高设备性能、改良工艺、节约资源、能源和劳动力、降低产品成本等；提高社会整体科技水平等。

小案例

工程师王某利用在英国的弟弟提供的资金和技术，在业余时间刻苦钻研，发明了一种高效节能电池。2014年6月19日，王某在首次发表其发明的学术会议后，又将其发明发表在国家公开发行的一级学术刊物上。8月22日，王某将该产品送到中国政府主办的一次国际博览会上参展。展览会上，许多客商对其抱以浓厚的兴趣。11月26日，王某委托其弟弟将该发明的产品带到英国，在英国政府主办的国际展览会上展出。当即就有几家公司表示要购买该技术。2014年12月16日，王某向专利局申请发明专利。

请同学们思考，专利局审核后能否授予王某发明专利？为什么？

提示解析本题的关键是要理解和掌握授予发明专利的条件，尤其是对新颖性的时间界定。

专利局审核后不能授予王某发明专利，因为王某的发明已经丧失了新颖性。我国《专利法》规定授予专利权的发明和实用新型应当具备新颖性，创造性和实用性。新颖性是指在申请日以前没有同样的发明或者实用新型在国内外出版社上公开发表过、在国内公开使用过或者以其他方式为公众所知，也没有同样的发明或者实用新型由他人向专利局提出过申请并且记载在申请日以后公布的专利申请文件中。我国《专利法》还规定，申请专利的发明创造在申请日前6个月内，在中国政府主办或者承认的国际展览会上首次展出的；在规定的学术会议和技术会议上首次发表的；他人未经申请同意而泄露内容的，不丧失新颖性。本案中，王某的发明在申请日前曾多次公开发表或展出，虽然在都在申请日前6个月内，但只有8月22日在中国政府主办的一次国际展览会上参展符合我国《专利法》规定的不认为是丧失新颖性的规定。

所以，该发明已丧失新颖性，专利局不能授予专利权。

(二) 授予外观设计的专利条件

授予专利的外观设计，只要求具备新颖性，即授予专利权的外观设计，应当不属于现有设计；也没有任何单位或者个人就同样的外观设计在申请日以前向国务院专利行政部门提出过申请，并记载在申请日以后公告的专利文件中。授予专利权的外观设计与现有设计或者现有设计特征的组合相比，应当具有明显区别。授予专利权的外观设计不得与他人在申请日以前已经取得的合法权利相冲突。

四、专利权人的权利和义务

(一) 专利权人的权利

1. 独占权

发明和实用新型专利权被授予后，除法律另有规定的以外，任何单位或者个人未经专利权人许可，都不得实施其专利，即不得为生产经营目的制造、使用、许诺销售、销售、进口其专利产品，或者使用其专利方法以及使用、许诺销售、销售、进口依照该专利方法直接获得的产品。外观设计专利权被授予后，任何单位或者个人未经专利权人许可，都不得实施其专利，即不得为生产经营目的制造、许诺销售、销售、进口其外观设计专利产品。许诺销售，是指以做广告、在商店橱窗中陈列或者在展销会上展出等方式做出销售商品的意思表示。《专利法》规定专利权人有权禁止他人制造使用、许诺销售、销售或者进口等行为，从而保护了专利权人享有的制造权、使用权、销售权和进口权。专利权人享有的进口权，是指国家授予专利权人在专利权的有效期内禁止他人未经允许，为生产经营目的进口该专利产品或由该专利方法直接生产的产品的权利。

2. 许可权

指专利权人有权准许他人以生产经营为目的制造、使用、许诺销售、销售其专利产品或者使用其专利方法。专利权人许可他人实施其专利时，应与被许可人签订书面许可合同。

3. 转让权

指专利权人有权将其专利权通过买卖、赠与等方式转移给其他任何单位和个人。专利权人转让专利权时，应与受让人签订书面专利转让合同，并向国务院专利行政部门登记，由国务院专利行政部门予以公告，转让自登记之日起生效。

4. 标记权

指专利权人有权在其专利产品或该产品的包装上标明专利标记和专利号。实践中经常使用"中国专利""专利"或"专利产品"等作为专利产品的专利标记，专利号是专利权人申请专利时，由国务院专利行政部门确定的专利号码，该号码在专利权有效期内始终如一。

5. 放弃权

指专利权人有权通过书面声明或以不交年费的方式放弃其专利权。放弃专利权时，应由国务院专利行政部门登记公告。

(二) 专利权人的义务

专利权人不仅享有上述各项权利，而且还必须承担相应的义务，如果专利权人不依法履行其义务，就要承担相应的法律后果。专利权人的主要义务是缴纳专利年费。专利年费采用累进制数额，是逐年增加的，其目的是为了平衡专利权人所获得独占权与社会公众之间的利益，促使专利权人将其专利产品或者专利方法付诸实施，防止产生其滥用专利权而损失一般公众利益的弊端,也有利于缩短经济价值较低的专利权的有效期。

五、取得专利权的法定程序

(一) 提出专利申请

发明创造人要使其发明创造获得专利保护,必须以《专利法》的规定向国务院专利行政部门提出专利申请,并经过严格的审查批准,才能取得专利权。申请专利必须遵循以下原则。

1. 形式法定原则

申请专利的各种手续,都应当以书面形式或者国家知识产权局专利局规定的其他形式办理。以口头、电话、实物等非书面形式办理的各种手续,或者以电报、电传、传真等直接或间接产生印刷、打字或手写文件的通讯手段办理的各种手续均视为未提出,不产生法律效力。

2. 一项发明一项专利原则

一件发明或者实用新型专利申请应当限于一项发明或者实用新型。属于一个总的发明构思的两项以上的发明或者实用新型,可以作为一件申请提出。一件外观设计专利申请,应当限于一种产品所使用的一项外观设计。用于一类别并且成套出售或者使用的产品的两项以上的外观设计,可以作为一件申请提出。

3. 先申请原则

同样的发明创造只能授予一项专利权。但是,同一申请人同日对同样的发明创造既申请实用新型专利又申请发明专利,先获得的实用新型专利尚未终止,且申请人声明放弃该实用新型专利权的,可以授予发明专利权。两个以上的申请人分别就相同样的发明创造申请专利的,专利权授予最先申请的人。

任何单位或者个人将在中国完成的发明或者实用新型向外国申请专利的,应当事先报经国务院专利行政部门进行保密审查。保密审查的程序、期限等按照国务院的规定执行。中国单位或者个人可以根据中华人民共和国参加的有关国际条约提出专利国际申请,申请人提出专利国际申请的,应当遵守前述规定。对违反前述规定向外国申请专利的发明或者实用新型,在中国申请专利的,不授予专利权。

(二) 专利申请文件

1. 申请发明或者实用新型专利的申请文件

(1) 请求书是申请人请求国家专利行政部门对发明或者实用新型授予专利的书面文件。

(2) 说明书是具体阐述发明创造技术内容的书面文件,说明书的内容应当清楚、完整,使所属技术领域的技术人员阅读以后能够实施该发明创造,必要的时候,应有附图。

(3) 权利要求书是具体说明申请专利的发明创造请求专利法保护的范围的书面文件。权利要求书应当以说明书为依据,说明要求专利法保护的范围。

2. 申请外观设计的申请文件

(1) 请求书。请求书的内容大体与发明实用新型专利的请求书相同,只是应专门说明外观设计所使用的产品和所属类别。

(2) 图片或照片。它能清楚地表达外观设计申请人的要求和申请专利的外观设计的特征,必要时,应当写明对外观设计的简要说明,以利于对外观设计进行解释。

（三）专利申请的审批

1. 发明专利申请的审批

一项发明专利申请经过受理、初步审查、公布、实质审查等程序才可能被授予专利权。

（1）初步审查。又称形式审查。国务院专利行政部门在收到发明专利申请后，应对该申请进行形式审查，即审查专利申请的文件是否齐备，文件是否符合规定的格式，是否明显违反法律的发明创造，或不授予专利权的范围等。

（2）早期公布。国务院专利行政部门经初步审查认为符合专利法要求的，自申请日起满18个月，即行公布。国务院专利行政部门可以根据申请人的请求早日公布其申请。

（3）实质审查。主要是对申请专利发明的新颖性、创造性、实用性等实质性条件进行审查。发明专利申请自申请之日起3年内，国务院专利行政部门可以根据申请人随时提出的请求，对其申请进行实质审查，申请人无正当理由逾期不请求实质审查的，该申请即被视为撤回。国务院专利行政部门认为必要的时候，可以自行对发明专利申请进行实质审查。发明专利的申请人请求实质审查时，应当提交在申请日前与其发明有关的参考资料。

（4）驳回。国务院专利行政部门对发明专利申请进行实质审查后，认为不符合本法规定的，应当通知申请人，要求其在指定的期限内陈述意见，或者对其申请进行修改；无正当理由逾期不答复的，该申请即被视为撤回。发明专利申请经申请人陈述意见或者进行修改后，国务院专利行政部门仍然认为不符合本法规定的，应当予以驳回。

（5）授权登记公告。发明专利申请经实质审查没有发现驳回理由的，由国务院专利行政部门而做出授予发明专利权的决定，发给发明专利证书，同时予以登记和公告。发明专利权自公告之日起生效。

2. 实用新型和外观设计专利申请的审批

实用新型和外观设计专利申请经初步审查没有发现驳回理由的，由国务院专利行政部门做出授予实用新型专利权或者外观设计专利权的决定，发给相应的专利证书，同时予以登记和公告。实用新型专利权和外观设计专利权自公告之日起生效。可见，实用新型和外观设计专利申请只有初步审查，没有实质审查。

3. 专利复审

国务院专利行政部门设立专利复审委员会。专利申请人对国务院专利行政部门驳回申请的决定不服的，可以自收到通知之日起3个月内，向专利复审委员会请求复审。专利复审委员会复审后，作出决定，并通知专利申请人。

专利申请人对专利申请复审委员会的复审决定不服的，可以自收到通知之日起3个月内向人民法院起诉。

六、专利权的期限、终止和无效

（一）专利权的期限

专利权的期限是指专利权的有效期间。我国《专利法》规定，发明专利权的期限为20年，实用新型和外观设计的期限为10年，均自申请日起计算。

（二）专利权的终止

专利权的终止是指专利权在有效期届满而自然消灭，以及有效期未满前由于法定原因而消灭。专利权终止的情形有：①专利权人没有按照规定缴纳年费；②专利权人的书面申请放弃其专利权。专利权终止，由国务院专利行政部门登记和公告。

（三）专利权的无效

专利权的无效是指被授予的专利权因其不符合《专利法》规定，而由专利复审委员会根据有关单位和个人的请求通过审查而宣告为无效。自国务院专利行政部门公告授予专利权之日起，任何单位或者个人认为该专利权的授予不符合本法有关规定的，可以请求专利复审委员会宣告该专利权无效。无效宣告的目的在于及时纠正专利授权中的失误，确保所授专利权的质量，保护其他发明创造人的利益。宣告无效的专利权视为自始即不存在。

七、专利实施的强制许可

强制许可，也称为"强制许可使用"，或"非自愿许可"，指国务院专利行政部门依照法律规定，可以不经专利权人的同意，直接允许申请人实施专利权人的发明或实用新型专利的一种行政措施。它是对专利权的一种限制，其根本目的是促使获得专利的发明创造得以实施，防止专利权人滥用专利权，维护国家利益和社会公共利益。对发明和实用新型专利的强制许可，根据不同条件可以分为三类：

（一）滥用专利权的强制许可

有下列情形之一的，国务院专利行政部门根据具体实施条件的单位或者个人的申请，可以给予实施发明专利或者实用新型专利的强制许可：①专利权人自专利权被授予之日起满3年，且自提出专利申请之日起满4年，无正当理由未实施或者未充分实施其专利的。申请强制许可的单位或者个人应当提供证据，证明其以合理的条件请求专利权人许可其实施专利，但未能在合理的时间内获得许可。②专利权人行使专利权的行为被依法认定为垄断行为，为消除或者减少该行为对竞争产生的不利影响的。

（二）根据公共利益需要的强制许可

在国家出现紧急状态或者非常情况时，或者为了公共利益的目的，国务院专利行政部门可以给予实施发明专利或者实用新型专利的强制许可。为了公共健康目的，对取得专利权的药品，国务院专利行政部门可以给予制造并将其出口到符合中华人民共和国参加的有关国际条约规定的国家或者地区的强制许可。

（三）根据专利之间相互关系给与的强制许可

一项取得专利权的发明或者实用新型比前一已经取得专利权的发明或者实用新型具有显著经济意义的重大技术进步，其实施又有赖于前一发明或者实用新型的实施的，国务院专利行政部门根据后一专利权人的申请，可以给予实施前一发明或者实用新型的强制许可。在依照前述规定给予实施强制许可的情形下，国务院专利行政部门根据前一专利权人的申请，也可以给予实施后一发明或者实用新型的强制许可。

强制许可涉及的发明创造为半导体技术的，其实施限于公共利益的目的和专利权人行使专利权的行为被依法认定为垄断行为后为消除或者减少该行为对竞争产生的不利影响的情形。

除专利权人行使专利权的行为被依法认定为垄断行为后为消除或者减少该行为对竞争产生的不利影响，以及为了公共健康目的的强制许可外，强制许可的实施应当主要为了供应国内市场。

取得实施强制许可的单位或者个人应当付给专利权人合理的使用费，或者依照中华人民共和国参加的有关国际条约的规定处理使用费问题。付给使用费的,其数额由双方协商,双方不能达成协议的,由国务院专利行政部门裁决。专利权人对国务院专利行政部门关于实施强制许可的决定不服的,专利权人和取得实施强制许可的单位或者个人对国务院专利行政部门关于实施强制许可的使用费的裁决不服的,可以自收到通知之日起3个月内向人民法院起诉。

八、专利权的保护

(一)专利权的保护范围

发明或者实用新型专利权的保护范围以其权利要求的内容为准,说明书及附图可以用于解释权利要求。外观设计专利权的保护范围以表示在图片或者照片中的该外观设计专利产品为准。

(二)专利侵权行为

专利侵权行为是指在专利有效期内,行为人未经许可,以营利为目的实施他人专利的行为。

专利侵权行为氛围直接侵权行为和间接侵权行为两类:

1. 直接侵权行为

这是指直接由行为人实施的侵犯他人专利权的行为,主要有:

(1)制造专利产品的行为。专利产品是指专利权人在发明或者实用新型的权利要求中所描述的产品,或者在外观设计专利申请文件中写明的使用该外观设计的产品。不论制造者是否知道是专利产品,也不论是用什么方法制造,均构成专利侵权。

(2)故意使用发明或实用新型专利产品的行为。在这里,故意的含义是指使用人知道该产品是未经专利权人许可制造的侵权产品,而坚持购买使用的行为。

(3)故意销售专利产品的行为。故意销售是指行为人在主观上知道该产品属于侵权产品仍销售的行为。这里所说的"销售"除了出售行为之外,还包括对专利技术的许可、转让、租赁等行为;而且它不仅是指实际的销售行为,还应该包括销售的要约等行为。

(4)使用专利方法以及使用、销售依照专利方法直接获得的产品的行为。使用专利方法是指采用权利要求书中所记载的方法并实现其目的、优点或者积极效果的行为。专利法还规定,对专利方法的保护延及产品,即使用、销售依照该专利方法直接获得的产品也构成侵权,但如果该产品是依照其他方法制造的,则不构成对该方法专利的侵权。

(5)进口专利产品或进口依照专利方法直接获得的产品行为,即将专利产品或者依照专利方法直接获得的产品从国外进口到中国。

(6)假冒他人专利的行为。假冒他人专利是指非专利权人未经专利权人许可,在其产品或者产品包装上标注专利权人的专利标识或者专利号,冒充专利权人的专利产品。

(7)冒充专利的行为。冒充专利是指非专利权人将非专利产品冒充专利产品或者将非专利方法冒充专利方法。

2. 间接侵权行为

这是指行为人本身的行为并不直接构成对专利权的侵害,但实施的诱导、怂恿、教唆、帮助他人侵害专利权的行为。这些侵权行为主要有:

(1)故意制造、销售只能用于专利产品的关键部件。该部件并非用于不构成侵权用途的产品,而是为了用于侵权物品的特别制造。

(2) 未经专利权人授权或委托,许可他人实施专利技术。包括以合法途径取得专利技术资料,但无法定权利或约定授权而许可他人实施该专利技术,以及专利实施许可合同的被许可方,违反合同中"不得转让"的约定,擅自许可第三人实施。

(3) 专利权共有人未经其他共有人同意则许可他人实施该专利技术。

间接侵权帮助或导致了直接侵权行为的发生,对专利权人的合法权益造成了损害,它与直接侵权一起构成共同侵权,间接侵权人应当承担侵权责任。

(三) 不视为侵权专利的行为

(1) 专利产品或者依照专利方法直接获得的产品,由专利权人或者经其许可的单位、个人售出后,使用、许诺销售、销售、进口该产品的;

(2) 在专利申请日前已经制造相同产品、使用相同方法或者已经作好制造、使用的必要准备,并且仅在原有范围内继续制造、使用的;

(3) 临时通过中国领陆、领水、领空的外国运输工具,依照其所属国同中国签订的协议或者共同参加的国际条约,或者依照互惠原则,为运输工具自身需要而在其装置和设备中使用有关专利的;

(4) 专为科学研究和实验而使用有关专利的;

(5) 为提供行政审批所需要的信息,制造、使用、进口专利药品或者专利医疗器械的,以及专门为其制造、进口专利药品或者专利医疗器械的。

(四) 违反《专利法》的法律责任

侵害专利权行为,专利权人或者利害关系人可以请求管理专利工作的部门处理,也可以向人民法院起诉,根据《专利法》及相关法律的规定,侵权行为人应当承担的法律责任包括民事责任、行政责任与刑事责任。

1. 民事责任

人民法院经审理,如果确认被告人的行为构成专利侵权,则追究侵权人以下民事责任:

(1) 停止侵权。目的在于防止侵权人继续进行侵权活动,避免给权利人或者利害关系人造成更大损失。一般情况下,该种方式是首先适用的一种措施。

(2) 赔偿损失。目的在于救济专利权人或者利害关系人。专利权的损害赔偿,应当贯彻公正原则,使专利权人因侵权行为受到的实际损失能够得到合理的赔偿。专利侵权的损失赔偿可以按照以下方法计算:第一,以专利权人因被侵权所受到的损失确定;第二,以侵权人因侵权所获得的利益确定;第三,以上两种方法难以确定的,以该专利许可使用费的倍数合理确定。

(3) 消除影响。实施侵权行为给专利产品在市场上的商誉造成损害,影响其专利产品的销售、使用时,侵权行为人就应当承担消除影响的法律责任。其主要方式主要是通过新闻媒体公开声明,承认自己的侵权行为,从而达到消除对专利产品造成的不良影响。

2. 行政责任

管理专利工作的部门可以处理有关专利侵权的纠纷。管理专利工作的部门根据专利权人或者利害关系人的请求依法对侵权人的侵害行为进行处理,责令侵权人承担以下行政责任:

(1) 责令侵权人停止侵权行为;

(2) 责令侵权人赔偿损失;

(3) 罚款；
(4) 行政处分；
(5) 没收违法所得。

3. 刑事责任

根据我国《专利法》和《刑法》的有关规定，违反《专利法》应承担的刑事责任的有：

(1) 假冒他人专利；
(2) 泄露国家秘密；
(3) 玩忽职守，滥用职权，徇私舞弊。

综合案例

案情：1995 年 4 月 16 日，商标局核准桠枫电器公司在其生产的家用电器上使用"桠枫"注册商标，但之后桠枫电器公司对"桠枫"商标再没有申请续展。2004 年，兴业机电公司在其生产的电饭锅上使用"桠枫"商标，后来逐渐扩大到其他家用电器上，对此，桠枫电器公司未提出疑义。2005 年 11 月 30 日，兴业机电公司向商标局提出了在家用电器上使用"桠枫"商标的注册申请。

问题：1. 兴业机电公司的行为是否构成侵权？
2. 商标局审核后，兴业机电公司的注册申请能否获准？为什么？

解答：本题主要考查商标的侵权行为和注册商标的续展。解析本题的关键是要掌握：①侵犯商标专有权的行为；②注册商标的续展规定。

兴业机电公司 2003 年使用"桠枫"商标的行为构成侵权。《商标法》规定的商标侵权行为，是指侵犯他人注册商标专用权的行为。商标侵权行为的表现之一就是未经注册商标所有人的许可，在同一商品或者类似商品上使用与其注册商标相同或者近似的商标。《商标法》规定，商标侵权行为不以商标占用权人是否提出疑义为前提条件。所以，本案中兴业机电公司的行为已构成侵权。

兴业机电公司的注册申请可以获准。桠枫电器公司的"桠枫"商标没有申请续展，且已经过了宽展期。《商标法》规定，注册商标的有效期限为 10 年，自核准之日起计算。注册商标的有效期限届满，需要继续使用的，应当在期满前 6 个月内申请续展注册，在此期间未能提出申请的，可以给予 6 个月的宽展期。宽展期满仍未提出申请的，注销其注册商标。桠枫电器公司的"桠枫"商标是 1995 年 4 月 16 日获准注册的，2005 年 4 月 16 日到期，再加上 6 个月的宽展期，到 2005 年 10 月 16 日（至此，桠枫公司不再享有"桠枫"注册商标的专有权）。在这期间内桠枫电器公司的"桠枫"商标没有申请续展，商标局应该注销该商标，所以兴业机电公司的注册申请可以获准。

小案例

甲仅获得轿车外观设计专利权。乙未经允许，在其生产销售的轿车上使用与甲的外观设计专利相同的设计，乙是否侵犯了甲的外观设计专利？为什么？

复习思考题

1. 简述知识产权的法律特征。
2. 简述商标注册申请的原则。
3. 简述商标侵权的特征。
4. 简述构成专利侵权行为的必备条件。
5. 简述专利实施许可的特征。

第十二章 会计、审计法律制度

学习目标

通过本章学习，要求了解会计工作管理体制；了解对注册会计师的相关法律规定；了解违反《会计法》的法律责任；了解违反《审计法》的法律责任。了解用电子计算机进行会计核算中，对会计软件和电子计算机生成的会计凭证、会计账簿、财务会计报告等会计资料的法律规定。理解会计核算和会计监督；明确会计和《会计法》的概念；明确审计和《审计法》的概念；掌握会计基础工作规范的主要内容；掌握审计机关及领导体制和审计程序。

本章重点

会计机构和会计人员的设置及其职责、对会计人员的任免条件和任免方式；会计核算的法律规定和核算程序以及会计工作的内部监督、国家监督和社会监督。对审计工作的领导体制及其作用也要作重点掌握。

第一节 会计法律制度

一、会计法律制度概述

（一）会计法律制度的概念

会计工作的本质是对单位的经济业务进行确认、计量、记录和报告，并通过所提供的会计资料作出预测，参与决策，实行监督，旨在实现最优经济效益的一种管理活动。会计的基本职能是进行会计核算，实行会计监督。会计法律制度是调整会计机构和会计人员在办理会计事务过程中，以及国家在管理会计工作过程中发生的经济关系的法律规范。

（二）我国会计法律制度的构成

我国会计法律制度包括会计法律、会计行政法规和会计规章。其基本构成如下：

1. 会计法

会计法律是指调整我国经济生活中会计关系的法律总规范。

中华人民共和国的第一部会计法《中华人民共和国会计法》（以下简称《会计法》）诞生于1985年1月，并于同年5月1日起施行。随着我国社会主义市场经济建设的发展，于1999年10月31第九届全国人大常务委员会第十二次会议对《会计法》又进行了修订，从2000年7月1日起施行新的《会计法》。

《会计法》是会计法律制度中层次最高的法律规范，是制定其他会计法规的依据，也是指导会计工作的最高准则。

2. 会计行政法规

会计行政法规是由国务院制定或经国务院批准发布的规范性文件。如1990年12月31日国务院发布的《总会计师条例》，2000年6月21日国务院发布的《企业财务会计报告条例》，2006年2月15日财政部发布的《企业会计准则》等。

3. 会计规章

会计规章是根据《立法法》规定的程序，由财政部制定，并由部门首长签署命令予以公布的制度办法。如2001年2月20日以财政部第10号令形式发布的《财政部门实施会计监督办法》，就属于会计规章。此外，省、自治区、直辖市人民代表大会及其常委会可以在与《会计法》、会计行政法规不相抵触的前提下，制定本地方的会计法规。

二、会计工作管理体制的法律规定

会计工作管理体制包括三个方面的内容：

（一）会计管理工作的领导体制

会计法对会计管理工作的领导体制的具体规定是：国务院财政部门管理领导全国的会计工作，地方各级人民政府的财政部门管理本地区的会计工作，各级财政部门对本级及下属会计管理工作实行统一领导、分级管理的原则。

（二）会计机构和会计人员的管理体制

这一管理体制主要包括：

1. 会计机构和会计人员的设置

各单位根据会计业务的需要设置会计机构，或者在有关机构中设置会计人员并指定会计主管人员。不具备条件的，可以委托经批准设立的会计咨询、服务机构进行代理记账。大中型企业、事业单位和业务主管部门可以设置总会计师，总会计师由具有会计师以上专业技术任职资格的人担任。

会计机构内部应当建立稽核制度。出纳人员不得兼管稽核、会计档案保管和收入、费用、债权、债务账目的登记工作。

2. 会计机构、会计人员的职责

会计机构、会计人员的主要职责是：①按照《会计法》《会计准则》的规定，进行会计核算；②按照《会计法》规定，实行会计监督；③拟定本单位办理会计事务的具体方法；④参与拟定经济计划、业务计划，考核、分析预算和财务计划的执行情况；⑤办理其他会计事务。

3. 会计人员的条件和任免

会计人员必须具备必要的专业知识，忠于职守，坚持原则。按干部管理权限规定任免会计人员。企事业单位会计机构负责人和会计主管人员的任免要经会计主管部门的同意；会计人员的调动要先征得本单位会计主管人员和上级财会部门的同意；上级主管单位对所属部门会计人员受到错误处理的，应当责成所在单位予以纠正；对不宜担任会计工作的人员，应当责成所在单位予以撤职或免职。会计人员调动工作或离职，必须与接管人员办清交接手续。一般会计人员办理交接手续，由会计机构负责人（会计主管人员）监交；会计机构负责人（会计主管人员）办理交接手续，由单位负责人监交，必要时主管单位可以派人会同监交。

三、会计核算的法律规定

（一）会计核算的内容

(1) 项和有价证券的收付；
(2) 物的收发、增减和使用；
(3) 债权债务的发生和结算；
(4) 基金的增减和经费的收支；
(5) 收入、费用、成本的计算；
(6) 财务成果的计算和处理；
(7) 其他需要办理会计手续、进行会计核算的事项。

（二）会计期间与记账本位币

会计核算应当划分会计期间，分期结算账目和编制会计报表。会计期间分为年度、季度和月份。年度、季度和月份的起讫日期采用公历。例如，会计年度自公历1月1日起至12月31日止。

会计核算以人民币为记账本位币。业务收支以外国货币为主的单位，也可以选定某种外国货币作为记账本位币，但是编报会计报表应当折算为人民币反映。

（三）会计核算的基本要求

根据《会计法》的有关规定，会计凭证、会计账簿、会计报表和其他会计资料必须合法、真实、准确、完整，不得违反国家统一的会计制度的规定，不得伪造、变造会计凭证、会计账簿，不得报送虚假的会计报表。

（四）会计核算的程序

会计核算的基本程序如下：

(1) 办理法定会计事项，必须填制或者取得原始凭证，并及时送交会计机构。会计机构必须对原始凭证进行审核，并根据经过审核的原始凭证编制记账凭证。

(2) 各单位按照国家统一的会计制度的规定设置会计科目和会计账簿。会计机构根据经过审核的原始凭证和记账凭证，按照国家统一的会计制度关于记账规则的规定记账。

(3) 各单位应当建立财产清查制度，保证账簿记录与实物、款项相符。

(4) 各单位按照国家统一的会计制度的规定，根据账簿记录编制会计报表，报送财政部门和有关部门。会计报表由单位行政领导人和会计机构负责人、会计主管人员签名或者盖章。设置总会计师的单位并由总会计师签名或者盖章。

（五）会计资料的保管

会计凭证、会计账簿、会计报表和其他会计资料，应当按照国家有关规定建立档案，妥善保管。会计档案的保管期限和销毁办法,由国务院财政部门会同有关部门制定。

四、会计监督的法律规定

会计监督是会计的基本职能之一,是我国经济监督体系的重要组成部分。会计监督可分为单位内部监督、国家监督和社会监督。《会计法》《财政部门实施会计监督办法》《会计工作规范》和财政部于2001年6月22日印发的《内部会计控制规范(试行)》等法律、行政法规、规章对单位内部会计监督以及会计工作国家监督和社会监督都作出了相应的规定。

(一) 单位内部会计监督

单位内部会计监督制度,是指为了保护其资产的安全完整,保证其经营活动符合国家法律、法规和内部有关管理制度,提高经营管理水平和效率,而在单位内部采取的一系列相互制约、相互监督的制度与方法。单位内部会计监督是贯彻执行会计法律、法规,保证会计核算真实有序进行的首要措施。

内部会计监督的主体是各单位的会计机构、会计人员;内部会计监督的对象是单位的经济活动。内部会计监督制度应当符合以下要求:①记账人员与经济业务事项或会计事项的审批人员、经办人员、财物保管人员的职责权限应当明确,并相互分离、相互制约;②重大对外投资、资产处置、资金调度和其他重要经济业务事项的决策和执行的相互监督、相互制约的程序应当明确;③财产清查的范围、期限和组织程序应当明确;④对会计资料定期进行内部审计的办法和程序应当明确。

单位内部会计监督的方法主要有:①不相容职务相互分离控制;②授权批准控制;③会计系统控制;④预算控制;⑤财产保全控制;⑥风险控制;⑦内部报告控制;⑧电子信息技术控制。

会计机构和会计人员在单位内部会计监督中具有以下职权:

(1) 会计机构、会计人员对违反《会计法》和国家统一的会计制度规定的会计事项,有权拒绝办理或者按照职权予以纠正。

(2) 会计机构、会计人员发现会计账簿记录与实物、款项及有关资料不相符的,按照国家统一的会计制度的规定有权自行处理的,应当及时处理;无权处理的,应当立即向单位负责人报告,请求查明原因,作出处理。

(二) 会计工作的国家监督

1. 国家监督的权力主体和监督对象

会计工作的国家监督,是一种外部监督,主要是指财政部门代表国家对各单位和单位中相关人员的会计行为实施的监督检查。这是我国经济监督体系的一个重要方面,它与单位内部会计机构、会计人员实行的会计监督是相辅相成的。

(1) 监督的权力主体。根据《会计法》的规定,县级以上人民政府财政部门是本地方会计工作的监督主体,对各单位会计工作行使监督权,对违法会计行为实施行政处罚。此外,《会计法》规定,除财政部门外,审计、税务、人民银行、证券监管、保险监管等部门依照有关法律、行政法规规定的职责和权限,可以对有关单位的会计资料实施监督检查。

(2) 监督对象。根据《财政部门实施会计监督办法》的规定,财政部门实施会计监督检查的对象是会计行为,并对发现的有违法会计行为的单位和个人实施行政处罚。违法会计行为是指公民、法人和其他组织违反《会计法》和其他有关法律、行政法规、国家统一的会计制度的行为。

根据《会计法》的规定，各单位必须依照有关法律、行政法规的规定，接受有关监督检查部门依法实施的监督检查，如实提供会计凭证、会计账簿、财务会计报告和其他会计资料以及有关情况，不得拒绝、隐匿、谎报。依法对有关单位的会计资料实施监督检查的部门及其工作人员，应当依照法定的权限和法定的程序进行，对在监督检查中知悉的国家秘密和商业秘密负有保密义务。

2. 财政部门实施会计监督的内容

根据《会计法》的规定，财政部门对各单位会计凭证、会计账簿、财务会计报告和其他会计资料真实性、完整性实施监督检查。检查中发现重大违法嫌疑时，国务院财政部门及其派出机构可以向与被监督单位有经济业务往来的单位和被监督单位开立账户的金融机构查询有关情况。

（三）会计工作的社会监督

会计工作的社会监督，主要是指由注册会计师及其所在的会计师事务所依法对受托单位的经济活动进行的审计、鉴证的一种监督制度。

注册会计师是依法取得注册会计师证书并接受委托从事审计和会计咨询、会计服务业务的执业人员，根据《中华人民共和国注册会计师法》的规定，注册会计师及其所在的会计师事务所依法承办下列审计业务：①审查企业财务会计报告，出具审计报告；②验证企业资本，出具验资报告；③办理企业合并、分立、清算事宜中的审计业务，出具有关的报告；④法律、行政法规规定的其他审计业务。

注册会计师接受委托对财务会计报告进行审计，既对委托人负责，也对财务会计报告使用者负责，更要对国家法律负责。因此，注册会计师从事财务会计报告审计，在一定意义上讲，也是对有关单位的财务会计报告和会计工作所进行的监督，通过注册会计师的审计，发现并纠正财务会计报告中的问题，从而促进委托人不断改进会计工作，提高会计资料质量。

根据《会计法》的规定，财政部门有权对会计师事务所出具审计报告的程序和内容进行监督。也就是说，财政部门对注册会计师及其会计师事务所的审计质量进行再监督。此外，为了发挥社会各方面的力量，鼓励任何单位和个人检举违法会计行为，《会计法》规定，任何单位和个人对违反《会计法》和国家统一的会计制度规定的行为，有权检举。这也是会计工作社会监督的范畴。

 想一想

请同学们想一想：会计监督分为哪几种监督形式？各种监督形式分别由哪些部门和单位来进行？

五、违反会计法的法律责任

违反会计法律制度的违法行为应当承担的法律责任，《会计法》及相关法律、行政法规、规定作出了相应的规定。

（一）违反国家统一的会计制度行为的法律责任

根据《会计法》的规定，违反《会计法》和国家统一的会计制度规定，有下列行为之一，由县级以上人民政府财政部门责令限期改正，可以对单位并处3000元以上5万元以下的罚款；对直接负责的主管人员和其他直接责任人员，可以处2000元以上2万元以下的罚款；属于国家工作人员的，还应当由其所在单位或者有关单位依法给予行政处分；构成犯罪的，依法追究刑事责任：

（1）不依法设置会计账簿的；

（2）私设会计账簿的；

（3）未按照规定填制、取得原始凭证或者填制、取得的原始凭证不符合规定的；

（4）以未经审核的会计凭证为依据登记会计账簿或者登记会计账簿不符合规定的；

（5）随意变更会计处理方法的；

（6）向不同的会计资料使用者提供的财务会计报告编制依据不一致的；

（7）未按照规定使用会计记录文字或者记账本位币的；

（8）未按照规定保管会计资料，致使会计资料毁损、灭失的；

（9）未按照规定建立并实施单位内部会计监督制度或者拒绝依法实施的监督或者不如实提供有关会计资料及有关情况的；

（10）任用会计人员不符合《会计法》规定的。

会计人员有上述所列行为之一，情节严重的，由县级以上人民政府财政部门吊销会计从业资格证书；有关法律对上述所列行为的处罚另有规定的，依照有关法律的规定办理。

（二）伪造、变造会计凭证、会计账簿，编制虚假财务会计报告行为的法律责任

根据《会计法》的规定，对于伪造、变造会计凭证、会计账簿或者编制虚假财务会计报告的行为，构成犯罪的，依法追究刑事责任；尚不构成犯罪的，由县级以上人民政府财政部门予以通报；可以对单位并处5000元以上10万元以下的罚款，对其直接负责的主管人员和其他直接责任人员，可以处3000元以上5万元以下的罚款；属于国家工作人员的，还应当由其所在单位或者有关单位给予撤职直至开除的行政处分；对其中的会计人员，并由县级以上人民政府财政部门吊销会计从业资格证书。

（三）隐匿或者故意销毁依法应当保存的会计凭证、会计账簿、财务会计报告行为的法律责任

根据《会计法》的规定，隐匿或者故意销毁依法应当保存的会计凭证、会计账簿、财务会计报告，构成犯罪的，依法追究刑事责任。根据《刑法》第一百六十二条第二款的规定，隐匿或者故意销毁依法应当保存的会计凭证、会计账簿、财务会计报告，情节严重的，处5年以下有期徒刑或者拘役，并处或者单处2万元以上20万元以下罚金。单位犯前款罪的，对单位判处罚金，并对其直接负责的主管人员和其他直接责任人员，依照前款的规定处罚。

隐匿或者故意销毁依法应当保存的会计凭证、会计账簿、财务会计报告，尚不构成犯罪的，由县级以上人民政府财政部门予以通报，可以对单位并处5000元以上10万元以下的罚款；对其直接负责的主管人员和其他直接责任人员，可以处3000元以上5万元以下的罚款；属于国家工作人员的，还应当由其所在单位或者有关单位依法给予撤职直至开除的行政处分；对其中的会计人员，并由县级以上人民政府财政部门吊销会计从业资格证书。

（四）授意、指使、强令会计机构、会计人员及其他人员伪造、变造会计凭证、会计账簿，编制虚假财务会计报告或者隐匿、故意销毁依法应当保存的会计凭证、会计账簿、财务会计报告行为的法律责任

根据《会计法》的规定，授意、指使、强令会计机构、会计人员及其他人员伪造、变造会计凭证、会计账簿，编制虚假财务会计报告或者隐匿、故意销毁依法应当保存的会计凭证、会计账簿、财务会计报告的行为，构成犯罪的，依法追究刑事责任；尚不构成犯罪的，可以处5000元以上5万元以下的罚款，属于国家工作人员的，还应当由其所在单位或者有关单位依法给予降级、撤职、开除的行政处分。

（五）单位负责人对依法履行职责、抵制违反《会计法》规定行为的会计人员实行打击报复的法律责任

根据《会计法》的规定，单位负责人对依法履行职责、抵制违反《会计法》规定行为的会计人员以降级、撤职、调离工作岗位、解聘或者开除等方式实行打击报复，构成犯罪的，依法追究刑事责任。

根据《刑法》第二百五十五条规定，公司、企业、事业单位、机关、团体的领导人对依法履行职责、抵制违反《会计法》规定行为的会计人员实行打击报复，情节恶劣的，处3年以下有期徒刑或者拘役。单位负责人对依法履行职责、抵制违反《会计法》规定行为的会计人员实行打击报复，尚不构成犯罪的，由其所在单位或者有关单位依法给予行政处分。对受打击报复的会计人员，应当恢复其名誉和原有职务、级别。

第二节　注册会计师法律制度

一、注册会计师和《注册会计师法》的概念

注册会计师是依法取得注册会计师证书并接受委托从事审计和会计咨询、会计服务业务的执业人员。

1993年第八届全国人大会常务委员会第四次会议通过了《中华人民共和国注册会计师法》，自1994年1月起施行。2014年8月31日，中华人民共和国第十二届全国人民代表大会常务委员会第十次会议进行了第一次修订。

二、注册会计师注册

参加注册会计师全国统一考试成绩合格者，并从事审计业务工作两年以上的，可以向省、自治区、直辖市注册会计师协会申请注册。注册会计师协会应当将准予注册的人员名单报国务院财政部备案。准予注册的申请人，由注册会计师协会发给国务院财政部门统一制定的注册会计师证书。

有下列情形之一的，受理申请的注册会计师协会不予注册：
(1) 不具有完全民事行为能力的；
(2) 因受刑事处罚，自处罚执行完毕之日起至申请注册之日止不满5年的；

（3）因在财务、会计、审计、企业管理或者其他经济管理工作中犯有严重错误受行政处罚、撤职以上处分，自处罚、处分决定之日起至申请注册之日止不满2年的；

（4）受吊销注册会计师证书的处罚，自处罚决定之日起至申请注册之日止不满5年的；

（5）国务院财政部门规定的其他不予注册的情形。

已取得注册会计师证书的人员，如果注册后出现以下情形之一的，准予注册的注册会计师协会将撤销其注册，收回注册会计师证书：①完全丧失民事行为能力的；②受刑事处罚的；③因在财务、会计、审计、企业管理或者其他经济管理中犯有严重错误受行政处罚、撤职以上处分的；④自行停止执行注册会计师业务满1年的。

 **想一想**

请同学们考虑：参加注册会计师全国统一考试成绩合格者，是否即可成为注册会计师？

三、注册会计师的业务范围

（一）承办审计业务

（1）审查企业会计报表，出具审计报告；

（2）验证企业资本，出具验资报告；

（3）办理企业合并、分立、清算事宜中的审计业务，出具有关的报告；

（4）法律、行政法规规定的其他审计业务。

注册会计师依法执行审计业务出具的报告，具有证明效力。

（二）注册会计师可以承办会计咨询、会计服务业务

注册会计师承办业务，由其所在的会计师事务所统一受理并与委托人签订委托合同。会计师事务所对本所注册会计师依照前款规定承办的业务，承担民事责任。

注册会计师对在执行业务中知悉的商业秘密，负有保密义务。

四、注册会计师的执业规则

注册会计师执行业务，应当加入会计师事务所。注册会计师承办业务，由其所在的会计师事务所统一受理并与委托人签订委托合同。注册会计师执行业务，可以根据需要查阅委托人的有关会计资料和文件，查看委托人的业务现场和设施，要求委托人提供其他必要的协助。注册会计师与委托人有利害关系时，应当回避；委托人有权要求回避。注册会计师在执行业务中知悉的商业秘密，负有保密的义务。注册会计师执行审计业务必须按照执行标准、规则规定的工作程序出具报告。

注册会计师不得有下列行为：

（1）在执行审计业务期间，在法律、行政法规规定不得买卖被审计单位的股票、债券或者不得购买被审单位或者个人的其他财产的期限内，买卖被审单位的股票、债券或者购买被审单位或者个人所拥有的其他财产；

（2）索取、收受委托合同约定以外的酬金或者其他财物，或者利用执行业务之便，谋

取其他不正当的利益;

(3) 接受委托催收债款;

(4) 允许他人以本人名义执行业务;

(5) 同时在两个或者两个以上的会计师事务所执行业务;

(6) 对其能力进行广告宣传以招揽业务;

(7) 违反法律、行政法规的其他行为。

五、违反《注册会计师法》的法律责任

会计师事务所执行审计业务违反执业准则、规则确定的工作程序出具报告或者违反应当拒绝出具有关报告规定的,由省级以上人民政府财政部门给予警告,没收违法所得,可以并处违法所得1倍以上5倍以下罚款;情节严重的,可以由省级人民政府财政部门暂停其经营业务或者予以撤销。注册会计师执行审计业务违法出具报告的,可以由省级以上人民政府财政部门暂停其执行业务或吊销注册会计师证书。会计师事务所、注册会计师违法故意出具虚假的审计报告,验资报告,构成犯罪的,依法追究刑事责任。

未经批准承办注册会计师法定审计业务的单位,由省级以上人民政府财政部门责令其停止违法活动,没收违法所得,可以并处违法所得1倍以上5倍以下的罚款。

会计师事务所违法给委托人、其他利害关系人造成损失的,应当依法承担赔偿责任。

第三节 审计法律制度

一、审计和《审计法》的概念

审计是指审计机构和审计人员依法对被审计单位的财经活动和财务收支及其有关的经济活动进行审核、评价和监督的活动。它包括以被审计单位的会计记录、会计报表、会计机构和会计行为以及对财产的经营管理效益进行全面审查。审计法是指用于调整审计关系的法律规范的总称。审计关系就是审计机关和审计人员在审计过程中与被审计单位之间发生的社会关系。1994年8月31日全国人大常委会通过了《中华人民共和国审计法》(以下简称《审计法》),决定自1995年1月1日起施行,2006年2月28日第十届全国人民代表大会常务委员会第二十次会议对该法进行了修订。2010年2月2日国务院又对《中华人民共和国审计法实施条例》进行了重新修订,修订后的《审计条例》自2010年5月1日起施行。

二、审计法的立法目的和审计机关的法律规定

(一)《审计法》的立法目的

《审计法》第一条明确规定:"为了加强国家的审计监督,维护国家财政经济秩序,促进廉政建设,保障国民经济健康发展"。这一立法目的包括了三方面的内容:一是体现了党的十四大以来提出的强化审计监督的要求;二是体现了审计监督在国家财政经济运行中的地位和作用;三是体现了党的十四届三中全会关于加强审计监督,发挥审计机关在促进廉政建

设中的作用的精神。

（二）审计机关的设立

国务院设立审计署，在国务院总理领导下，主管全国的审计工作。审计长是审计署的行政首长。省、自治区、直辖市、设区的市、自治州、县、自治县、不设区的市、市辖区的人民政府的审计机关，分别在省长、自治区主席、市长、州长、县长、区长和上一级审计机关的领导下，负责本行政区域内的审计工作。

地方各级审计机关负责人的任免，应当事先征求上一级审计机关的意见。

地方各级审计机关对本级人民政府和上一级审计机关负责并报告工作，审计业务以上级审计机关领导为主。审计机关根据工作需要，经本级人民政府批准，可以在其审计管辖范围内设立派出机构。审计机关履行职责所必需的经费，应当列入财政预算，由本级人民政府予以保证。

（三）对审计人员的法律规定

审计人员应当具备与其从事的审计工作相适应的专业知识和业务能力。

审计人员办理审计事项，与被审计单位或者审计事项有利害关系的，应当回避。

审计人员对其在执行职务中知悉的国家秘密和被审计单位的商业秘密，负有保密的义务。

审计人员依法执行职务，受法律保护。任何组织和个人不得拒绝、阻碍审计人员依法执行职务，不得打击报复审计人员。

审计机关负责人依照法定程序任免。审计机关负责人没有违法失职或者其他不符合任职条件的情况的，不得随意撤换。

（四）审计机关的职责和权限

国家审计署在国务院总理领导下，对中央预算执行情况和其他财政收支情况进行审计监督，向国务院总理提出审计结果报告。地方各级审计机关分别在省长、自治区主席、市长、州长、县长、区长和上一级审计机关的领导下，对本级预算执行情况和其他财政收支情况进行审计监督，向本级人民政府和上一级审计机关提出审计结果报告。

审计机关对本级各部门（含直属单位）和下级政府预算的执行情况和决算以及其他财政收支情况，进行审计监督。

一般理解，凡是有国有资财的部门和单位均可作为审计机关的工作对象。

审计机关依法具体享有以下两个方面的职权：

1. 监督检查权

审计机关在审计过程中，享有下列监督检查权：

（1）要求被审计单位报送财政预算、财务计划、清算、会计报表以及有关资料；

（2）检查被审计单位的有关账目、资产，查阅有关文件资料，参加被审计单位的有关会议；

（3）对审计中的有关事项，向机关、团体、企事业单位有关人员进行调查，上述单位的人员应当提供有关资料及证明材料；

（4）对正在进行的严重损害国家利益、违反财经法规的行为，提请有关主管部门作出临时制止决定，制止无效时，可通知财政部门或者银行暂停拨付有关款项；

（5）对阻挠、破坏审计工作的被审计单位，可以采取封存有关账册、资产等临时措施。

2. 经济处罚权

审计机关对违反财经法规的被审计单位，享有以下经济处罚权：

（1）酌情给予警告、通报批评；

（2）责令纠正违反国家规定的收支；

（3）责令退还或者没收非法所得；

（4）收缴侵占的国家资产；

（5）对违反规定使用财政拨款或者银行贷款、严重危害国家利益的被审计单位，作出停止财政拨款或者停止银行货款的决定；

（6）按照有关法规的规定处以罚款；

（7）被审计单位拒不缴纳应缴的违法款项和罚款，审计机关可以通知银行扣缴。

对违反财经法规的被审计单位的直接责任人员和单位负责人应当给予行政处分的，由审计机关移送监察或者有关部门处理。情节严重、构成犯罪的，提请司法机关依法追究刑事责任。

三、审计的基本原则

（一）依法审计原则

依法审计是审计监督的一项基本原则，要求审计机关和审计人员应当依照法律规定行使审计监督权，开展各项审计活动。依法审计原则的内容主要有以下几个方面：

（1）审计机关的职权只能由法定的审计机关行使。

（2）审计机关必须依照法定权限实施具体的审计行为。

（3）审计机关的审计活动必须遵守法定审计程序。

（4）审计机关必须依法作出审计结果。

（二）独立审计原则

审计机关独立行使审计监督权，主要指审计机关在组织、人员、经费和工作上的独立性，以保证审计监督的客观性、公正性、权威性和有效性。独立审计原则主要包括：

（1）组织上的独立性，指审计机构单独设置，与被审计单位没有组织上的隶属关系。

（2）人员上的独立性，指审计人员与被审计单位应当不存在经济利害关系，不参与被审计单位的经营管理活动。

（3）工作上的独立性，指审计机关及其审计人员依法独立开展审计工作，作出审计判断、提出审计报告、出具审计意见书和作出审计决定，其他行政机关、社会团体和个人不得干涉。

（4）经费上的独立性，指审计机关履行职责所必须的经费，按照审计法的规定单独列入财政预算，以保证有足够的经费独立开展工作。

（5）对审计人员的特殊保护。审计人员作为国家公务员，除享受国家公务员条例规定的权利，《审计法》特殊规定：不得打击报复审计人员，并对拒绝、阻碍依法执行职务和报复陷害审计人员的违法行为，明确了相应的法律责任。

（三）客观公正原则

客观公正是审计机关在行使审计监督权时必须公平、正当、实事求是，它也是审计人员职业道德的重要内容。

(四)职业谨慎原则

职业谨慎是防范审计风险应持有的工作态度。审计人员在执行审计业务时,必须保持职业谨慎。要对审计事项重要性和审计风险水平进行合理的判断,选派合格的审计人员,制订合理的审计方案,并在工作过程中遵守审计规范,以提高审计意见的可靠性,避免因工作疏忽而遗漏重要审计事项或造成审计结论错误。

(五)廉洁奉公原则

廉洁奉公原则是指审计人员正确行使审计监督职权,不徇私情,廉洁公正地执行公务,克己奉公,艰苦奋斗,努力为人民服务等方面的要求和行为准则。廉洁公正原则是审计人员职业道德的核心内容。它主要包括两个方面的内容:一是在行为方面,必须严格遵守审计工作纪律,不得利用审计权力为自己或者他人谋取私利;二是必须严格遵守审计工作程序,审计人员不得参加可能影响公正执法的活动。

四、审计程序的法律规定

1. 组成审计组,送达审计通知书

审计机关根据审计项目计划确定的审计事项组成审计组,并应当在实施审计3日前,向被审计单位送达审计通知书。被审计单位应当配合审计机关的工作,并提供必要的工作条件。

2. 进行审计,并取得证明材料

审计人员通过审查会计凭证、会计账簿、会计报表,查阅与审计事项有关的文件、资料,检查现金、实物、有价证券,向有关单位和个人调查等方式进行审计,并取得证明材料。审计人员向有关单位和个人进行调查时,应当出示审计人员的工作证件和审计通知书副本。

3. 提出审计报告

审计组对审计事项实施审计后,应当向审计机关提出审计报告。审计报告报送审计机关前,应当征求被审计单位的意见。被审计单位应当自接到审计报告之日起10日内,将其书面意见送交审计组或者审计机关。

4. 审定审计报告,出具审计意见书

审计机关按照审计署规定的程序对审计组的审计报告进行审议,并对被审计对象对审计组的审计报告提出的意见一并研究后,提出审计机关的审计报告;对违反国家规定的财政收支、财务收支行为,依法应当给予处理、处罚的,在法定职权范围内作出审计决定或者向有关主管机关提出处理、处罚的意见。

审计机关应当将审计机关的审计报告和审计决定送达被审计单位和有关主管机关、单位。审计决定自送达之日起生效。

五、违反《审计法》的法律责任

(一)被审计单位及有关人员应承担的法律责任

被审计单位违反本法规定,拒绝或者拖延提供与审计事项有关的资料的,或者提供的资料不真实、不完整的,或者拒绝、阻碍检查的,由审计机关责令改正,可以通报批评,给予警告;拒不改正的,依法追究责任。

被审计单位违反本法规定，转移、隐匿、篡改、毁弃会计凭证、会计账簿、财务会计报告以及其他与财政收支、财务收支有关的资料，或者转移、隐匿所持有的违反国家规定取得的资产，审计机关认为对直接负责的主管人员和其他直接责任人员依法应当给予处分的，应当提出给予处分的建议，被审计单位或者其上级机关、监察机关应当依法及时作出决定，并将结果书面通知审计机关；构成犯罪的，依法追究刑事责任。

被审计单位的财政收支、财务收支违反法律、行政法规的规定，构成犯罪的，依法追究刑事责任。

报复陷害审计人员的，依法给予处分；构成犯罪的，依法追究刑事责任。

（二）审计工作人员应承担的法律责任

审计人员滥用职权、徇私舞弊、玩忽职守或者泄露所知悉的国家秘密、商业秘密的，依法给予处分；构成犯罪的，依法追究刑事责任。

复习思考题

1. 我国会计法律制度包括哪些内容？
2. 会计机构和会计人员的主要职责包括哪些？
3. 会计核算的主要内容是什么？
4. 什么是注册会计师？
4. 审计机关的职权包括哪些？
5. 审计机关的审计程序是什么？
6. 简要叙述审计工作的基本原则。

第十三章 金融、票据法律制度

学习目标

通过本章学习,要求了解我国的金融机构和金融管理体制;了解票据的权利、义务。理解金融和金融法的概念;掌握现金管理和支付结算的法律规定;掌握票据的概念和特征;理解票据当事人的含义;掌握票据行为方式等规定。

本章重点

现金管理的基本原则、现金的使用范围和基本要求;支付结算的原则和基本要求、银行账户开立的有关规定;票据的概念和种类、票据行为、票据权利以及法律责任等内容。

第一节 金融法概述

一、金融的含义与金融法律制度

(一) 金融的含义

金融是指货币资金的借贷和流通,即以银行为中心的各种信用活动以及在信用基础上组织起来的货币流通。一般来讲,金融的范围主要包括:货币的发行与回笼;存款的吸收与支取;贷款的发放与回收;现金流通与转账结算;金银、外币和有价证券的买卖;国内、国际货币支付结算;票据贴现;银行同业拆借;信托投资;各种财产和人身保险;融资租赁等。

(二) 金融法律制度的概念

金融法律制度是指国家权力机关和行政机关制定的各种有关金融活动规范性文件的总称,是调整金融关系的法律规范。金融关系是银行或者其他金融机构在从事金融管理和金融经营活动过程中与其他政府机构、市场主体和社会个人之间发生的经济关系。

金融法律制度调整的金融关系一般可分为两类:一类是金融管理关系,即主要包括在中央银行对各类金融机构和各种金融活动实施的监督、管理过程中,以及金融机构内部管理中发生的经济关系;另一类包括金融企业的经营关系,即主要指以金融企业为中心的在金融市场的各项融资活动中发生的经济关系。

(三) 我国现行的金融法律制度

我国金融法律制度自改革开放以来,在日益繁荣的社会经济活动中,得到了不断发展和完善,已初步形成了一个有机统一的金融法律体系。具体包括以下几个方面:

1. 金融机构组织法律制度

即规范和调整我国金融机构组织关系的法律规范总称。我国没有专门的金融机构组织法,它的外在表现形式主要散见于《中华人民共和国中国人民银行法》《中华人民共和国商业银行法》《中华人民共和国外资金融机构管理条例》等法律、行政法规之中。

2. 银行业务法律制度

即调整银行业务关系的金融法律规范的总称,是金融法律制度最基本的内容。如《中华人民共和国中国人民银行法》《中华人民共和国商业银行法》《现金管理暂行条例》《金银管理条例》《储蓄管理条例》等。

3. 外汇管理法律制度

即调整外汇管理关系和外汇流通关系的金融法律规范总称,主要规定外汇收支、外汇兑换和外汇进出国境等内容。如《中华人民共和国外汇管理条例》。

4. 票据法律制度

即调整票据管理和票据流通关系的金融法律规范总称,主要是规范票据种类、签发、转让、结算和票据当事人权利义务等票据行为和事项。如《中华人民共和国票据法》《票据管理实施办法》《支付结算办法》《非银支付机构网络支付管理办法》等。

5. 证券法律制度

即调整证券管理关系和证券业务关系的金融法律规范的总称,主要是规范证券发行、证券交易、上市公司收购、证券交易所、证券公司、证券监督管理等行为,如《中华人民共和国证券法》。

6. 信托法律制度

即调整信托关系的金融法律规范的总称,主要是规范信托财产范围、信托关系的权利义务、信托机构设立与运作和程序等行为。如《中华人民共和国信托法》。

7. 保险法律制度

即调整在保险活动中形成的保险关系的金融法律规范总称,主要规范保险合同、保险公司、保险经营、保险业监管、代理人和保险经纪人等行为。如《中华人民共和国保险法》。

本章将具体介绍现金管理、支付结算和银行账户管理、票据管理等方面的法律制度的规定。

二、我国金融机构与金融体系

(一) 金融机构与金融体系的概念

金融机构,是指依法设立的从事金融业务活动的各类信用机构的总称。主要包括中央银行和各商业银行、政策性银行、信用合作社、保险公司、信托投资公司、财务公司、租赁公司、证券公司、互助基金、投资基金、金融公司、住宅金融公司、典当行等。

金融机构的组织及其管理关系，形成了金融体系。一般来讲，世界各国的金融体系基本上分为两类，一类是多种银行体制，即以中央银行为核心，以商业银行为主体，多种金融机构并存的金融体系；另一类是单一银行体制，即将中央银行的职能和商业银行的职能集中于一体的、单一的国家银行，另外仅建立几家专业性银行，如储蓄银行、投资银行等。

（二）我国金融体系构成

随着我国金融体制改革的不断深化和发展，我国初步形成了以中央银行即中国人民银行为核心、以国有商业银行为主体、政策性银行与商业银行相分离、多种金融机构并存的分工协作的新的金融体系。我国金融体系的构成如下：

1. 中央银行

指国家控制与调节货币流通和信用的中心机构，是我国金融体系的核心，享有国家法律赋予的各种职权，是国家的货币发行银行，是银行的银行。它负责制定和执行国家金融方针、政策和法令，并对国内整个金融体系和金融活动实行管理和监督。根据《中国人民银行法》的规定，中国人民银行是我国的中央银行。中国人民银行在国务院的领导下制定和实施货币政策，实施对金融业的监督管理。

2. 政策性银行

指由政府设立的、专门从事某一方面的政策性货币信用业务、并不以营利为目的的金融机构。我国的政策性银行包括国家开发银行、中国农业发展银行和中国进出口银行。政策性银行是具有法人资格的国有银行，直属于国务院领导，其业务受中国人民银行的监督，主要任务是贯彻国家产业政策，支持国家区域发展战略；其资金和财产主要由政府财政部门拨付，并坚持自担风险、保本经营、不与商业性银行竞争的原则。

3. 商业银行

指以获得利润为目的并以追求利润最大化为目标，以吸收公众存款、发放短期和中长期贷款、办理国内外结算和票据贴现、发行金融债券、代理发行和代理兑付及承销政府债券、买卖政府债券、从事同业拆借、买卖和代理买卖外汇、提供保管箱服务等为其业务，具有法人资格的金融机构，是国家金融体系的主体。目前我国的商业银行主要有中国工商银行、中国农业银行、中国银行、中国建设银行等四大国有控股银行和交通银行、招商银行、城市商业银行等股份制银行。

4. 非银行金融机构

指中央银行、政策性银行和商业银行以外的，具有一定限度的资金融通职能，其业务被限定在一定的范围内，并担负某一专项社会职能的金融机构。非银行金融机构的经营范围和业务种类由中国人民银行、中国证券监督管理委员会、中国保险监督管理委员会依法加以规定，并依据经济形势的变化而进行调整。我国非银行金融机构主要包括农村信用社、城市信用社、保险公司、信托投资公司、证券公司、典当行等。

 想一想

请同学们想一想：我国的中央银行和政策性银行是否办理我们日常生活中经常发生的储蓄业务？如果需要办理储蓄业务需要到哪类银行办理？

5. 境内外资金融机构

指外资金融机构在我国境内设立的代表处、营业性外国银行分行、中外合资银行、外国独资银行、外资保险公司、中外合资保险公司、中外合资投资银行等。

第二节 现金管理法律规定

一、现金及现金管理

现金是指具备现实购买力或者法定清偿力的通货。在金属货币流通条件下，现金是指金属铸币及其他作辅币使用的铸币；在纸币或者信用货币流通的条件下，现金包括铸币、纸币和信用货币。我国的现金是指人民币，包括纸币和金属辅币。

现金管理是指现金管理单位按照规定管理各单位的现金收入、支出和库存的一项重要财经管理活动。1988年9月8日国务院发布了《现金管理暂行条例》，同年10月1日起施行；1988年9月23日中国人民银行发布了《现金管理暂行条例实施细则》，同年10月1日起施行。为此，以下主要介绍现金管理基本原则、现金使用范围和现金管理的基本要求。

二、现金管理基本原则

使用现金的单位，应当严格遵守以下现金管理基本原则：

（1）凡在银行和其他金融机构（以下简称开户银行）开立账户的机关、团体、部队、企业、事业单位和其他单位（以下简称开户单位）必须依照规定收支和使用现金，接受开户银行的监督；

（2）国家鼓励开户单位和个人在经济活动中采取转账方式进行结算，减少现金使用；

（3）开户单位之间的经济往来，除按规定的范围可以使用现金外，应当通过开户银行进行转账结算；

（4）中国人民银行及其分支机构严格履行金融主管机关职责，负责对开户银行执行现金管理情况进行监督和稽核；

（5）开户银行负责现金管理的具体实施，对开户单位收支、使用现金进行监督管理。

三、现金使用范围

根据规定，开户单位可以在下列范围内使用现金：

（1）职工工资、津贴；
（2）个人劳务报酬；
（3）根据国家规定颁发给个人的科学技术、文化艺术、体育等各项奖金；
（4）各种劳保、福利费用以及国家规定的对个人的其他支出；
（5）向个人收购农副产品和其他物资的价款；
（6）出差人员必须随身携带的差旅费；

(7) 结算起点 1000 元以下的零星支出；

(8) 中国人民银行确定需要支付现金的其他支出。

在上述 (1)、(2)、(3)、(4)、(7) 和 (8) 项中，开户单位支付给个人的款项超过结算起点 1000 元的部分，应当以转账方式支付；确需全额支付现金的，经开户银行审核后，予以支付现金。

四、现金管理基本要求

(1) 开户单位在购销活动中不得对现金结算给予比转账结算优惠的待遇；不得只收现金而拒收支票、银行本票和其他转账结算凭证。转账结算凭证在经济往来中具有同现金相同的支付能力。

(2) 开户单位必须严格遵守开户银行核定的库存现金限额；库存现金限额由开户银行根据开户单位 3 至 5 天的日常零星开支所需要的现金核定，开户单位需要增加或者减少库存现金限额的，应当向开户银行提出申请，由开户银行核定。

(3) 开户单位应当建立健全现金账目，逐笔记载现金支付。账目应当日清月结，账款相符；不准用不符合财务会计制度规定的凭证顶替库存现金，不准单位之间相互借用现金，不准谎报用途套用现金，不准利用存款账户代其他单位和个人存入或者支取现金，不准将单位收入的现金以个人名义存入储蓄，不准保留账外公款（即小金库），禁止发行变相货币，不准以任何票券代替人民币在市场上流通。

(4) 一个单位在几家金融机构开户的，只能开设一个基本存款账户，其余为一般账户，除基本账户外的一般账户不得办理现金支付。

(5) 实行大额现金支付登记备案制度。根据中国人民银行《大额现金支付登记备案规定》，凡在商业银行、城乡信用社开设账户的机关、团体、企业、事业单位、其他经济组织、个体工商户以及外国驻华机构，除工资性支出和农副产品采购所用现金支出外，提取现金超过中国人民银行中心支行、分行营业部确定的大额现金数量标准的，要填写有关大额现金支取登记表格，表格的主要内容包括支取时间、单位、金额、用途等。同时，开户银行要建立台账，实行逐笔登记，并于季后 15 日内报送中国人民银行当地支行备案。开户银行对本行签发的超过大额现金标准、注明"现金"字样的银行汇票、银行本票，视同大额现金支付，实行登记备案制度。

(6) 开户单位应当按照下列要求办理现金收支：①开户单位现金收入应当于当日送存开户银行；当日送存有困难的，由开户银行确定送存时间。②开户单位支付现金，可以从本单位库存现金限额中支付或者从开户银行提取，不得从本单位的现金收入中直接支付（即坐支）。因特殊情况需要坐支现金的，应当事先报经开户银行审查批准，由开户银行核定坐支范围和限额。坐支单位应当定期向开户银行报送坐支金额和使用情况。③开户单位在规定的现金使用范围内从开户银行提取现金，应当写明用途，由本单位财会部门负责人签字盖章，经开户银行审核后，予以支付现金。④因采购地点不固定，交通不便，生产或者市场急需，抢险救灾以及其他特殊情况必须使用现金的，开户单位应当向开户银行申请，由本单位财会部门负责人签字盖章，经开户银行审核后，予以支付现金。

 **想一想**

某中等专业学校因需要给特困同学发放助学金,经校长批准从刚收取的学费中支取了5万元,直接发到困难学生手中,解决了特困同学的急需。请问:这种行为是否符合《现金管理条例》的规定?为什么?

第三节 支付结算的法律规定

一、支付结算概述

(一)支付结算的概念

支付结算有广义和狭义之分。广义的支付结算是指单位、个人在社会经济活动中使用票据、银行卡和汇兑、托收承付、委托收款等结算方式进行货币给付及其资金清算的行为,其主要功能是完成资金从一方当事人向另一方当事人的转移。广义的支付结算包括现金结算和银行转账结算。狭义的支付结算仅指银行转账结算,即1997年9月中国人民银行发布的《支付结算办法》中所指的"支付结算"。本节所讲的支付结算,即狭义的支付结算。

支付结算是一种要式行为。根据《支付结算办法》规定,票据和结算凭证是办理支付结算的工具。单位、个人和银行办理支付结算,必须使用按中国人民银行规定印制的票据凭证和统一规定的结算凭证。未使用中国人民银行统一规定的格式的结算凭证,银行不予受理。支付结算的任务表现为根据经济往来,准确、及时、安全地办理支付结算,并按照有关法律、法规和规章的规定管理支付结算,保障支付结算活动的正常运行。

为了规范支付结算工作,我国制定了一系列支付结算方面的法律、法规和制度,主要包括:1996年1月1日实施的《中华人民共和国票据法》(以下简称《票据法》);经国务院批准由中国人民银行发布,1997年10月1日起施行的《票据管理实施办法》;1997年12月1日起施行的《支付结算办法》;1994年11月1日起施行的《银行账户管理办法》;1997年8月1日起施行的《国内信用证结算办法》;1999年3月1日起施行的《银行卡业务管理办法》;2004年10月13日中国人民银行又发布的《关于调整票证、结算凭证种类和格式的通知》;2000年11月14日最高人民法院公告、2000年11月21日起施行的《关于审理票据纠纷案件若干问题的规定》;2015年12月29日人民银行发布的《非银行支付机构网络支付业务管理办法》等。

(二)支付结算的原则

支付结算原则,是指单位、个人和银行在办理支付结算时必须遵守的准则。根据规定,支付结算必须遵循以下原则:

1. 恪守信用、履约付款

即各单位之间、单位与个人之间发生交易往来,通过银行办理结算,并根据各自的具体条件，自行协商订约，使收付双方办理款项收付完全建立在自觉自愿、相互信任的基础上。该原则要求结算当事人必须依法承担义务和行使权利，严格遵守信用，履行付款义务，特别是应当按照约定的付款金额和付款日期进行支付。

2. 谁的钱进谁的账、由谁支配

即银行在办理结算时，必须尊重开户单位资金支配的自主权，做到谁的钱进谁的账，银行不代扣款项，以维护开户单位对资金的所有权或经营权，保证开户单位对其资金的自主支配。

3. 银行不垫款

即银行在办理结算过程中，只负责将结算款项从付款单位账户划转到收款单位账户，银行不承担垫付任何款项的责任，以划清银行与开户单位的资金界限，保护银行资金的所有权或经营权，促使开户单位直接对自己的债权债务负责。

（三）办理支付结算的基本要求

（1）银行、单位和个人办理支付结算必须遵守国家的法律、行政法规和《支付结算办法》的各项规定，不得损害社会公众利益。

（2）单位、个人和银行应当按照《银行账户管理办法》的规定开立、使用账户。

（3）在银行开立存款账户的单位和个人办理支付结算，账户内必须有足够的资金保证支付。没有开立存款账户的个人向银行交付款项后，也可以通过银行办理支付结算。

（4）票据和结算凭证是办理支付结算的工具。单位、个人和银行办理支付结算必须使用按中国人民银行统一规定印刷的票据凭证和统一规定的结算凭证。

（5）票据和结算凭证上的签章和其他记载事项应当真实，不得伪造、变造。票据和结算凭证上的签章，为签名、盖章或者签名加盖章；法人和其他单位在票据和结算凭证上的签章，为法人或单位的公章或财务专用章，加其法定代表人或者其授权的代理人的签名或者盖章。

（6）票据和结算凭证的金额、出票或者签发日期、收款人名称不得更改，更改的票据无效；更改的结算凭证，银行不予受理。

（7）票据和结算凭证金额以文字大写和阿拉伯数码同时记载，二者必须一致，否则票据无效，结算凭证银行不予受理。

（8）办理支付结算需要交验符合法律、行政法规以及国家有关规定的个人有效身份证件包括居民身份证、军官证、警官证、文职干部证、士兵证、户口簿、护照、港澳台同胞回乡证等身份证件。

（9）银行以善意且符合规定和正常操作程序审查，对伪造、变造的票据和结算凭证上的签章以及需要交验的个人有效身份证件，未发现异常而支付金额的，对出票人或付款人不再承担受委托付款的责任，对持票人或收款人不再承担付款的责任。

（10）银行依法为单位、个人在银行开立的账户保密，维护其资金的自主支配权。对单位、个人在银行的存款，除国家法律、行政法规另有规定外，银行不得为任何单位或者个人查询；除国家法律另有规定外，银行不代任何单位或者个人冻结、扣款，不得停止单位、个人存款的正常支付。

（四）填写票据和结算凭证的基本要求

票据和结算凭证是银行、单位和个人凭以记载账务的会计凭证，是记载经济业务和明确经济责任的一种书面证明。填写票据和结算凭证,必须做到标准化、规范化,要素齐全、数字正确、字迹清晰、不错漏、不潦草,防止涂改。

(1) 中文大写金额数字应用正楷或行书填写,采用规范汉字,不得自造简化字。如果金额数字书写中使用繁体字,也应受理。

(2) 中文大写金额数字到"元"为止的,在"元"之后,应写"整"(或"正")字,在"角"之后可以不写"整"(或"正")字。大写金额数字有"分"的,"分"后面不写"整"(或"正")字。

(3) 中文大写金额数字前应标明"人民币"字样,大写金额数字应紧接"人民币"字样填写,不得留有空白。大写金额数字前未印"人民币"字样的,应加填"人民币"三字。在票据和结算凭证大写金额栏内不得预印固定的"仟、佰、拾、万、仟、佰、拾、元、角、分"字样。

(4) 阿拉伯小写金额数字中有"0"时,中文大写应按照汉语语言规律、金额数字构成和防止涂改的要求进行书写。

(5) 阿拉伯小写金额数字前面,均应填写人民币符号"￥"。阿拉伯小写金额数字要认真填写,不得连写分辨不清。

(6) 票据的出票日期必须使用中文大写。为防止变造票据的出票日期,在填写月、日时,月为壹、贰和壹拾的,日为壹至玖和壹拾、贰拾和叁拾的,应在其前加"零";日为拾壹至拾玖的,应在其前面加"壹"。如,2月12日,应写成零贰月壹拾贰日;10月20日,应写成零壹拾月零贰拾日。

(7) 票据出票日期使用小写填写的,银行不予受理。大写日期未按要求规范填写的,银行可予受理,但由此造成损失的,由出票人自行承担。

 **想一想**

请同学们想一想:以上七项基本要求各有什么道理?如果不按照某一项规定去做,将有可能发生什么样的问题?请举具体事例说明。

二、开立银行账户的有关规定

(一) 银行账户种类

银行账户,是指办理支付结算业务的存款人在经办银行开立的存款账户。根据规定,银行账户一般分为基本存款账户、一般存款账户、临时存款账户和专用存款账户四类。

1. 基本存款账户

指存款人办理日常转账结算和现金收付的账户,是存款人在银行的主要存款账户。存款人的工资、奖金等现金的支取,只能通过基本存款账户办理。

2. 一般存款账户

指存款人在基本存款账户以外的银行借款转存、与基本存款账户的存款人不在同一地点的附属非独立核算单位开立的账户。存款人可以通过一般存款账户办理结算和现金缴存,但不能办理现金支取。

3. 临时存款账户

指存款人因临时经营活动需要开立的账户。存款人可以通过临时存款账户办理转账结算和根据国家现金管理的规定办理现金收付。

4. 专用存款账户

指存款人因特定用途需要开立的账户。

（二）开立银行账户的基本规定

开户单位在银行账户开立过程中，一般应遵守以下基本规定：除《银行账户管理办法》另有规定外，存款人一般只能在一家银行的一个营业机构开立一个基本存款账户；任何单位和个人不得干预存款人在银行开立和使用银行账户，存款人可以自主选择银行，银行也可以自愿选择存款人开立账户；存款人在其账户内应有足够的资金保证支付；存款人在银行开立基本存款账户，实行由中国人民银行当地分支机构核发开户许可证制度；银行应依法为存款人保密，维护存款人资金自主支配权，除国家法律、行政法规另有规定外，不得代任何单位和个人查询、冻结、扣划存款人账户内存款。

（三）开立银行账户的条件

1. 开立基本存款账户的条件

根据规定，下列存款人可以申请开立基本存款账户：企业法人；企业法人内部单独核算的单位；管理财政预算资金和预算外资金的财政部门；实行财政预算管理的行政机关、事业单位；县级（含）以上军队、武警单位；外国驻华机构；社会团体；单位附设的食堂、招待所、幼儿园；外地常设机构；私营企业、个体经济户、承包户和个人。存款人申请开立基本存款账户，应当向开户银行出具下列证明文件之一：当地市场监督机关核发的《企业法人执照》或《营业执照》正本；中央或地方编制委员会、人事、民政等部门的批文；军队军以上、武警总队财务部门的开户证明；单位对附设机构同意开户的证明；驻地有权部门对外地常设机构的批文；承包双方签订的承包协议；个人的居民身份证或户口簿。

2. 开立一般存款账户条件

根据规定，下列情况下存款人可以申请开立一般存款账户：在基本存款账户以外的银行取得借款的；与基本存款账户的存款人不在同一地点的附属非独立核算单位。存款人在开立一般存款账户时，应当向开户银行出具下列证明文件之一：借款合同或借款借据；基本存款账户的存款人同意其附属的非独立核算单位开户证明。

3. 开立临时存款账户的条件

根据规定，下列情况下存款人可以申请开立临时存款账户：外地临时机构；临时经营活动需要的。存款人申请开立临时存款账户时，应向开户银行出具下列证明文件之一：当地工商行政管理机关核发的临时执照；当地有权部门同意设立外来临时机构的批件。

4. 开立专用存款账户的条件

根据规定，对于下列资金，存款人可以申请开立专用存款账户：基本建设的资金；更新改造的资金；特定用途需要专户管理的资金。存款人申请开立专用存款账户时，应当向开户银行出具下列证明文件之一：经有权部门批准立项的文件；国家有关文件的规定。

（四）银行账户的开立、变更和撤销

1. 银行账户开立程序

在开立银行账户过程中，应当遵循以下程序：

（1）存款人填交开户申请。即首先准备开立账户所需要的证明材料，填制开户申请书；其次将开户申请书、开立账户所需要的证明材料和盖有存款人印章的印鉴卡片送交开户银行。

（2）开户银行审查。即开户银行应当对存款人的开户申请进行审查，审查内容主要包括申请人的资格条件、所提供的证明材料等。经审查符合条件的申请人即可以办理开户手续。

（3）办理开户手续。开户手续包括两方面内容：一是银行同意存款人开户申请后，应填发开户许可证，开户许可证正本交由开户单位留存，副本由开户银行集中保管。二是开户银行核准开立账户后，应对开户单位的基本开户要素逐项登记并按照账户管理系统的要求输入电子计算机系统。

2. 银行账户的变更

银行账户变更是指银行账户名称的变更和开户银行的变更。存款人因组织结构的变化需要变更银行账户名称的，应撤销原账户，再按账户管理的规定开立新账户。

3. 银行账户的撤销

存款人撤销存款账户，必须与开户银行核对账户余额，经开户银行审核同意后，办理销户手续，并交回各种重要空白凭证和开户许可证；开户银行对已开户1年但未发生任何业务的账户，应通知存款人自发出通知30日内到开户银行办理销户手续，逾期视同自愿销户。

三、支付结算办法

（一）汇兑

汇兑是指汇款人委托银行将其款项支付给收款人的结算方式。汇兑分为信汇、电汇两种方式，由汇款人选择使用。单位和个人的各种款项结算，都可以使用汇兑结算方式。汇兑必须符合以下基本要求：

（1）签发汇兑凭证必须记载下列事项：表明"电汇"或"信汇"的字样；无条件支付委托；确定的金额；收款人名称；汇款人名称；汇入地点与汇入行名称；汇出地点与汇出行名称；委托日期；汇款人签章。缺少上述任何一项记载，银行不予受理。汇兑凭证记载的汇款人与收款人名称，其在银行开立存款账户的，必须记载其账号，否则银行不予受理。委托日期是指汇款人向汇出银行提交汇兑凭证的当日。

（2）汇出银行受理汇款人签发的汇兑凭证，经审核无误后应及时向汇入银行办理汇款，并向汇款人签发汇款回单。汇款回单只能用作汇出银行受理汇款的依据，不能作为该笔汇款已转入收款人账户的证明。汇入银行对开立存款账户的收款人，应将汇给其的款项直接转入收款人的账户，并向其发出收款通知。

（3）汇款人可以对汇出银行尚未汇出的申请撤销。申请撤销时，应当出具正式函件或本人身份证及原信汇、电汇回单。汇出银行查明确未汇出款项的，收回原信汇、电汇回单后，办理撤销手续。

（4）汇款人可以对汇出银行已经汇出的款项申请退汇。对在汇入银行开立存款账户的存款人，由汇款人与收款人自行联系退汇；对未在汇入银行开立存款账户的收款人，汇款人应出具正式函件或本人身份证及原信汇、电汇回单，由汇出银行通知汇入银行核实汇款确未支付后，将款项汇回出银行，电汇出银行办理退汇。

（5）汇入银行对于收款人拒绝接受的汇款，应立即办理退汇。汇入银行对于向收款人发出取款通知，经2个月无法交付的汇款，应主动办理退汇。

（二）托收凭证

根据2004年10月13日中国人民银行又发布的《关于调整票证、结算凭证种类和格式的通知》要求，自2005年1月1日起，将托收承付（邮划、电划）、委托收款（委邮、委电）凭证统一合并为"托收凭证。

托收凭证，是指收款人委托银行向付款人收取款项的结算方式。托收凭证必须符合以下基本规定：

（1）单位和个人凭已承兑商业汇票、债券、存单等付款人债务证明办理款项的结算，都可使用托收凭证结算方式。托收凭证在同城、异地都可使用。

（2）托收凭证结算款项的划回方式可分为邮寄和电报两种，由收款人选用。

（3）签发托收凭证必须记载：表明"托收凭证"字样；确定的金额；付款人名称；收款人名称；托收凭证凭据名称及附寄单证张数；委托日期；收款人签章。缺少上述任何一项记载的托收凭证，银行不予受理。

（4）托收凭证以银行以外的单位为付款人的，托收凭证必须记载付款人开户银行的名称；以银行以外的单位或在银行开立存款账户的个人为收款人的，托收凭证必须记载收款人开户银行名称；未在银行开立存款账户的个人为收款人的，托收凭证必须记载被委托银行名称。欠缺记载上列事项之一，银行不予受理。

（三）信用证

信用证是指开证银行依照申请人（购货方）的申请向受益人（销货方）开出的一定金额，在一定期限内凭信用证规定的单据支付款项的书面承诺。我国信用证为不可撤销，不可转让的跟单信用证。

（1）信用证结算方式只适用于国内企业之间商品交易产生的货款结算，并且只能用于转账结算，不得支取现金。

（2）经中国人民银行批准经营结算业务的商业银行总行以及经商业银行总行批准开办信用证结算业务的分支机构，可以办理信用证结算业务；未经批准的其他金融机构不得办理信用证结算业务。

（3）信用证结算是以开证银行的信用作为付款保证的银行信用。信用证开出后开证银行负首要的付款责任。

（4）信用证与作为其依据的购销合同相互独立，银行在处理信用证业务时，不受购销合同的约束。受益人在任何情况下不得利用银行之间或申请人与开证银行之间的契约关系。

（5）信用证结算中，各有关当事人处理的只是单据，一切以单据为准，而不是与单据有关的货物及劳务。

（四）银行卡

银行卡是指商业银行向社会发行的具有消费信用、转账结算、存取现金等全部或部分功能的信用支付工具。办理银行卡（包括信用卡）必须符合以下基本规定：

（1）凡在中华人民共和国境内办理银行卡业务的商业银行、持卡人、商户及其他当事人均应遵守《银行卡业务管理办法》。

（2）商业银行未经中国人民银行批准不得发行银行卡。

(3) 银行卡及其账户只仅限经发卡银行批准的持卡人本人使用,不得出租和转借。

(4) 贷记卡持卡人非现金交易可享受免息还款待遇和最低还款额待遇等优惠。

> **小资料**
>
> 银行卡包括信用卡和借记卡。信用卡按是否向发卡银行交存备用金分为贷记卡、准贷记卡两类。贷记卡是指发卡银行给予持卡人一定的信用额度,持卡人可在信用额内先消费,后还款的信用卡;准贷记卡是指持卡人须先按发卡银行要求交存一定数量的备用金,当备用金账户余额不足支付时,可在发卡银行规定的信用额度内透支的信用卡。借记卡按功能不同分为转账卡(含储蓄卡)、专用卡、储值卡。借记卡不具备透支功能。转账卡是实时扣账的借记卡,具有转账结算、存取现金和消费功能;专用卡是具有专门用途、在特定区域使用的借记卡,具有转账结算和存取现金功能;储值卡是发卡银行根据持卡人要求将其资金转至卡内储存,交易时直接从卡内扣款的付款钱包式借记卡。另外,银行卡按币种不同又分为人民币卡、外币卡;按发行对象不同可分为单位卡(商务卡)、个人卡;按信息载体不同分为磁条卡、芯片(IC)卡。
>
> 银行卡的计息包括计收利息和计付利息。准贷记卡及借记卡(不含储值卡)账户内的存款,按照中国人民银行规定的同期同档次存款利率及利息办法计付利息,贷记卡账户的存款、储值卡(含IC卡的电子钱包)内的币值不计付利息。

(五) 网络支付

网络支付是电子支付的一种形式,是指电子交易的当事人,包括消费者、厂商和金融机构,使用电子支付手段通过网络进行货币或资金流转。网络支付的主要方式有网上银行和第三方支付,微信支付和支付宝就是大家最熟悉的第三方支付。

1. 网上银行

网上银行就是银行在互联网上设立虚拟银行柜台,使传统的银行服务不再通过物理的银行分支机构来实现,而是借助于网络与信息技术手段在互联网上实现,因此也称为网络银行。它可以不受时间、空间限制,能够在任何时间、任何地点、以任何方式为客户提供金融服务。网上银行按照服务对象的不同主要分为企业网上银行和个人网上银行。企业网上银行子系统主要提供账户信息查询、支付指令、B2B网上支付、批量支付等业务服务。个人网上银行子系统主要提供账户信息查询、人民币转账业务、银证转账业务、外汇买卖业务、账户管理业务、B2C网上支付等业务服务。

2. 第三方支付

第三方支付是指非金融机构作为收、付款人的支付中介所提供的网络支付、预付卡发行与受理、银行卡收单以及中国人民银行确定的其他支付服务。第三方支付不仅仅是互联网支付,而是一个集线上、线下于一体,提供移动支付、电话支付、预付卡支付于一体的综合支付服务工具。

(1) 第三方支付的种类分为线上支付与线下支付两种。线上支付,是指通过互联网实现的用户和商户、商户和商户之间在线货币支付、资金清算、查询统计等过程。网上支付完成了使用者信息传递和资金转移的过程。线下支付是指通过非互联网线上的方式对购买商品或服务所产生的费用进行资金支付行为,包括POS机刷卡支付、手机支付等。

（2）第三方交易支付流程。在第三方支付模式下，支付者必须在第三方支付机构平台上开立账户，向第三方支付机构平台提供信用卡信息或账户信息，在账户中"充值"，通过支付平台将该账户中的虚拟资金划转到收款人的账户，完成支付行为。收款人可以在需要时将账户中的资金兑成实体的银行存款。第三方平台结算支付模式的资金划拨是在平台内部进行的，此时划拨的是虚拟资金。真正的实体资金还需要通过实际支付层来完成。

第四节　票据法律制度

一、票据和《票据法》

（一）票据的概念和种类

票据是按照一定形式制成、写明有付出一定货币金额义务的证件，是出纳或运送货物的凭证。广义的票据泛指各种有价证券，如债券、股票、提单等。狭义的票据仅指以支付金钱为目的的有价证券。我国票据法所说的票据即狭义票据就是指出票人依法签发的，约定自己或委托付款人在见票时或指定的日期向收款人或持票人无条件支付一定金额并可转让的有价证券。票据法所指的票据又可分为广义的票据和狭义的票据。广义的票据泛指非现金结算的符合上述概念的一切结算方式，包括：汇兑、托收凭证、信用证、银行卡及汇票、本票和支票。狭义的票据仅指汇票、本票和支票，本节介绍的票据即为票据法所指的狭义票据。

（二）票据的法律特征

（1）票据是出票人依法签发的有价证券。法律依据不同的票据种类，规定了不同的形式，出票人必须依照法律规定的要求签发相关票据，否则即不受法律的保护。

（2）票据以支付一定金额为目的。票据的签发和转让以支付票据上的金额为目的，该金额得到全部支付，票据上的权利义务即为消灭。

（3）票据所表示的权利与票据不可分离。票据权利的发生，必须作成票据，票据权利的转让，必须支付票据，票据权利的行使，必须提示票据，权利与票据融为一体。

（4）票据所记载的金额由出票人自行支付或委托他人支付。由出票人自行支付的是本票，由出票人委托他人支付的是汇票和支票。

（5）票据的持票人只要向付款人提示票据，付款人即应无条件向持票人或收款人支付票据金额。票据是一种无因证券，持票人只要向票据债务人提示票据就可行使票据权利，而不问票据取得的原因是否无效或有瑕疵。

（6）票据是一种可转让的证券。我国票据法规定的票据均为记名票据，必须通过背书转让或交付转让的方式予以流通转让。

（三）票据法及其特点

票据法是指规定票据的种类、形式、内容以及各当事人之间的权利义务关系的法律规范的总称。票据法亦有广狭二义。广义上的票据法是指各种法律关系中有关票据规定的总称，包括以"票据法"颁布的法律和其他法律中有关票据的规定；狭义上的票据法则仅指1995年5月10日第八届全国人大常务委员会通过的《票据法》。该法于2004年8月28日经第十届全国人民代表大会常务委员会第十一次会议通过了修订,从通过之日起开始施行新的《票据法》。

二、票据当事人

票据当事人是指票据法律关系中享有票据权利、承担票据义务的当事人,也称票据法律关系主体。票据当事人可分为基本当事人和非基本当事人。

(一) 基本当事人

基本当事人是指在票据作成和交付时就业已存在的当事人,是构成票据法律关系的必要主体,包括出票人、付款人和收款人。其中:出票人是指依法定方式签发票据并将票据交付给付款人的人;收款人是指票据到期后有权收取票据所载金额的人,又称票据权利人;付款人是指由出票人委托付款或自行承担付款责任的人。付款人付款后,票据上的一切债务责任解除。

(二) 非基本当事人

非基本当事人是指票据作成并交付后,通过一定的票据行为加入票据关系而享有一定权利、承担义务的当事人,包括承兑人、背书人、被背书人、保证人等。其中:承兑人是指接受汇票出票人的付款委托同意承担支付票据义务的人,又称汇票主债务人;背书人是指在转让票据时,在票据背面签字或盖章并将该票据交付给受让人的票据收款人或持有人;被背书人是指被记名受让票据或接受票据转让的人;保证人是指为票据债务提供担保的人,由票据债务人以外的他人担当。

想一想

有人说:"票据的基本当事人和非基本当事人都是票据法律关系中的主体,因而在每一份票据上基本当事人和非基本当事人都要出现。"请同学们想一想,这种说法对吗?

三、票据权利和义务

(一) 票据权利

指票据持有人向票据债务人请求支付票据金额的权利,包括付款请求权和追索权。票据付款请求权是指持票人向汇票的承兑人、本票的出票人、支票的付款人出示票据要求付款的权利,是第一次权利,又称主票据权利。行使付款请求权的持票人可以是票载收款人或最后的被背书人;担负付款请求权付款义务的主要是主债务人。票据追索权是指票据当事人行使付款请求权遭到拒绝或有其他法定原因存在时,向其前手请求偿还票据金额及其他法定费用的权利,是第二次请求权,又称偿还请求权利。行使追索权的当事人除票载收款人和最后被背书人外,还可能是代为清偿票据债务的保证人、背书人。

(二) 票据义务

指票据债务人向持票人支付票据金额的责任。它是基于债务人特定的票据行为(如出票、背书、承兑等)而应承担的义务,不具有制裁性质,主要包括付款义务和偿还义务。

实践过程中，票据债务人承担票据义务一般有四种情况：一是汇票承兑人因承兑而应承担付款义务；二是本票出票人因出票而承担自己付款的义务；三是支票付款人在与出票人有资金关系时承担付款义务；四是汇票、本票、支票的背书人，汇票、支票的出票人、保证人，在票据不获承兑或不获付款时的付款清偿义务人。

四、票据行为

（一）票据行为概念

票据行为是指票据关系的当事人之间发生变更或终止票据关系为目的而进行的法律行为，包括出票、背书、承兑和保证四种。其中：出票是指出票人签发票据并将其交付给收款人的行为；背书是指持票人为将票据权利转让给他人或者将一定的票据权利授予他人行使而在票据背面或者粘单上记载有关事项并签章的行为；承兑是指汇票付款人承诺在汇票到期日支付汇票金额并签章的行为；保证是指票据债务人以外的人，为担保特定债务人履行票据债务而在票据上记载有关事项并签章的行为。

（二）票据行为的法律特征

票据行为是一种特定的法律行为，其特征如下：

（1）票据行为的要式法，即票据行为必须依据《票据法》的规定在票据上记载法定事项并交付；

（2）票据行为的无因性，即票据行为不因票据的基础关系无效或有瑕疵而受到影响；

（3）票据行为的内容完全依据票据上记载的文义而定，即使其与实质关系的内容不一致，仍按票据上的记载而产生效力；

（4）票据行为的独立性，即票据上的各个票据行为各自独立发生效力，不因其他票据行为的无效或有瑕疵而受到影响。

（三）票据行为的分类

票据行为可以按两种方法分类：

（1）按票据行为的效力不同分为基本票据行为和附属票据行为。基本票据行为是指创设的行为即出票行为，又称主要据行为；附属票据行为是指以出票行为的有效存在为前提所进行的行为，又称从票据行为。背书、承兑和保证都属于附属票据行为。

（2）按适用票据的不同，分为共同票据行为和独有票据行为。出票、背书为共同票据行为，而承兑是汇票独有行为，保证是汇票和本票的独有票据行为。

五、票据结算方式

票据结算方式包括汇票、本票、支票等结算方式。除票据及现金结算方式之外的非票据结算方式，包括：托收承付、委托收款、汇兑、信用卡、信用证等已在上节作了介绍。下面再具体介绍四种票据结算方式：

（一）银行汇票

银行汇票是指由出票银行签发的，由其在见票时按照实际结算金额无条件支付给收款人或者持票人的票据。在实践中，一般由汇票人将款项交存当地银行，由银行签发给汇款人持往异地办理转账结算或支取现金。单位、个体经济户和个人需要使用各种款项，均可使用银行汇票。银行汇票必须符合以下基本规定：

（1）银行汇票可以用于转账，也可以支取现金。但用于转账的银行汇票不得支取现金；支取现金的银行汇票必须在银行汇票上填明"现金"字样。银行汇票的付款地为代理付款人或出票人所在地。

（2）银行汇票的出票人在票据上的签章，应为经中国人民银行批准使用的该银行汇票专用章加其法定代表人或其授权经办人的签名或者盖章。

（3）签发银行汇票必须记载：表明"银行汇票"的字样；无条件支付的承诺；出票金额；付款名称；收款人名称；出票日期；出票人签章等。欠缺记载以上事项之一的，银行汇票无效。

（4）银行汇票的提示付款期限自出票日起1个月，其持票人超过付款期限提示付款的，代理付款人银行不予受理。

（5）银行汇票的债务可以依法由保证人承担责任，其付款地为代理付款人或出票人所在地。

（6）填明"现金"字样和代理付款人的银行汇票丧失，可以由失票人通知付款人或者代理付款人挂失止付；未填明"现金"字样和代理付款人的银行汇票丧失不得挂失止付。

（二）商业汇票

商业汇票是指收款人或付款人（或承兑申请人）签发，由承兑人承兑，并于到期日向收款人或被背书人支付款项的票据。商业汇票按承兑人的不同，分为商业承兑汇票和银行承兑汇票。商业汇票必须符合以下基本规定：

（1）在银行开立存款账户的法人以及其他组织之间，具有真实的交易关系或债权债务关系，才能使用商业汇票。商业汇票的付款人为承兑人，其付款地为承兑人所在地。

（2）签发商业汇票必须记载：表明"商业承兑汇票"或"银行承兑汇票"的字样；无条件支付的委托；确定的金额；付款人的名称；收款人名称；出票日期；出票人签章。欠缺记载上述事项之一的，商业汇票无效。

（3）出票人不得签发无对价的商业汇票用以骗取银行或其他票据当事人的资金。

（4）商业汇票可以在出票时向付款人提示承兑后使用，也可以在出票后先使用再向付款人提示承兑。定日付款或者出票后定期付款的商业汇票，持票人应当在汇票到期日前向付款人提示承兑。见票后定期付款的汇票，持票人应当自出票之日起1个月内向付款人提示承兑。汇票未按照规定期限提示承兑的，持票人丧失对其前手的追索权。

（5）商业汇票的付款人接到出票人或持票人向其提示承兑的汇票时，应当向出票人或持票人签发收到汇票的回单，记明汇票提示承兑日期并签章。付款人应当自收到提示承兑的汇票之日起3日内承兑或者拒绝承兑。付款人拒绝承兑的，必须出具拒绝承兑的证明。

（6）商业汇票的承兑银行，必须具备三个条件：一是与出票人具有真实的委托付款关系；二是具有支付汇票金额的可靠资金；三是内部管理完善，经其法人授权的银行审定。

（7）付款人承兑商业汇票，应当在汇票正面记载"承兑"字样和承兑日期并签章；不得附有条件；承兑附有条件的，视为拒绝承兑。

（8）商业汇票的付款期限，最长不得超过6个月。定日付款的汇票付款期限自出票日起计算，并在汇票上记载具体的到期日；出票后定期付款的汇票付款期限自承兑或拒绝承兑日起按月计算，并在汇票上记载。

（9）商业汇票的提示付款期限自汇票到期日起10日。持票人应在提示付款期限内通过开户银行委托收款或直接向付款人提示付款。持票人超过提示付款期限提示付款的，持票人开户银行不予受理。

（10）存款人领购商业汇票，必须填写"票据和结算凭证领用单"并签章，签章应与预留银行的签章相符。存款账户结清时，必须将全部剩余空白商业汇票交回银行注销。

（三）银行本票

银行本票是指由银行签发的，承诺自己在见票时无条件支付票据金额给收款人或持票人的票据。银行本票必须符合以下基本规定：

（1）凡单位和个人在同一票据交换区域需要支付各种款项时，均可以使用银行本票。

（2）银行本票可以用于转账，注明"现金"字样的银行本票可以用于支取现金，其付款地为出票人所在地。

（3）银行本票分为不定额本票和定额本票两种。定期本票面额分别为1000元、5000元、1万元和5万元4种。

（4）银行本票的出票人，为经中国人民银行当地分支行批准办理银行本票业务的银行机构。签发银行本票必须记载：表明"银行本票"的字样；无条件支付的承诺；确定的金额；收款人名称；出票日期和出票人签章。欠缺其中任何一项的银行本票都为无效。

（5）银行本票的提示付款期限自出票日起最长不得超过2个月。持票人超过付款期限提示付款的，代理付款人不予受理。银行本票的代理付款人是代理出票人审核支付银行本票款项的银行。

（6）银行本票丧失，失票人可以凭人民法院出具的其享有票据权利的证明，向出票银行请求付款或退款。未填明"现金"字样的银行本票丧失，不得挂失止付。

（四）支票

支票是指出票人签发的，委托银行或其他金融机构见票时无条件支付一定金额给收款人或者持票人的票据。支票的基本当事人有三个：出票人、付款人和收款人。支票必须符合以下基本规定：

（1）单位和个人在同一票据交换区域的各种款项结算，均可使用支票，而且在同一票据交换区域内可以进行背书转让。支票的付款地为付款人所在地。

（2）支票分为现金支票、转账支票和普通支票3种。现金支票只能用于支取现金，不得背书转让；转账支票只能用于转账；普通支票，既可用于支取现金，也可用于转账。

（3）签发支票必须记载：表明"支票"的字样；无条件支付的委托；确定的金额；付款人名称；出票日期；出票人签章。缺少以上记载事项之一的，支票无效。支票的金额、收款人名称，可由出票人授权补记，未补记前不得背书转让和提示付款。

（4）支票的提示付款期限为自出票日起10日。超过提示付款期限提示付款的，持票人开户银行不予付款。

复习思考题

1. 金融法律制度包括哪几个方面？
2. 现金管理的基本原则是什么？
3. 现金的使用范围包括哪些？

4. 支付结算的原则是什么？
5. 填写票据和结算凭证的基本要求是什么？
6. 简要说明我国票据结算方式有哪些？
7. 什么是票据？票据有哪些特征？
8. 票据权利有哪些？
9. 什么是票据当事人？

第十四章

财政税收法律制度

 学习目标

要求了解财政的概念;了解我国现行的税种及其分类;了解违反税法的法律责任。理解财政法的调整对象;理解税收和税法的概念。掌握税收的特征。

 本章重点

财政法的基本原则,税法的构成要素,我国现行的主要税种,税收征收管理的法律规定等。

第一节 财税法概述

一、财政法的概念和基本原则

(一)财政和财政法的概念及调整对象

财政是国家为了实现职能需要,凭借政治权力无偿地对社会产品和国民收入进行分配和再分配的一种分配关系。

一般说来,财政法是调整财政关系的法律规范的总称。财政关系包括财政分配关系和财政组织管理关系。

财政法有广义与狭义之分,广义的财政法包括:有关财政、税收、以及财务管理的一切法律法规,如《中华人民共和国预算法》《中华人民共和国税收征收管理法》《企业财务通则》等;狭义的财政法指直接调整国家财政收入、管理、分配关系的法律法规,如《中华人民共和国预算法》《预算法实施细则》等。

我国财政法的调整对象是财政关系,即国家在筹集、供应、使用和管理财政资金的过程中,与国有企业、集体企业及其他经济组织与个人,以及中央与地方之间形成的一种特殊的分配关系。

(二) 财政法的基本原则

1. 统一领导、分级管理原则

"统一领导、分级管理"既是财政管理原则,也是调整中央与地方之间的财政关系的法律规范所必须遵循的原则。

2. 坚持财政收支平衡,略有节余的原则

财政收支平衡,是指财政法在调整财政关系的过程中,要正确处理好财政收入与财政支出这一对立统一的矛盾,保证财政年度内财政收入与财政支出在数额上大体相当,并略有节余。

3. 坚持发展经济、增加财政收入的原则

国家财政收入的多少取决于国民经济的发展规模和增长速度。发展经济、保障供给,是我们的经济工作和财政工作的总方针。

4. 普遍纳税与税负公平原则

财政法在调整因筹集资金而形成的社会关系时,应当坚持普遍纳税的原则,保证在国家财政管辖权范围内的一切社会组织和公民个人都向国家尽缴纳义务。

5. 合理分配财政资金与优化财政资金使用效益原则

这条原则是调整国家在分配、使用财政资金的活动中形成的社会关系的法律规范所必须遵循的原则。"取之于民,用之于民"是社会主义财政的本质。

二、税收的概念和特征

税收是国家为了实现其职能,凭借政治权力,依照法律规定的标准,强制地、无偿地征收一定货币或实物所发生的一种特殊分配活动。它体现了以国家为主体在国家与纳税人之间形成的特定的分配关系。

税收具有下列三个特征。一是强制性,税收是国家通过法律规定征收的,法律的强制力构成了税收的强制性,纳税是纳税人的法定义务,不依法纳税要受到法律制裁;二是无偿性,税收征得的税款依法无偿归国家所有,纳税人不会得到任何直接的回报;三是固定性,税收是国家依照税收法律、法规预先规定的范围、标准和环节所征收的,税收所依据的法律、法规具有相对的稳定性。

综上所述,税收必须依靠法律,法律是税收存在的前提。税收的强制性和法律的强制性在这里高度地统一起来了,因而税收必须采用法律形式。

三、税法的构成要素

税法的构成要素是指构成一个国家税收制度必不可少的基本因素。税法的构成要素主要包括以下内容:

(一) 纳税主体

纳税主体,又称纳税人或纳税义务人,是指按照税法规定直接负有纳税义务的单位和个人。我国税法还规定代扣代缴、代收代缴义务人,即指向纳税人代扣代收应纳税款并代为缴纳的企业、单位或个人。

(二) 课税对象

课税对象又称征税客体,是征税的具体对象,是税法中规定的征税的目的物,它是国家据以区别税种的依据。

（三）税率

税率是应纳税额与课税对象的比例，是计算税额的尺度。税率的高低直接关系到国家财政的多少和纳税人税负水平的轻重。我国现行税法主要采用以下三种税率：

1. 比例税率

比例税率是指对同一征税对象或同一税目不论数额大小只规定一个比例，都按同一比例征税，税额与课税对象成正比关系。其特点一是有利于公平税负和合理竞争，二是便于计算，有利于税收的征收和管理。

2. 累进税率

累进税率是指同一课税对象，随数量的增大，征收比例也随之增高的税率。实行累进税率有利于解决纳税人收益悬殊的问题，它可以有效地调节纳税人的收入，正确处理税收负担的纵向公平问题。其计算比较复杂，一般适用于对所得额征税的税种。

> **小提示**
>
> 累进税率又分为全额累进税率，超额累进税率，超率累进税率，超倍累进税率。全额累进税率是以课税对象的全部数额为基础计征税款的累进税率。超额累进税率是分别以课税对象数额超过前级的部分为基础计算应纳税的累进税率。超率累进税率和超倍累进税率，因目前的税制中基本没有应用，故暂不作具体介绍。

3. 定额税率

定额税率又称固定税率，是指按照课税对象计量单位直接规定固定的征税数额，通常是根据征税对象的面积、重量、体积或容积等计量单位加以确定。

（四）纳税环节

纳税环节是指税法上规定的课税对象从生产到消费的流转过程中应当缴纳税款的过程。

（五）纳税期限

纳税期限是指纳税人在国家缴纳税款的法定时间。我国现行税制的纳税期限有三种形式：一是按期纳税，即根据纳税义务的发生时间，通过确定的纳税间隔期，实行按日纳税；二是按次纳税，即根据纳税行为的发生次数确定纳税期限；三是按年计征，分期预缴，即按规定的期限预缴税款，年度结束后，汇算清缴，多退少补。

（六）纳税地点

纳税地点是指缴纳税款的场所。纳税地点一般为纳税人的住所地，也有规定在营业地、财产所在地或特定行为发生地的。

（七）税收优惠

税收优惠是指税法对某些特定的纳税人或征税对象给予的一种免除规定。它包括减、免税、税收抵免等多种形式。税收优惠按照优惠目的通常可以分为照顾性和鼓励性两种；按照优惠范围可以分为区域性和产业性两种。

（八）税务争议

税务争议是指税务机关与税务管理相对人之间因确认或实施税收法律关系而产生的纠纷。解决税务争议主要通过税务行政复议和税务行政诉讼两种方式，并且一般要以税务管理相对人缴纳税款为前提。在税务争议期间，税务机关的决定不停止执行。

（九）税收法律责任

税收法律责任是税收法律关系的主体因违反税法所应当承担的法律后果。税法规定的法律责任形式主要有三种：一是经济责任，包括补缴税款、加收滞纳金等；二是行政责任，包括吊销税务登记证、罚款、税收保全及强制执行等；三是刑事责任，对违反税法情节严重构成犯罪的行为，要依法承担刑事责任。

第二节　我国的主要税种

税种是指一个国家或地区税收体系中的具体税收种类。税种的不同最主要是起因于课税对象的不同，因此，各税种的名称通常都是根据课税对象确定。

我国现行税制规定的税种，按照其性质和作用大致可以分为以下六类：

一、流转税

（一）流转税的概念和特点

流转税又称流转课税，是以商品生产、商品流通和劳动服务的流转额为征税对象的一类税种。流转税税源大、范围广，在我国各项税收收入中占第一位。所以它在保证国家财政税收收入、配合价格政策、调节生产经营、促进经济核算方面具有显著作用。

（二）流转税的种类

流转税包括增值税、消费税、关税、城市维护税、证券交易税等。其中最主要的是增值税、消费税，下面具体介绍这两个税种：

1. 增值税

增值税是对从事销售货物或者提供加工、修配劳务以及从事进口货物的单位和个人取得的增值额为课税对象征收的一种税。增值税是我国最主要的税种之一，增值税的收入占中国全部税收的60%以上，是我国最大的税种。除进口环节之外的增值税由国家税务局负责征收，税收收入中50%为中央财政收入，50%为地方收入。进口环节的增值税由海关负责征收，税收收入全部为中央财政收入。

2008年11月国务院修改了《增值税暂行条例》，自2009年1月1日起开始施行。此次修订，将我国的增值税完成了由生产型增值税向消费型增值税的转换。为促进第三产业发展，自2012年1月1日起，在部分地区和行业开展深化增值税制度改革试点，到2016年5月1日，征收营业税的行业全部改为征收增值税。我国现行增值税制的主要内容如下：

（1）纳税主体。在我国境内销售货物或者提供加工、修理修配劳务销售服务、无形资产或者不动产，以及进口货物的单位和个人，为增值税的纳税人。增值税纳税人分为一般纳税人和小规模纳税人两种。小规模纳税人是指年销售额在规定标准以下，并且会计核算不健全，不能按规定报送有关税务资料的增值税纳税人。年应税销售额是指纳税人在连续不超过12个月或四个季度的经营期内累计应征增值税销售额。自2018年5月1日起，增值税小规模纳税人标准为年应征增值税销售额500万元及以下。年应征增值税销售额超过规定标准但不经常发生应税行为的单位和个体工商户,以及非企业性单位、不经常发生应税行为的企业,可选择按照小规模纳税人纳税。年应税销售额超过上述标准的纳税人为一般纳税人。年应税销售额未超过规定标准的纳税人,会记核算健全,能够准确提供税务资料的,可以办理一般纳税人登记。

(2) 征税对象。增值税的征税对象是货物和应税劳务在生产、流通过程中的增值额。

(3) 增值税税率。一是基本税率,纳税人销售货物、劳务、有形动产租赁服务或者进口货物,适用基本税率。2018年4月30日之前,基本税率为17%;2018年5月1日至2019年3月31日期间,基本税率为16%;自2019年4月1日起,基本税率为13%。二是较低税率,纳税人销售交通运输、邮政、基础电信、建筑、不动产租赁服务,销售不动产,转让土地使用权,销售或者进口下列货物,适用较低税率:粮食等农产品、食用植物油、食用盐;自来水、暖气、冷气、热水、煤气、石油液化气、天然气、二甲醚、沼气、居民用煤炭制品;图书、报纸、杂志;饲料、化肥、农药、农机、农膜;国务院规定的其他货物。2017年7月1日之前,较低税率为13%;2017年7月1日至2018年4月30日,较低税率为11%;2018年5月1日至2019年3月31日,较低税率为10%;自2019年4月1日起,较低税率为9%。三是低税率,纳税人销售服务、无形资产以及增值电信服务,除另有规定外适用低税率,税率为6%。四是零税率,出口货物、劳务或者境内单位和个人发生的跨境应税行为,税率为零。五是征收率,小规模纳税人在中华人民共和国境内销售货物、销售服务、无形资产或不动产,适用简易方法计税,增值税征收率为3%(适用5%征收率的除外);一般纳税人销售不动产或出租其2016年4月30日前取得的不动产,选择适用简易计税方法,征收率为5%,小规模纳税人销售、出租不动产,适用5%征收率。税率的调整,由国务院决定。

(4) 计征办法。增值税实行价外计征的办法,实行根据增值税专用发票注明的增值税额进行税款抵扣的制度。一般纳税人销售货物、提供加工修理修配劳务、销售服务、无形资产或者不动产,当期应纳增值税额为当期销项税额扣除当期进项税额后的余额。增值税的进项税额是指纳税人购进货物、劳务、服务、无形资产、不动产,所支付或者负担的,并在计算增值税应纳税额时允许抵扣的增值税额。增值税销项税额是指纳税人销售货物、劳务、服务、无形资产或者不动产,按照销售额和税法规定的税率计算并向购买方收取的增值税额。一般纳税人采用简易方法计税的,以销售额和规定的征收率计算的税额为其应纳增值税额,不得抵扣进项税。小规模纳税人销售货物或者应税劳务,以销售额和规定的征收率计算的税额为其应纳增值税额,不得抵扣进项税。纳税人进口货物,按组成计税价格和规定的税率计算应纳税额,不得抵扣任何税额。

对于利用增值税发票等进行的增值税方面的犯罪,我国刑法有较为严厉的惩处规定。

2. 消费税

消费税是对特定的消费品和消费行为征收的一种税。消费税具有以下特点:一是征税项目具有选择性;二是征税环节具有单一性;三是征收方法具有多样性;四是税收调节具有特殊性;五是消费税具有转嫁性。

(1) 征税范围。列入消费税的征税范围的税目共有15项,即烟、酒、高档化妆品、贵重首饰及珠宝玉石、鞭炮焰火、成品油、摩托车、小汽车、高尔夫球及球具、高档手表、游艇、木制一次性筷子、实木地板、铅蓄电池、涂料。消费税范围的确定首先考虑的是我国人民的消费结构，生活必须品一般不征消费税；也考虑了我国经济发展现状和经济水平、资源供给和消费需求状况及国家财政的需要。

(2) 纳税主体。在中国境内生产、委托加工和进口应税消费品的单位和个人，为消费税的纳税主体。

(3) 消费税税率。消费税的税率主要有三种形式，一是比例税率，二是定额税率，三是比例税率和定额税率。15个科目的应税消费品的税率有高有低。卷烟的定额税率为每支 0.003 元，比例税率为甲、乙类卷烟每标准条对外调拨价格在 70 元以上的（含 70 元税率为 56%，70 元以下的为 36%）是应税消费品中税率最高的。税率最低的是小排气量的汽车，税率仅为 1%。

二、所得税

(一) 所得税的概念和特点

所得税是以纳税人的所得额为对象征收的一种税。所得税的特点主要有：首先，征税对象是纳税人的所得额的收益额，只是不同税种间各项所得额包含的范围有所不同。其次，它以纳税人的实际负担能力为征税原则。所得多的多征，所得少的少征，无所得不征。最后，它是国家对纳税人的收入直接进行调节的手段。

(二) 所得税种类

所得税包括企业所得税和个人所得税。

1. 企业所得税

(1) 纳税主体：在中华人民共和国境内的企业和其他取得收入的组织（以下统称企业）为企业所得税的纳税人，依照《企业所得税法》的规定缴纳企业所得税。个人独资企业、合伙企业不适用本法。

(2) 应纳税所得额：企业每一纳税年度的收入总额，减除不征税收入、免税收入、各项扣除以及允许弥补的以前年度亏损后的余额，为应纳税所得额。

> **小资料**
>
> 《中华人民共和国企业所得税法》规定，对内外资企业所得税进行并轨一律实行所得税的税率为 25%。此外还规定，符合条件的小型微利企业，其所得减按 50% 计入应纳税额所得额，减按 20% 的税率征收企业所得税。国家需要重点扶持的高新技术企业，减按 15% 的税率征收企业所得税。

2. 个人所得税

2018 年 8 月 31 日，第十三届全国人民代表大会常务委员会第五次会议通过《关于修改〈中华人民共和国个人所得税法〉的决定》对个人所得税法进行第七次修正，自 2019 年 1 月 1 日起施行，2018 年 12 月 18 日国务院令第 707 号第四次修订了《个人所得税法实施条例》，自 2019 年 1 月 1 日起与修正后的《个人所得税法》同步施行。

(1) 纳税主体。在中国境内有住所，或者无住所而在一个纳税年度内在中国境内居住累计满 183 天的个人为居民个人。居民个人从中国境内和境外取得的所得，依照本法规定缴纳个人所得税。在中国境内无住所又不居住，或者无住所而一个纳税年度内在中国境内居住累计不满183天的个人为非居民纳税人。非居民纳税人从中国境内取得的所得，依照本法规定缴纳个人所得税。

（2）纳税项目。一是工资、薪金所得；二是劳动报酬所得；三是稿酬所得；四是特许权使用费所得；五是经营所得；六是利息、股息、红利所得；七是财产租赁所得；八是财产转让所得；九是偶然所得。

（3）个人所得税税率。一是综合所得（工资薪金所得、劳动报酬所得、稿酬所得、特许权使用费所得），适用3%~45%的七级超额累进税率（税率表附后）。二是经营所得（个体工商户的生产、经营所得、对企事业单位的承包经营、承租经营所得、个人独资企业和合伙企业的生产经营所得），适用5%~35%的五级超额累进税率（税率表附后）。三是财产租赁所得、财产转让所得、利息、股息、红利所得、偶然所得适用20%的比例税率。

（4）计征办法。新的个人所得税采取分项计税的办法，每项个人收入按照不同项目所得，扣除相应的扣除项目，分别计算应纳所得税额。一是居民个人综合所得，以每一纳税年度的收入额减除基本费用60000元以及专项扣除、税法规定的子女教育、继续教育、大病医疗、住房贷款利息或者住房租金、赡养老人等6项专项附加扣除和依法确定的其他扣除后的余额，为应纳税所得额。二是经营所得，个体工商户的生产经营所得，以每一纳税年度的收入总额，减除成本、费用、税金、损失、其他支出以及允许弥补的以前年度亏损后的余额，为应纳税所得额。三是利息、股息、红利所得，以个人每次取得的收入额为应纳税所得额。四是财产租赁所得，以个人每次取得的收入，定额或定率减除规定费用后的余额为应纳税所得额。五是财产转让所得，以个人每次转让财产取得的收入额减除财产原值和相关税、费后的余额为应纳税所得额。六是偶然所得，以个人每次取得的收入额为应纳税所得额。

三、资源税

资源税是对从事资源开发或者使用城镇土地者征收的，可以体现国有资源的有偿使用，并对纳税人取得的资源级差收入进行调节。资源税包括资源税、城镇土地使用税。

四、财产税

财产税是以纳税人所有或所支配的财产课征的税。财产税包括房产税、契税、车船使用税、土地增值税、城镇土地使用税。房产税是指以城市、县城、建制镇和工矿基地的房产为征对象的一种税。契税是在我国境内转移土地、房屋权属，承受的单位和个人缴纳的一种税。

五、行为税

行为税是指对某些法定行为的实施而征收的一种税。行为税包括印花税、城市维护建设税、耕地占用税、车辆购置税、屠宰税和筵席税。城市维护建设税是对从事工商经营，缴纳增值税、消费税、营业税的单位和个人征收的一种附加税。车辆购置税是以在中国境内购置规定的车辆为课税对象、在特定的环节向车辆购置者征收的一种税。

六、关税

关税是海关依照国家规定，对进出国境的物品和货物征收的一种税。关税分主进口关税和出口关税。

1. 纳税主体

关税的纳税主体是进口货物的收货人、出口货物的发货人,进出境物品的所有人(持有人)和进口邮件的收件人。

2. 征税对象

征税对象主要是属于贸易型的进出口货物以及入境旅客的携带物品、进口邮递物品等。

3. 税率

关税采用比例税率。又分为出口税率和进口税率。

第三节 税收征收管理法

一、税收征收管理法概述

我国的《税收征收管理法》于1992年9月4日第七届全国人民代表大会常务委员会第二十七次会议通过并施行。施行20余年来,先后进行了三次修订。目前施行的《税收征收管理法》,是经2013年6月经第十二届全国人民代表大会常务委员会第三次会议进行的第三次修正。

税收征收管理法是税收征收管理的基本法律,是最重要的征管程序法,是税务机关依法行政的重要依据。新税收征收管理法的实施促进了我国税收理念和税收管理的深刻变化。

二、税务管理

(一)税务登记

税务登记是征收管理的首要环节,是税务机关对纳税人的开业、变更、歇业以及生产经营范围实行法定登记的一种管理制度。变更税务登记的是纳税人的法定义务。

1. 开业登记

通常又称新办税务登记,是指纳税人在某一地设立或者迁入某一地,向税务机关申报办理的税务登记。

2. 变更注销税务登记

变更税务登记是指纳税人登记内容发生变化,向税务机关申报办理的税务登记手续;注销税务登记是指纳税人的税务登记内容发生根本的变化,需终止履行纳税义务时向税务机关申报办理的税务登记手续。

(二)账簿、凭证管理

账簿和凭证是纳税人、扣缴义务人以会计凭证为依据,全面、连续、系统地记录各种经济业务的账册或簿籍,包括总账、明细账、日记账及其他各种辅助账簿;凭证包括原始凭证和记账凭证。账簿和凭证是纳税人、扣缴义务人用来记录经济业务,明确经济责任并据以登记账簿的局面证明。

纳税人、扣缴义务人按照有关法律、行政法规和国务院财政、税务主管部门的规定设置账簿，根据合法、有效凭证记账进行核算。从事生产经营的纳税人所采用的财务制度和具体的财务处理办法应按税务机关规定及时报送税务机关备案。纳税人和扣缴义务人有按照法定的期限完整保管账簿、凭证的义务，不得伪造，变造，擅自销损账簿、记账凭证、完税凭证和其他有关资料。

（三）纳税申报

纳税申报是指纳税人依照法律、行政法规的规定或者税务机关依法确定的申报期限、申报内容，如实向税务机关报送纳税申报表、财务会计报表以及税务机关根据实际需要要求纳税人报送的其他纳税资料的活动。扣缴义务人依照法律、行政法规的规定或者税务机关依法确定的申报期限、申报内容，如实向税务机关报送代扣代缴、代收代缴税款报告表以及税务机关根据实际需要要求扣缴义务人报送的其他有关资料的活动。纳税申报的基本要求是：及时申报；全面申报；如实申报。

三、税款征收

税款征收是指税务机关依据法律、行政法规规定的标准和范围，将纳税人依法向国家缴纳的税款，及时足额地征收入库的一系列活动的总和。税款征收在税收征管中处于核心环节和关键地位，是税收征管的出发点和归宿。

（一）税款的征收方式

税款的征收方式是指税务机关根据各税种的不同特点，征纳双方的具体条件而确定的计算征收税款的方法和形式。税款征收方式主要有：

1. 查账征收

即税务机关按照纳税人提供的账表所反映的经营情况，依照适用税率计算征收税款的方式。一般适用于财务会计制度较为健全，能认真履行纳税义务的纳税人。

2. 查定征收

一般对账册不够健全，但是能够控制原材料、进销货的纳税单位，采用查定征收。具体做法是税务机关对纳税单位报送的纳税申报表审查核实，按其原材料的使用、进销货情况等，计算核定应征税额的征收方式。

3. 查验征收

纳税人在商品上市销售前，向税务机关报验，经税务机关查验后方可销售，税务机关根据查验和纳税人的销售情况，计算应纳税额的一种征收方式。

4. 定期定额征收

对无完整考核资料的纳税人，税务机关根据纳税人的申报情况，通过典型调查，行业评议等方式，确定定期定额的标准，进行税款征收的方式。

5. 其他征收方式

主要包括代扣代缴、代收代缴、委托代征。

（二）税款征收措施

根据《税收征管法》及其实施细则的规定，税款征收措施有：

1. 核定应纳税额

《税收征管法》规定，纳税人有下列情形之一的，税务机关有权核定其应纳税额：①依照法律、行政法规的规定可以不设置账簿的；②依照法律、行政法规的规定应当设置账簿但未设置的；③擅自销毁账簿或者拒不提供纳税资料的；④虽设置账簿，但账目混乱或者成本资料、收入凭证、费用凭证残缺不全的，难以查账的；⑤发生纳税义务，未按照规定的期限办理纳税申报，经税务机关责令限期申报，逾期仍不申报的；⑥纳税人申报的计税依据明显偏低，又无正当理由的。税务机关核定应纳税额的具体程序和方法由国务院税务主管部门规定。

2. 加收滞纳金

纳税人未按照规定期限缴纳税款的，扣缴义务人未按照规定期限解缴税款的，税务机关除责令限期缴纳外，从滞纳税款之日起，按日加收滞纳税款万分之五的滞纳金。

3. 税收保全措施

《税收征管法》规定，税务机关有根据认为从事生产、经营的纳税人有逃避纳税义务行为的，可以在规定的纳税期之前，责令限期缴纳应纳税款。在限期内发现纳税人有明显的转移、隐匿其应纳税的商品、货物以及其他财产或者应纳税的收入的迹象的，税务机关可以责成纳税人提供纳税担保。如果纳税人不能提供纳税担保，经县以上税务局（分局）局长批准，税务机关可以采取下列税收保全措施：①书面通知纳税人开户银行或者其他金融机构冻结纳税人的金额相当于应纳税款的存款；②扣押、查封纳税人的价值相当于应纳税款的商品、货物或者其他财产。

4. 税收强制执行措施

《税收征管法》规定，从事生产经营的纳税人、扣缴义务人未按照规定的期限缴纳或者解缴税款，纳税担保人未按照规定的期限缴纳所担保的税款，由税务机关责令限期缴纳，逾期仍未缴纳的，经县以上税务局（分局）局长批准，税务机关可以采取下列强制执行措施：①书面通知其开户银行或者其他金融机构从其存款中扣缴税款；②扣押、查封、依法拍卖或者变卖其价值相当于应纳税款的商品、货物或者其他财产，以拍卖或者变卖所得抵缴税款。拍卖或者变卖所得抵缴税款、滞纳金、罚款以及拍卖、变卖等费用后，剩余部分应当在3日内退还被执行人。

税务机关采取强制执行措施时，对前款所列纳税人、扣缴义务人、纳税担保人未缴纳的滞纳金同时强制执行。个人及其所抚养家属维持生活必需的住房和用品，不在强制执行措施的范围之内。

想一想

"税收保全措施"与"税收强制措施"在执行方法上有什么不同？

四、税务检查

税务检查是税务机关依据法律、行政法规的规定对纳税人、扣缴义务人等缴纳或代扣、代收税款及其他有关税务事项进行的审查、稽核、管理监督活动。税务检查是税收管理工作中的重要环节，搞好税务检查，对于严肃税收法纪，加强税收征收管理，堵塞税收征管漏洞，促进纳税人、扣缴义务人增强纳税意识，提高经营管理水平具有重要意义。

（一）税务机关在税务检查中的权力和义务

税务机关有权进行下列税务检查：①检查纳税人的账簿、记账凭证、报表和有关资料，检查扣缴义务人代扣代缴、代收代缴税款账簿、记账凭证和有关资料；②到纳税人的生产、经营场所和货物存放地检查纳税人应纳税的商品、货物或者其他财产，检查扣缴义务人与代扣代缴、代收代缴税款有关的经营情况；③责成纳税人、扣缴义务人提供与纳税或者代扣代缴、代收代缴税款有关的文件、证明材料和有关资料；④询问纳税人、扣缴义务人与纳税或者代扣代缴、代收代缴税款有关的问题和情况；⑤到车站、码头、机场邮政企业及其分支机构检查纳税人托运、邮寄应纳税商品、货物或者其他财产的有关凭据、凭证和有关资料；⑥经县以上税务局（分局）局长批准，凭全国统一格式的检查存款账户许可证明，查询从事生产、经营的纳税人、扣缴义务人在银行或者其他金融机构的存款账户。税务机关在调查税收违法案件时，经设区的市自治州以上税务局（分局）局长批准，可以查询案件涉嫌人员的储蓄存款。

税务机关在税务检查中查询所获得的资料，不得用于税收以外的用途。

（二）纳税人、扣缴义务人在税务检查中的义务

纳税人、扣缴义务人在税务检查中的义务主要有：①纳税人、扣缴义务人必须接受税务机关依法进行的税务检查，如实反映情况，提供有关资料，不得拒绝、隐瞒；②税务机关依法进行税务检查时，有权向有关单位和个人调查纳税人、扣缴义务人和其他当事人与纳税或者代扣代缴、代收代缴税款的有关情况，有关单位和个人有义务向税务机关如实提供有关资料及证明材料。

五、税收法律责任

（一）纳税人、扣缴义务人违反税法的法律责任

纳税人未按规定期限办理开业、变更、注销税务登记；未按规定办理税务登记换证手续；未按照规定使用税务登记证件，或者转借、涂改、损毁买卖、伪造税务登记证件的；未按照规定将财务、会计制度或者财务、会计处理办法和会计核算软件报送税务机关备查的；未按照规定设置、保管账簿或者保管记账凭证和有关资料的；未按照规定将其全部银行账号向税务机关报告的；未按照规定安装、使用税控装置，或者损毁或者擅自改动税控装置的；扣缴义务人未按照规定设置、保管代扣代缴、代收代缴税款账簿或者保管代扣代缴、代收代缴税款记账凭证及有关资料的；纳税人或扣缴义务人未按照规定的期限办理纳税申报和报送纳税资料的；纳税人欠税、偷税、骗税、抗税的。按规定给予定额或倍数罚款的经济制裁。

（二）税务人员违反税法的法律责任

税务人员徇私舞弊或者玩忽职守，不征或者少征应征税款，致使国家税收遭受重大损失的；税务人员滥用职权，故意刁难纳税人、扣缴义务人的；税务人员对控告、检举税收违法违纪行为的纳税人、扣缴义务人以及其他检举人进行打击报复的，依法给予行政处分。

（三）税务代理人违反税法的法律责任

税务代理人违反税收法律、行政法规，造成纳税人未缴或者少缴税款的，除由纳税人缴纳或者补缴应纳税款、滞纳金外，对税务代理人处纳税人未缴或者少缴税款的倍数罚款。

（四）危害税收犯罪的法律责任

税收犯罪是税收违法行为发展到一定严重程度而形成的由量变到质变的过程。我国《刑法》对税收犯罪有专门的处罚规定，税收犯罪可处以有期徒刑、无期徒刑、甚至死刑。

六、税务争议的解决

为维护和监督税务机关依法行使税收执法权,防止和纠正违法或者不适当的税务具体行政行为,保护纳税人和其他有关当事人的合法权益,对于税务争议的解决,主要采用税务行政复议和税务行政诉讼两种方式。

税务行政复议是指纳税人和其他税务当事人认为税务机关的具体行政行为侵犯其合法权益,依法向税务行政复议机关申请行政复议;税务行政复议机关受理行政复议申请,作出行政复议决定的行为。

税务行政诉讼是指在税务纠纷中,与税务机关相对的一方当事人不服税务机关作出的具体行政行为或复议裁决而依法向人民法院提起诉讼,由人民法院根据法定程序,按照法律规定作出裁决的司法制度。

纳税人、扣缴义务人、纳税担保人同税务机关在纳税上发生争议时,必须依照税务机关的纳税决定缴纳或者解缴税款及滞纳金或者提供相应的担保,然后可以依法申请行政复议。对行政复议决定不服的,可以依法向人民法院起诉。

当事人对税务机关的处罚决定、强制执行措施或者税收保全措施不服的,可以依法申请行政复议,也可以依法向人民法院起诉。

复习思考题

1. 财政法的基本原则有哪些?
2. 税法的构成要素有哪些?
3. 流转税的概念及包括的税种有哪些?
4. 所得税的概念及包括的税种有哪些?
5. 简述税收征收管理法的主要内容。
6. 违反税法的行为主要有哪些?

第十五章 经济仲裁与经济司法

 学习目标

通过本章学习,要求了解仲裁机构的设立;了解仲裁程序及仲裁的法律效力;了解我国的审判机构和审判制度;了解诉讼管辖和审判程序。理解民事诉讼的基本原则;掌握经济仲裁和仲裁法的概念;掌握仲裁的适用范围和基本原则;掌握诉讼的概念。根据实际案例的具体案情,能作出相应的仲裁申请书、起诉书;能进行应诉和答辩。

 本章重点

仲裁的概念和特征,仲裁法的一般原则和基本制度、仲裁机构等法律规定。经济审判案件的管辖,经济审判的两审程序也是经济审判的重点内容。

要求在本章结束后,结合经济法课程的全部内容,进行综合练习。可设立模拟仲裁庭、经济审判庭,模拟仲裁、审理一般经济案件。

第一节 经济仲裁

一、仲裁的概念和特征

(一)仲裁的概念

仲裁是当事人根据他们之间订立的仲裁协议,自愿将其争议提交由非官方身份的仲裁员组成的仲裁庭进行裁判,并受该裁判约束的一种制度。仲裁活动和法院的审判活动一样,关乎当事人的实体权益,是解决民事争议的方式之一。

经济仲裁是一种最为重要的非诉讼解决争议的方式,在我国常见的仲裁还有劳动争议仲裁、行政仲裁、农业承包合同纠纷仲裁等仲裁形式,这些仲裁应由相应的国家机关行使。本节主要是解决经济纠纷的仲裁。

(二) 仲裁的特征

仲裁，作为一种解决财产权益纠纷的民间性裁判方式，它同司法审判（即诉讼）方式相比较，具有以下特征：

1. 仲裁具有私密性

仲裁一般以不公开审理为原则，而诉讼一般要公开审理。所以仲裁对于当事人的商业秘密不宜扩散，因而具有极强的保密性。

2. 仲裁具有灵活性

仲裁，在程序上不像讼诉那样严格，仲裁的程序相对灵活，很多环节可以被简化。

3. 仲裁具有自主性

当事人之间对纠纷的处理，是否提交仲裁，由谁仲裁、仲裁庭的人员由谁组成，都是在当事人自愿选择的基础上，由当事人协商确定的，所以仲裁能充分体现当事人意思自治的自主原则。

4. 仲裁具有国际性

随着现代经济的国际化，当事人进行跨国仲裁已屡见不鲜。仲裁案件的来源、当事人、仲裁庭的组成直至裁决的执行，国际性因素原来越多。

5. 仲裁具有快捷性

仲裁实行一裁终局制。仲裁不像诉讼那样实行两审终审制，这样有利于当事人之间纠纷的迅速解决。

6. 仲裁的执行权在人民法院

仲裁只是对纠纷作出裁决，当事人应自觉履行裁决，一方当事人不履行裁决的，另一方当事人可以依照民事诉讼法的有关规定向人民法院申请执行。仲裁机构不具有强制执行权，强制执行权由人民法院行使。

(三) 我国的仲裁立法

我国于1994年8月31日第八届全国人大常委会第九次会议通过了《中华人民共和国仲裁法》，自1995年9月1日起施行。2005年12月26日由最高人民法院审判委员会又通过了《最高人民法院关于适用〈中华人民共和国仲裁法〉若干问题的解释》，使我国在仲裁方面的立法更加得以完善。

二、仲裁法的适用范围和原则

(一) 仲裁法的适用范围

《仲裁法》第二条规定：平等主体的公民、法人和其他组织之间发生的合同纠纷和其他财产权益纠纷，可以仲裁。《仲裁法》第三条规定：婚姻、收养、监护、扶养、继承纠纷以及依法应当由行政机关处理的行政争议，不能仲裁。

> **链接**
> 这就是说，仲裁的事项必须是合同纠纷和其他财产权益纠纷，而且是平等主体之间发生的财产权益纠纷。非财产性纠纷和应当由行政机关处理的行政争议，不能仲裁。

（二）仲裁法的一般原则

1. 自愿原则

当事人采用仲裁方式解决纠纷，应当双方自愿，必须达成仲裁协议。没有仲裁协议，一方申请仲裁的，仲裁委员会不予受理。合同当事人订立合同时，可以在合同中订立关于纠纷提交仲裁解决的相关条款，或者在发生纠纷后双方达成提交仲裁解决的书面仲裁协议。如果没有仲裁条款或者仲裁协议，当事人则无权申请仲裁。当事人已在合同中订立仲裁条款或达成仲裁协议，一方当事人又向人民法院起诉的，人民法院不予受理，但仲裁协议无效的除外。

2. 以事实为依据，以法律为准绳，公平合理原则

仲裁机构作出仲裁裁决必须以客观事实为依据，以合同法和仲裁法作为处理条件的标准，区分争议的是非，明确责任，公平合理地解决纠纷。只有这样，才能维护当事人的合法权益，并使当事人双方心服口服。

3. 仲裁组织依法独立行使仲裁权原则

仲裁组织依法独立进行仲裁，不受行政机关、社会团体和个人的干涉。不过，人民法院可以依法对仲裁进行必要的监督。

三、仲裁的基本法律规定

（一）仲裁法基本制度

1. 协议仲裁制度

仲裁法规定：仲裁委员会应当由当事人协议选定。仲裁不实行级别管辖和地域管辖。协议仲裁制度不同于其他司法制度之一就是在于当事人的自主性，当事人可以在合同中协议选择仲裁机构和仲裁员。实行协议仲裁制度，充分体现了当事人选择解决纠纷的自由。

2. 一裁终局制度

仲裁实行一裁终局的制度，裁决作出后，当事人就同一纠纷再申请仲裁或者向人民法院起诉的，仲裁委员会或者人民法院不予受理。

3. 回避制度

为保证案件的公正处理，仲裁庭组成人员认为办理本案不适宜，必须自行回避。当事人发现仲裁庭成员与本案有利害关系，也有权在首次开庭前提出回避申请，并说明理由；回避事由在首次开庭后知道的，可以在最后一次开庭终结前提出。仲裁员是否回避，由仲裁委员会主任决定；仲裁委员会主任担任仲裁员时，由仲裁委员会集体决定。

（二）仲裁组织

我国的经济仲裁组织是仲裁委员会，它包括国内仲裁委员会和涉外仲裁委员会，这里只介绍国内仲裁委员会和仲裁协会。

1. 仲裁委员会

仲裁法明确规定，仲裁委员会独立于行政机关，与行政机关没有隶属关系，这是仲裁委员会民间性的表现。而它的自治性表现在，各仲裁委员会相互独立从事仲裁业务，他们之间也没有隶属关系。使仲裁委员会以公正的第三人身份，公平合理地仲裁合同纠纷和其他财产权益纠纷。其民间性和自治性还体现在，仲裁委员会可以在直辖市和省、自治区人民政府所在地的市设立，也可以根据需要在其他设区的市设立，并由所在市的人民政府组织有关部门

和商会统一组建，并不按行政区划层层设立。设立仲裁委员会，应经省、自治区、直辖市的司法行政部门登记。仲裁委员会作为独立的事业单位法人，应当具备下列条件：①有自己的名称、住所和章程；②有必要的财产；③有该委员会的组成人员；④有聘任的仲裁员。仲裁委员会的章程应当依照中华人民共和国仲裁法制定。

2. 仲裁委员会的组织结构

仲裁委员会由主任 1 人、副主任 2~4 人和委员 7~11 人组成。仲裁委员会的主任、副主任和委员由法律、经济贸易专家和有实际工作经验的人员担任。根据仲裁法的规定，仲裁委员会的组成人员中，法律、经济贸易专家不得少于 2/3。仲裁委员会聘任的仲裁员，除公道正派外，还应具备下列条件之一：①从事仲裁工作满 8 年的；②从事律师工作满 8 年的；③曾任审判员满 8 年的；④从事法律研究、教学工作并具有高级职称的；⑤具有法律知识、从事经济贸易等专业工作并具有高级职称或者具有同等专业水平。仲裁委员会按照不同专业设仲裁员名册。例如按照经济合同、知识产权、房地产、证券等专业设立仲裁员名册。

3. 中国仲裁协会

中国仲裁协会是社会团体法人。各地仲裁委员会是中国仲裁协会的会员。中国仲裁协会的章程由全国会员大会制定，中国仲裁协会是仲裁委员会的自律性组织，根据章程对仲裁委员会及其组成人员、仲裁员的违纪行为进行监督。中国仲裁协会依照中华人民共和国仲裁法和民事诉讼法的有关规定制定仲裁规则。

（三）仲裁程序

1. 仲裁的申请和受理

当事人申请仲裁应当符合下列条件：①有仲裁条款或仲裁协议；②有具体的仲裁请求和事实、理由；③属于仲裁委员会的受理范围。

当事人申请仲裁，应当向仲裁委员会递交仲裁协议、仲裁申请书及副本。仲裁申请书应当载明下列事项：①当事人的姓名、性别、年龄、职业、工作单位和住所，法人或者其他组织的名称、住所和法定代表人或者主要负责人的姓名、职务；②仲裁请求和所根据的事实、理由；③证据和证据来源、证人姓名和住所。

仲裁委员会收到仲裁申请书之日起 5 日内，认为符合受理条件的，应当受理，并通知当事人；认为不符合受理条件的，应当书面通知当事人不予受理，并说明理由。仲裁委员会受理仲裁申请后应当在仲裁规则规定的期限内将仲裁规则和仲裁员名册送达申请人，并将仲裁申请书副本和仲裁规则、仲裁员名册送达被申请人。被申请人收到仲裁申请书副本后，应当在仲裁规则规定的期限内向仲裁委员会提交答辩书。仲裁委员会收到答辩书后，应当在仲裁规则规定的期限内将答辩书副本送达申请人。被申请人未提交答辩书的，不影响仲裁程序的进行。申请人可以放弃或者变更仲裁请求，被申请人可以承认或者反驳仲裁请求，有权提出反请求。

申请财产保全不是仲裁的必经程序，它是一方当事人因另一方当事人的行为或者其他原因，可能使裁决不能执行或者难以执行，为了使申请方当事人的财产避免损失，可以向仲裁委员会申请财产保全。当事人申请财产保全的，仲裁委员会应当将当事人的申请依照民事诉讼法的有关规定提交人民法院。

当事人、法定代理人可以委托律师和其他代理人进行仲裁活动。委托律师和其他代理人进行仲裁活动的，律师和代理人应当向仲裁委员会提交授权委托书。

2. 组成仲裁庭

仲裁庭的组成有两种形式：一是可以由3名仲裁员组成。由这种形式组成的仲裁庭，应当各自选定或者各自委托仲裁委员会主任指定1名仲裁员，第三名仲裁员由当事人共同选定或者共同委托仲裁委员会主任指定。第三名仲裁员是首席仲裁员。二是当事人共同约定由1名仲裁员成立仲裁庭，即独任仲裁。

我国仲裁法还规定，当事人没有在仲裁规则规定的期限内约定仲裁庭的组成方式或者选定仲裁员的，由仲裁委员会主任指定。仲裁庭组成后，仲裁委员会应当将仲裁庭的组成情况书面通知当事人。

3. 开庭和裁决

（1）开庭的要求及程序。开庭仲裁是全部仲裁活动的关键环节。仲裁机构仲裁案件一般不公开进行。当事人协议公开的，可以公开进行，但涉及国家秘密的除外。

仲裁委员会应当在仲裁规则规定的期限内将开庭日期通知双方当事人。当事人有正当理由的，可以在仲裁规则规定的期限内请求延期开庭，是否延期，由仲裁庭决定。申请人经书面通知，无正当理由不到庭或者未经仲裁庭许可中途退庭，可以视为撤回仲裁请求。被申请人经书面通知，无正当理由不到庭或者未经仲裁庭许可中途退庭的，可以缺席裁决。

仲裁庭开庭时，首席仲裁员应核对当事人身份和代理权限，宣布案由，宣布仲裁员和书记员名单，告知当事人的权利和义务，询问当事人是否申请回避。

开庭时，仲裁庭应当听取当事人的陈述和答辩。当事人对自己的主张提供证据，这就明确了在仲裁活动中的举证责任问题。我国仲裁法还规定仲裁庭认为有必要收集的证据，可以由仲裁庭自行收集。

仲裁庭对专门性问题认为需要鉴定的，可以交由当事人约定的鉴定部门进行鉴定，也可以由仲裁庭指定的鉴定部门进行鉴定。根据当事人的请示或者仲裁庭的要求，鉴定部门应当派鉴定人参加开庭。

当事人在仲裁过程中有权进行辩论。辩论终结时，首席仲裁员或者独任仲裁员应当征询当事人的最后意见。

（2）调解和裁决程序。仲裁庭在作出裁决前，可以先行调解。当事人自愿调解的，仲裁庭应当调解；调解不成的，应当及时作出裁决。调解达成协议的，仲裁庭应当制作调解书或者根据协议的结果制作裁决书。调解书与裁决书具有同等法律效力。调解书经双方当事人签收后，即发生法律效力。

仲裁庭作出裁决时应当按照多数仲裁员的意见作出，少数仲裁员的不同意见可以记入笔录。仲裁庭不能形成多数意见时，裁决应当按照首席仲裁员的意见作出。

裁决书应当写明仲裁请示争议事实、裁决理由、裁决结果、仲裁费用的负担和裁决日期。当事人协议不愿写明争议事实和裁决理由的，可以不写。裁决书由仲裁员签名，并加盖仲裁委员会印章。对裁决持不同意见的仲裁员，可以签名也可以不签名。裁决书自作出之日起发生法律效力。

我国《仲裁法》规定，当事人申请仲裁后，可以自行和解。达成和解协议的，可以请求仲裁庭根据和解协议作出裁决书，也可以撤回仲裁申请。当事人达成和解协议，撤回仲裁申请后反悔的，仍可以根据仲裁协议申请仲裁。

 **想一想**

经仲裁庭作出裁决后,如果一方当事人对裁决不服,可否向上一级仲裁委员会申请仲裁或向人民法院提起诉讼?

4. 执行

当事人应当履行仲裁庭的裁决。一方当事人不履行的,另一方当事人可以依照民事诉讼法的有关规定向人民法院申请强制执行,受申请的人民法院应当依法执行。

5. 仲裁费用的收取

当事人应当按照规定交纳仲裁费用。收取仲裁费用的办法,应当报物价管理部门核准。

第二节 经济审判

一、经济审判的概念

经济审判是经济司法活动的一部分,它是指人民法院依据法律和事实对经济纠纷案件案件进行审理判决的活动。经济审判,是用司法手段解决经济纠纷的一种方式。

二、经济审判机构的设置和收案范围

(一) 经济审判庭

人民法院的经济审判庭,是按照人民法院组织法的规定设立的审判经济纠纷案件的机构。根据《中华人民共和国人民法院组织法》的规定,我国在最高人民法院、高级人民法院、中级人民法院和各基层人民法院普遍设立了经济审判庭。

(二) 经济审判庭的收案范围

经济审判所受理的有经济纠纷、经济犯罪和涉外经济三大类案件,具体包括以下各种案件:

(1) 合同纠纷案件,包括法人之间、法人与个体工商户、农村承包经营户之间的合同纠纷案件;个体工商户、农村承包经营户相互之间签订的与生产、流通活动有关的合同纠纷案件;以合伙经营组织、私营企业或者外商投资企业为诉讼主体的合同纠纷案件;合同在执行中发生纠纷,起诉到人民法院的,人民法院经济审判庭也应受理。

(2) 涉外或涉港澳台经济纠纷案件,包括中国当事人与外国当事人之间发生的经济贸易纠纷,向人民法院起诉的案件;外国企业、组织之间在中国领域内发生的经济贸易纠纷,向人民法院起诉的案件;外国企业、组织之间在中国领域外发生的经济贸易纠纷,当事人按照书面协议向中国人民法院起诉的案件;涉及港、澳、台的上述经济纠纷案件。

(3) 农村承包合同纠纷案件,包括农村农户、专业户与农村集体经济组织之间的各类承包合同纠纷案件。经调解不成的,起诉到人民法院,经济庭应该受理。

(4) 经济损害赔偿纠纷案件，即法人之间或法人为一方当事人，在生产、流通领域因侵权行为发生的损害赔偿纠纷案件；以合伙经营组织、私营企业或者外商投资企业为诉讼主体的经济侵权纠纷案件，也应受理。

(5) 经济行政案件，指当事人不服行政机关的行政处罚，按照民事诉讼法和有关经济法规的规定，向人民法院起诉的行政案件。如我国《商标法》《专利法》中的有关条款明确规定，商标所有人或专利权人对行政机关所作的行政处罚不服的，可以在法律规定的期限内，向人民法院经济审判庭起诉。

(6) 经济犯罪案件，包括：处理经济纠纷案件过程中发现与本案有关的犯罪案件；工厂、矿山、建筑企业的重大责任事故案件；航空、公路运输的重大责任事故案件；走私案件。

(7) 其他经济纠纷案件，除以上六类案件之外，法人之间或以法人为一方当事人的经济争议案件，经济法规规定可以向人民法院起诉的，经济审判庭应予受理。

另外，技术合同纠纷案件、企业破产案件，专利纠纷案件、企业承包经营合同纠纷案件，企业租赁经营合同纠纷案件、股权纠纷案件、票据纠纷案件、期货交易纠纷案件等，根据我国的《合同法》《企业破产法（试行）》等有关法律、法规的规定，也应由人民法院经济审判庭受理。

 **想一想**

"农村承包合同纠纷案件，经仲裁后没有达成仲裁协议，应交由人民法院经济庭审理。"这种说法是否正确？

(三) 专门法院的设置和收案范围

专门人民法院是我国统一审判体系——人民法院体系中的一个组成部分，它和地方各级人民法院共同行使国家的审判权。专门人民法院包括军事法院、海事法院、铁路运输法院、森林法院、农垦法院、石油法院等。本节将具体介绍海事法院和铁路运输法院。

1. 海事法院的设置和收案范围

根据《全国人大常委会关于在沿海港口城市设立海事法院的决定》，我国分别在上海、天津、广州、青岛、大连、厦门、海口和武汉设立了海事法院。它们与中级人民法院同级，二审法院为各海事法院所在地的高级人民法院。海事法院内设海事审判庭和海商审判庭。海事法院受理以下五类案件：①海事侵权纠纷案件；②海商合同纠纷案件；③共同海损纠纷案件；④海事执行案件；⑤海事请求保全案件。

2. 铁路运输法院的设置及收案范围

根据《人民法院组织法》的规定，每个铁路分局所在地设立铁路运输基层法院，每个铁路局所在地设立铁路运输中级法院。各级铁路运输法院设有刑事审判庭和经济审判庭。经济审判庭主要受理与铁路运输有关的各类经济纠纷案件、经济合同纠纷案件和侵权纠纷案件。

三、经济审判庭的案件管辖

划分各级人民法院或同级人民法院受理第一审经济案件的职权范围，明确它们相互之间审理案件的具体分工,称为管辖。

1. 地域管辖

地域管辖是指同级人民法院之间审理第一审经济纠纷案件的分工和权限。它是根据当事人以及标的物与地域之间的关系来确定的,分为一般地域管辖、特殊地域管辖和专属管辖。一般地域管辖是按当事人的所在地划分案件的管辖法院的,通常实行原告就被告原则,即原告到被告所在地人民法院起诉,特殊情况除外;对法人提起的诉讼,由被告单位所在地人民法院管辖。特殊地域管辖是按以诉讼标的有联系的原则来确定地域管辖。比如合同纠纷案件由被告所在地或者合同履行地人民法院管辖;票据纠纷案件由票据支付地或被告住所地人民法院管辖;侵权纠纷案件由侵权行为地或被告住所地人民法院管辖等。如果两个以上人民法院都有管辖权的诉讼,原告可以向其中一个人民法院起诉;原告向两个以上有管辖权的人民法院起诉的,由最先立案的人民法院管辖。若人民法院对案件的管辖权发生争议时,由争议双方协商解决;协商解决不了的,报双方共同上级人民法院指定管辖。

2. 级别管辖

级别管辖是指各级人民法院之间审理第一审经济纠纷案件的分工和权限。它是根据案件的性质和影响的大小确定由哪一级人民法院作为第一审法院。我国的人民法院分为四级,实行"四级两审制"。四级即基层人民法院、中级人民法院、高级人民法院和最高人民法院。一般经济纠纷案件由基层人民法院作为一审法院,当事人不服一审法院判决或裁定的,可向其上级(中级)人民法院提起上诉,上级人民法院作出的第二审判决或裁定即为终审判决或裁定。重大经济纠纷案件或重大涉外经济纠纷案件,由中级人民法院作为一审法院,高级人民法院作为第二审(上诉审)法院;高级人民法院管辖在本辖区有重大影响的案件。最高人民法院管辖在全国有重大影响的案件和认为应当由该院审理的案件。最高人民法院管辖的案件实行一审终审,所作判决、裁定一旦送达即发生法律效力。

3. 专属管辖

专属管辖是指按照诉讼标的特殊性与管辖的排他性而确定的管辖。专属管辖包括:①因不动产纠纷提起的诉讼,由不动产所在地法院管辖;②因港口作业中发生纠纷提起的诉讼,由港口所在地法院管辖。

 想一想

学习了这部分内容,你理解所谓"管辖"讲的是什么问题?它包括哪些管辖形式?

四、经济审判程序

我国实行两审终审的审判制度。

(一) 第一审程序

经济纠纷案件的第一审诉讼程序,一般包括以下几个主要诉讼阶段:

1. 起诉和受理

起诉是公民、法人或其他组织,认为自己的经济权利受到侵犯或与他人发生争议,而以自己的名义,请求人民法院依法审判,给予法律保护的诉讼行为。受理是指人民法院通过审

查原告的起诉，认为符合起诉条件，而决定立案审理的诉讼行为。

起诉必须符合下列条件：①原告是与本案有直接利害关系的公民、法人和其他组织；②有明确的被告；③有具体的诉讼请求和事实、理由；④属于人民法院受理经济案件的范围和受诉人民法院管辖。原告起诉，应向人民法院递交起诉状，并按照被告人数提出副本。人民法院经审查，认为符合起诉条件的，应当在7日内立案，并通知当事人，认为不符合起诉条件的，应当在7日内裁定不予受理；原告对裁定不服的，可以提起上诉。

2. 审理前的准备

审理前准备工作的核心是弄清双方当事人的基本情况，了解原告诉讼请求的具体内容和所提出的事实、理由和证据，初步掌握双方当事人争执的焦点，收集和调取与案件有关的材料，并在立案之日起5日内将起诉状副本发送被告，被告在收到起诉状之日起15日内提出答辩状，人民法院在收到答辩状之日起5日内将答辩状副本发送原告。被告不提出答辩状的，不影响人民法院审理。

3. 调解

人民法院审理经济纠纷案件，根据当事人自愿的原则，应在弄清事实，分清是非的基础上先行调解，调解达成协议的、人民法院应制作调解书，经双方当事人签字和法院盖章后生效，具有法律效力。调解未达成协议或者调解书送达前一方或双方反悔的，人民法院应及时判决。

4. 开庭审理

经济纠纷案件的审理，一般应公开进行，但涉及国家秘密或者涉及商业秘密经当事人申请不公开审理的除外。经济案件的审理，开庭前3日应通知当事人和其他诉讼参加人。当事人经人民法院传票传唤，无正当理由拒不到庭的，或者未经法庭许可中途退庭的，如果是原告，可按撤诉处理，被告反诉的，可以缺席判决；如果是被告，可以缺席判决。当庭宣判的，应当在10日内发送判决书；定期宣判的，宣判后立即发给判决书；并告知当事人上诉权利，上诉期限和上诉法院。当事人在上诉期限内不上诉的，判决即发生法律效力。

小资料

律师办案如何收费？

当事人聘请律师处理法律事务，要向受托律师所在的律师事务所交纳一定的费用，这种费用一般称之律师代理费。按目前的有关规定，律师代理费大体有以下几种收费方式：

一是按件数收费，主要为刑事案件和不涉及财产争议的民事案件。二是按争议标的额收费，主要为经济案件和带有财产争议的民事案件及刑事附带民事财产争议的案件。三是按时间收费，主要是聘请常年性法律顾问和短期法律咨询。四是协议收费，主要为委托人因经济困难等原因暂时无力交纳全部代理费用，故由律师事务所与委托人订立协议，待工作目标完成后交纳议定费用的其余部分。此种收费方式由于律师事务所承担了费用风险，在工作目标完成后的收费额度往往要高于正常收费。

所以，如是处理一般性法律事务，大可不必聘请"高价"律师；若是案情复杂、专业性强的案件，还是不要吝惜费用，聘请律师界的"专家""高手"为好。

(二) 第二审程序

1. 提起上诉

当事人不服一审判决的，有权在判决书送达之日起 15 日内向上一级人民法院提起上诉；如不服一审裁定，应在裁定书送达之日起 10 日内向上一级人民法院提起上诉。上诉状应当通过原审人民法院提出，也可以直接向第二审人民法院起诉，二者均应按对方当事人的人数提出副本。直接向二审人民法院上诉的，二审人民法院应在 5 日内将上诉状移交原审人民法院，以便原审人民法院向被上诉人送达上诉状副本，及时将原审案卷材料连同上诉状报送上级人民法院，以免拖延办案时间。被上诉人在收到上诉状之日起 15 日内提出答辩状。人民法院应在收到答辩状之日起 5 日内将副本送达上诉人。对方当事人不提出答辩状的，不影响人民法院审理。

2. 上诉案件的审理

审理上诉案件，应组成合议庭进行。经过阅卷和调查，询问当事人，在事实核对清楚后，合议庭认为不需要开庭审判的，可以进行判决、裁定；认为原判决认定事实清楚，适用法律正确的，判决驳回上诉维持原判；认为原判决适用法律错误的，依法改判；认为原判决认定事实错误，或认定事实不清，证据不足的，裁定撤销原判决，收回原审人民法院重审，或者查清事实后改判；认为原判决违反法定程序，可能影响案件正确判决的，裁定撤销原判决，收回原审人民法院重审。当事人对重审案件的判决、裁定，可以上诉。

> **链接**
>
> 仲裁的"一局裁决"和审判的"两审终审"，分别是处理经济纠纷的两种不同方式的最终结果，注意区别二者的不同之处。

(三) 审判监督程序

这是人民法院对已经发生法律效力的判决、裁定，发现确有错误，依法对案件进行再审的程序。它不是每一个案件必经的审判程序，而是在第一审和第二审程序之外的补救程序。

各级人民法院院长对本院已经发生法律效力的判决、裁定，发现确有错误，认为需要再审的，应当提交审判委员会讨论决定。最高人民法院对地方各级人民法院已经发生法律效力的判决、裁定，上级人民法院对下级人民法院已经发生法律效力的判决、裁定，发现确有错误的，有权提审或者指令下级人民法院再审。当事人对已经发生法律效力的判决、裁定，认为有错误的，也可以向原审或者上一级人民法院申请再审，但是不停止判决、裁定的执行。当事人的申请再审，应当在判决、裁定发生法律效力后 2 年内提出。

(四) 执行程序

当事人对发生法律效力的判决、裁定，必须执行。一方拒绝执行的，另一方当事人可以向被执行人住所地或者被执行的财产所在地的人民法院申请执行。

第三节 经济检察

一、经济检察的概念和作用

经济检察是经济司法活动的又一部分内容。

经济检察是指人民检察院依法对经济犯罪案件行使检察权和对执行经济法律、法规的情况实行监督。具体地讲，经济检察是人民检察院对自己分工管辖的经济犯罪案件直接立案侦查和提起公诉，支持公诉；并对人民法院的审判活动是否合法实行监督，对公安机关立案侦查和要求起诉的经济犯罪案件进行审查，决定起诉或不起诉，并对公安机关的侦查活动是否合法实行监督。

经济检察的作用在于：

（1）依法查处各类经济犯罪案件，保障社会主义市场经济体制建设在健康、有序的轨道上完善和发展。

（2）通过经济检察活动，促进经济管理制度的完善。保障企业的合法权益免受非法侵害，排除建立社会主义市场经济体制过程中的各种阻力和干扰。

（3）通过行使经济检察权，促使国家工作人员增强法制观念，自觉执行经济法律、法规，加强廉政建设，使经济检察成为端正党风和净化社会风气的有力和有效的措施。

二、经济检察机构及其收案范围

经济检察机构，主要是最高人民检察院和地方各级人民检察院设立的经济检察机构即反贪污贿赂局以及铁路运输检察院的经济检察机构。经济检察机构不同于党的纪律检查部门和政府的监察机构，经济检察机构只限于管辖违反刑法，需要追究刑事责任的经济犯罪案件，而党的纪律检查部门和政府监察机构主要处理一般违反党纪、政纪并没有触犯刑法的案件。

根据最高人民检察院的有关规定，经济检察机关负责受理以下案件：①贪污案；③行贿、受贿案；③偷税、抗税案；④假冒商标案；⑤挪用国家救灾、抢险、防汛、优抚、救济款物案；⑥重大责任事故案；⑦玩忽职守案；⑧人民检察院认为需要自己直接受理的其他经济犯罪案件。

 想一想

检察机关和人民法院的收案范围有什么原则区别？

再想一想，检察机关与党的纪检部门所处理的案件有何区别？

三、经济检察的办案程序

办案程序合法、公正、规范，是对经济检察工作的最基本要求。十一届三中全会以来，

随着经济工作的开放、搞活,各类经济案件发案率大幅提高。为了适应这种新的形势,各级检察机关在加强制度建设,把检察工作纳入法制轨道的总的指导思想下,经济检察工作已经完成了一整套程序规定:

1. 立案受理

人民检察院对于控告、检举、自首、移送、交办和自己发现的违法犯罪材料,经审查认为有犯罪事实,需要追究刑事责任的,应当及时受理,立案勘验,以尽快发现和收取犯罪痕迹和证据。

2. 侦查

立案侦查的案件,对不需要拘留、逮捕的被告人,可以传唤讯问,无故不到的,可以拘传。还可以通过询问证人、勘验、检查、搜查、扣押物证、书证、鉴定等方法查清案件事实,以决定提起公诉、或免予起诉或撤销案件的意见。

3. 提起公诉和抗诉

经侦查认为事实清楚,证据确实、充分,依法应追究刑事责任的案件,应及时提起公诉。人民法院开庭审理时,检察长或检察员应以国家公诉人身份出庭支持公诉。

人民检察院对人民法院已经发生法律效力的判决、裁定,认为确有错误的,应当按照审判监督程序提出抗诉。人民法院对抗诉案件应当进行再审,再审时应通知人民检察院派员出庭。

四、检察机关的抗诉权

最高人民检察院对各级人民法院业已发生法律效力的判决、裁定;上级或同级人民检察院对人民法院业已发生法律效力的判决、裁定,认为有错误的,应当按照审判监督程序提出抗诉。人民法院对检察机关提出的抗诉案件应当进行重新审理,重新审理时应通知检察机关派员参加。

 复习思考题

1. 什么是仲裁?仲裁有哪些特点?
2. 我国仲裁法的一般原则有哪些?
3. 我国仲裁法有哪些基本制度?
4. 什么是仲裁条款和仲裁协议?
5. 经济审判的主要程序有哪些?
6. 我国对经济纠纷案件管辖权是如何划分的?
7. 经济检察机关的办案程序是怎样规定的?
8. 什么是检察机关的抗诉权?